民事訴訟法

渡部美由紀・鶴田 滋
岡庭幹司
［著］

日評ベーシック・シリーズ

日本評論社

はしがき

　本書は、初めて「民事訴訟法」を学ぶ人を対象にして、民事訴訟手続の概要やその基本的な考え方を理解することを目的として執筆された入門書である。

　民事訴訟法は、一般に、理解するのが難しいといわれる。また、退屈で眠りを誘うとして「眠素」と揶揄されることすらある。その理由としては、まず、民事訴訟制度が全体で一つの手続を構成しており、手続の各局面の議論が相互に密接に関係していることがあげられる。たとえば、訴えを理解するためには、その後の審理や判決の理解が必要になるし、判決を理解するためには、訴えや審理の理解が必要になる。手続のある一部分だけ取り出して理解しようとしても、ほかの部分の議論と関連することが多いため、結局、制度の全体を理解しないとよくわからない（このような民事訴訟法の特徴は「円環構造」と表現される）。また、民事訴訟法の重要な原則や考え方は、条文に明記されていないものが多い。問題を解決するためには、条文やその基礎となっている原則ないし理論の理解が不可欠であるが、民事訴訟を実際に経験する人はそう多くなく、これらが手続にどう現れるかをイメージすることは必ずしも容易ではない。そして、制度の本質を理解するためには、民事訴訟制度が私人間の民事紛争を国家の設営した裁判所において法的に解決する制度であることから、当事者間の権利関係を規律する実体法との関係をにらみつつ、公─私の関係と私─私の関係、いわばタテとヨコの関係を複眼的に意識しなければならない。

　しかし、これらの特徴は、面白さと表裏一体である。制度全体が把握できれば、個別の論点の理解は一気にすすむ。そうすると、先人がさまざまな視点から検討し、その格闘の結果生み出した解釈の妙に気づくだろう。

　本書では、民事訴訟手続の基本的な流れや重要な原則を把握しながら、全体を読み通すことができるように、以下のような工夫をした。①できるだけ簡単な表現を用い、明快でわかりやすい記述を心掛けた。そのため、理論上議論のある点についても、細かい点には立ち入らず、基本的に、判例・通説に従った

説明をしている。また、コンパクトな入門書という性質上、先行業績の文献引用は割愛した。さらに学習をすすめたい人は、講義担当教員等に聞いたり、より詳細な基本書にあたったりして、関連する文献を探してほしい。②記述間のクロスリファレンス（相互参照〔「→第△章○頁参照」等〕）を多用することによって、手続の各局面で立ち現れる議論が他の局面の議論とどのように関係するのかを意識できるようにした。クロスリファレンスのついている箇所については、ぜひ一度、リファー先を参照してもらいたい。それによって、民事訴訟の円環構造が理解できるだろう。③手続の原理・原則が具体的な事例においてどのように現れるかをイメージできるように、シンプルな【モデルケース】を設定し、各章の冒頭に、【モデルケース】を念頭においた例題を置いた。【モデルケース】では、より具体的なイメージをもつことができるよう、あえて、当事者名を、「X・Y」あるいは「A・B」といった書き方ではなく、具体的な人名にした。各章を読み終わった後にその章の例題を解けるようになっていれば、各章で学ぶ手続は一応理解できたといえるだろう。

　本書の執筆者3名は、仙台、福岡、東京と場所は異なるが、それぞれが同時期に研究者への途を志し、同じ時代を共有してきた。われわれは、本書を執筆するために集まり、東京のみならず、名古屋、大阪においても何度も検討会を開催し、基本的なコンセプトから各章でそれぞれが担当した具体的な叙述の内容に至るまで、同世代ならではの忌憚のない意見交換を行った。本書の執筆を通じて、判例・通説の趣旨を再確認したことは、それぞれが自分の研究活動を振り返り、あらためて民事訴訟法について考えるきっかけとなる貴重な機会となった。その成果は、本書に反映されていると期待している。

　本書の草稿については、名古屋大学法科大学院の森川雄介さん、篠原克生さん、名古屋大学民事訴訟法ゼミの皆さんから有益なコメントをいただいた。また、日本評論社編集部の岡博之さんには、終始にわたり大変ご尽力をいただいた。執筆者一同、心より感謝を申し上げたい。

2016年10月

渡部美由紀・鶴田　滋・岡庭幹司

民事訴訟法

はしがき…i
略語一覧…ix

【モデルケース】…1

第1章　民事紛争の解決と民事訴訟制度…3

Ⅰ　民事訴訟とは何か…3

1　民事訴訟の基本構造…3
　(1) 権利関係をめぐる紛争の解決　(2) 合意によらない公権的強制的解決
2　裁判所はどのように判断するのか…7
3　民事訴訟の考え方…8
　(1) 私法上の原則との関係——処分権主義と弁論主義　(2) 訴訟法に特有の考え方
4　民事訴訟法の沿革…12
5　民事訴訟手続の基本的な流れ…13
　(1) 訴えの提起　(2) 審理　(3) 判決　(4) 判決の効力——既判力・執行力・形成力
　(5) 訴訟要件

民事訴訟後の権利の実現——強制執行の基本構造…5　民事訴訟の判断構造…15

Ⅱ　民事訴訟の対象となる紛争…16

1　法律上の争訟…16
2　訴訟と非訟…16
3　民事訴訟の特別手続…19
　(1) 手形・小切手訴訟　(2) 少額訴訟　(3) 督促手続　(4) 人事訴訟（人事訴訟法）
　(5) 行政訴訟（行政事件訴訟法）
4　裁判外紛争解決制度（Alternative Dispute Resolution: ＡＤＲ）と仲裁…22

国際民事訴訟法…21

Ⅲ　民事訴訟の目的…23

第2章　訴訟の主体…25

Ⅰ　裁判権と裁判所…26

1　民事訴訟における裁判権（司法権）…26
　(1) 意義　(2) 場所的限界　(3) 人的限界　(4) 国際裁判管轄　(5) 法律上の争訟
2　管轄…29
　(1) 意義　(2) 管轄権の担い手としての裁判所　(3) 管轄の種類　(4) 移送

        3　裁判所…**34**
            (1)　裁判機関としての裁判所　　(2)　裁判官　　(3)　裁判所書記官　　(4)　専門委員
            (5)　裁判所職員の除斥・忌避・回避

    Ⅱ　**当事者**…**39**
        1　当事者の意義…**39**
            (1)　二当事者対立原則　　(2)　当事者概念　　(3)　当事者の確定　　(4)　当事者権
        2　訴訟における代理…**42**
            (1)　訴訟上の代理の意義　　(2)　法定代理　　(3)　法人などの代表者　　(4)　訴訟代理　　(5)　補佐人
        3　当事者能力…**47**
            (1)　意義　　(2)　原則　　(3)　法人格なき団体の当事者能力　　(4)　当事者能力のない場合の取扱い
        4　訴訟能力…**50**
            (1)　趣旨　　(2)　訴訟能力の有無の判断基準　　(3)　訴訟能力のない場合の取扱い
        5　弁論能力…**52**
        6　訴訟追行権（当事者適格）…**52**
            (1)　意義　　(2)　原則　　(3)　第三者の訴訟担当　　(4)　法人の内部紛争における被告適格
            (5)　拡散的利益の保護と団体訴訟

        債権者代位訴訟における債権者の訴訟追行権と債務者への既判力拡張…**56**

第3章　審判の対象…**60**

    Ⅰ　**訴え**…**61**
        1　訴えの意義…**61**
            (1)　訴えの定義　　(2)　訴えの類型　　(3)　特殊な訴え（形式的形成訴訟）
        2　訴え提起の手続…**64**
            (1)　訴え提起の方式　　(2)　訴状の記載事項　　(3)　訴状の審査　　(4)　送達
        3　訴え提起の効果…**70**
            (1)　訴訟上の効果　　(2)　私法上の効果

        訴訟にかかるお金について…**68**

    Ⅱ　**審判の対象**…**70**
        1　訴訟上の請求（訴訟物）の意義…**70**
        2　訴訟物の定義に関する論争…**71**
            (1)　広義・狭義・最狭義の請求　　(2)　権利主張としての訴訟物　　(3)　旧訴訟物理論とその問題点
            (4)　新訴訟物理論とその問題点　　(5)　訴訟物論争の実務・学説への影響
        3　請求の複数とその発生原因…**76**
            (1)　請求の客体的併合　　(2)　訴えの変更　　(3)　反訴　　(4)　中間確認の訴え

    Ⅲ　**重複起訴の禁止**…**81**
        1　趣旨…**81**
        2　要件…**81**
            (1)　当事者の同一性　　(2)　訴訟物の同一性

3　効果…**83**

　IV　訴えの利益…**84**

　　　1　訴えの利益の意義…**84**
　　　2　すべての訴えの類型に共通する訴えの利益（請求権の訴求可能性）…**85**
　　　3　給付訴訟における訴えの利益…**86**
　　　4　確認訴訟における訴えの利益…**87**
　　　　　(1) 確認の訴えの利益の必要性　　(2) 確認対象の適切性（権利保護の資格）
　　　　　(3) 確認の利益（権利保護の利益）
　　　5　形成訴訟における訴えの利益…**91**

　V　訴訟要件の審理原則および審理順序…**92**

　　　1　職権調査事項と抗弁事項の区別…**92**
　　　2　訴訟要件の具備の判断のために必要な資料の収集…**92**
　　　3　訴訟要件の基準時…**93**
　　　4　訴訟要件と本案との審理順序…**93**

第4章　訴訟の審理…**94**

　I　訴訟の審理の概要…**95**

　II　弁論主義…**97**

　　　1　意義および根拠…**97**
　　　2　弁論主義の具体的内容…**98**
　　　　　(1) 当事者による事実主張の必要性（弁論主義の第1テーゼ）
　　　　　(2) 裁判上の自白の拘束力（弁論主義の第2テーゼ）
　　　　　(3) 職権証拠調べの原則的禁止（弁論主義の第3テーゼ）
　　　3　弁論主義の適用領域…**102**
　　　4　弁論主義の補完…**104**
　　　　　(1) 釈明権　(2) 釈明義務・法的観点指摘義務　(3) 釈明権の過剰行使

　　　権利自白…**100**

　III　口頭弁論およびその準備ならびに争点整理手続…**106**

　　　1　口頭弁論…**106**
　　　　　(1) 口頭弁論の意義　(2) 口頭弁論の必要性　(3) 口頭弁論の諸原則　(4) 準備書面
　　　2　争点整理手続…**111**
　　　　　(1) 準備的口頭弁論　(2) 弁論準備手続　(3) 書面による準備手続　(4) 進行協議期日
　　　3　口頭弁論の実施等…**114**
　　　　　(1) 裁判所の訴訟指揮権　(2) 期日および期間　(3) 弁論の併合、分離または制限（152条1項）

　IV　口頭弁論における当事者の訴訟行為…**116**

　　　1　訴訟行為の意義および種類…**116**
　　　2　取効的訴訟行為…**117**

　　　　　(1) 申立て　　(2) 主張　　(3) 立証（証拠の申出）　　(4) 取効的訴訟行為の特徴
　　　　　(5) 条件付き行為の許否等
　　　3　与効的訴訟行為…**122**
　　　　　(1) 単独行為　　(2) 訴訟契約
　　　4　訴訟行為と実体法規定…**123**
　　　5　訴訟行為と信義則…**124**
　　　6　訴訟行為の瑕疵の治癒…**124**
　　　7　口頭弁論の懈怠…**125**
　　　　　(1) 口頭弁論期日における当事者の欠席　　(2) 時機に後れた攻撃防御方法の却下
　　　8　訴訟における形成権の行使…**128**

　V　証明…129

　　　1　総説…**129**
　　　　　(1) 概念の説明　　(2) 証明の対象および必要性　　(3) 証拠調べの手続
　　　2　各種の証拠調べ…**132**
　　　　　(1) 証人尋問　　(2) 当事者尋問　　(3) 鑑定　　(4) 書証　　(5) 検証
　　　3　証拠の保全および収集…**146**
　　　　　(1) 証拠保全　　(2) 当事者照会・訴え提起前における証拠収集の処分等
　　　　　(3) 弁護士法に基づく照会
　　　4　自由心証主義…**148**
　　　　　(1) 意義　　(2) 内容
　　　5　証明責任…**150**
　　　6　証明責任分配の修正・証明の負担の軽減…**154**
　　　　　(1) 証明責任の転換　　(2) 推定　　(3) 損害額の認定　　(4) 過失の択一的・概括的認定、一応の推定
　　　　　(5) 証明責任を負わない当事者の事案解明義務、具体的事実陳述＝証拠提出義務　　(6) 証明妨害

　　　証明責任の分配が問題となる例…**153**

第5章　訴訟の終了…**162**

　I　判決による訴訟の終了…163

　　　1　判決とは何か…**163**
　　　　　(1) 裁判の種類　　(2) 判決の種類
　　　2　申立事項と判決事項…**166**
　　　3　判決の成立・確定…**167**
　　　　　(1) 判決書の様式　　(2) 判決の言渡し

　II　判決の効力…168

　　　1　判決の成立により生じる効力…**168**
　　　　　(1) 自己拘束力　　(2) 覊束力
　　　2　判決の確定により生じる効力…**169**
　　　　　(1) 形式的確定力　　(2) 内容上の効力　　(3) その他の効力　　(4) 判決の不存在、無効
　　　3　既判力…**171**
　　　　　(1) 総論　　(2) 既判力の客体的範囲　　(3) 既判力の時的限界　　(4) 既判力の作用

　　　　(5) 既判力の主体的範囲　　(6) 対世効

　　既判力本質論——実体法との関係…**173**　　既判力に準ずる効力…**177**
　　請求異議の訴え…**181**　　反射効…**191**

III　判決によらない訴訟の終了…**194**

　1　総論——当事者の行為による訴訟の終了…**194**
　2　訴えの取下げ…**194**
　　　(1) 意義　(2) 要件と方式　(3) 効果　(4) 訴え取下げの合意
　3　請求の放棄・認諾…**195**
　　　(1) 意義　(2) 要件　(3) 手続　(4) 効果
　4　訴訟上の和解…**197**
　　　(1) 意義　(2) 訴訟上の和解の法的性質　(3) 要件　(4) 和解の試み（勧試）とその手続
　　　(5) 効果　(6) 訴訟上の和解の瑕疵を争う方法（無効・取消事由の主張方法）

第6章　裁判に対する不服申立て…**200**

I　上訴…**201**

　1　上訴制度の概要…**201**
　　　(1) 上訴とは　(2) 上訴の種類　(3) 違式の裁判　(4) 上訴制度の目的　(5) 上訴の要件
　　　(6) 上訴提起の効果
　2　控訴…**205**
　　　(1) 控訴の提起　(2) 控訴審の審理　(3) 控訴審の終了　(4) 附帯控訴
　3　上告…**209**
　　　(1) 上告と上告理由　(2) 上告受理申立て　(3) 上告の提起　(4) 上告審の審理
　　　(5) 上告審の終了
　4　抗告…**212**
　　　(1) 抗告の意義　(2) 抗告の種類　(3) 抗告の提起　(4) 抗告審の審理・終了
　　　(5) 許可抗告の手続

　　控訴審の審理構造——続審制、覆審制、事後審制…**206**

II　確定判決に対する不服申立て…**215**

　1　再審…**215**
　　　(1) 目的　(2) 再審訴訟の構造
　2　確定判決の変更を求める訴え…**218**

第7章　多数当事者訴訟…**219**

I　共同訴訟…**220**

　1　総論…**220**
　2　通常共同訴訟における共同訴訟人独立の原則…**222**
　　　(1) 共同訴訟人独立の原則　(2) 解釈による共同訴訟人独立の原則の修正

3　同時審判の申出がある共同訴訟…**223**
　　　4　必要的共同訴訟…**224**
　　　　　(1) 総論　　(2) 固有必要的共同訴訟　　(3) 類似必要的共同訴訟　　(4) 必要的共同訴訟の審判
　　　5　訴えの主体的追加的併合…**228**

II　第三者の訴訟関与…**228**

　　　1　共同訴訟参加…**228**
　　　2　共同訴訟的補助参加…**229**
　　　3　補助参加…**230**
　　　　　(1) 趣旨・要件　　(2) 参加手続　　(3) 参加人の地位　　(4) 補助参加人に対する判決の効力
　　　4　訴訟告知…**232**
　　　5　独立当事者参加…**233**
　　　　　(1) 定義・訴訟構造　　(2) 要件　　(3) 手続　　(4) 審判　　(5) 訴訟脱退

III　訴訟承継…**238**

　　　1　概説…**238**
　　　2　当然承継…**238**
　　　3　参加承継・引受承継…**239**

　　　訴状のサンプル…**241**
　　　事項索引…**242**
　　　判例索引…**251**
　　　著者紹介…**256**

略語一覧

Ⅰ 主要法令名

＊民事訴訟法の条文は、原則として条数のみで示し、他の法令と特に区別する必要がある場合には「民訴」とした。

憲	日本国憲法
会社	会社法
家事	家事事件手続法
行訴	行政事件訴訟法
裁	裁判所法
借地借家	借地借家法
商	商法
人訴	人事訴訟法
仲裁	仲裁法
破	破産法
非訟	非訟事件手続法
費用法	民事訴訟費用等に関する法律
民	民法
民執	民事執行法
民調	民事調停法
規	民事訴訟規則

Ⅱ 判例集

民録	大審院民事判決録
民集	大審院民事判例集／最高裁判所民事判例集
刑集	最高裁判所刑事判例集
高民集	高等裁判所民事判例集
裁時	裁判所時報
裁判集民事	最高裁判所裁判集民事
判時	判例時報
判タ	判例タイムズ
金判	金融・商事判例

【モデルケース】

　岡部の言い分によれば、岡部は、2014年9月29日に、その友人亀田に200万円を貸し付け、亀田は、同日、岡部から200万円を受け取り、岡部と2016年5月30日にそれを返す旨の合意をしたが、合意していた期限になっても200万円を返さない。そのため、岡部は、2016年9月1日、亀田を被告として、200万円の貸金の返還を求める訴えを提起した（利息、遅延損害金などは考慮しないものとする）。

第1章

民事紛争の解決と民事訴訟制度

　この章では、民事訴訟制度の概要とこれから民事訴訟法を学んでいく上で重要なポイントを説明する。民事訴訟は、私的な紛争を公権的・強行的に解決する手段である。「私」の側面と「公」の側面、当事者と裁判所との役割分担、また、実体法との連続性と手続法特有の考え方を意識しよう。

I　民事訴訟とは何か

1　民事訴訟の基本構造

(1)　権利関係をめぐる紛争の解決

　民事訴訟をひと言で説明するならば、私法上の権利義務や法律関係（以下「権利関係」という）をめぐる私人間の紛争（民事紛争）を扱う紛争解決制度であるといえる。契約からの金銭トラブル、交通事故、建物の立退きをめぐる争い、離婚、遺産相続をめぐる争いなど、現実の民事紛争は多種多様であって、関係する人々の感情や利害関係などが複雑に入り混じっているものがほとんどである。その解決は、決して一筋縄ではいかない。紛争当事者も多様である。個人の場合もあれば、企業や団体、地方自治体や国である場合もあるし、1対1の場合もあれば、複数の場合もある。民事訴訟は、こうした社会に生起する様々な現実の民事紛争を当事者（原告・被告）間の権利関係をめぐる紛争に置き換えて、裁判所が民法や商法などの実体法を適用してその権利関係の存否を確定することによって、法的解決を図る紛争解決制度である。

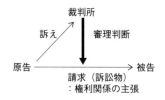

(2) 合意によらない公権的強制的解決

(a) 裁判以外の紛争解決方法との比較——応訴強制

　民事紛争を解決する方法は、民事訴訟だけではない。例えば、和解（示談）、調停、仲裁といった言葉を聞いたことがあるだろう。これらも民事紛争解決の方法である（→Ⅱ4〔22頁〕）。これらの手続と比較しながら、民事訴訟による紛争解決の特徴を考えてみよう。

　和解は、紛争当事者が互いに譲歩して当事者間の争いをやめることを約束するものであり（民695条）、調停は、紛争当事者が調停委員の示した調停案について合意しこれを調書に記載することで成立する（民調16条）。仲裁は、紛争解決を仲裁人に委ねその判断に服する旨の紛争当事者の合意（仲裁合意）を手続の基礎として（仲裁2条1項）、紛争当事者が仲裁人のした仲裁判断に従うことで紛争解決を図る。これらの紛争解決手続は、いずれも手続のどこかの段階で、その利用にあたって紛争当事者の合意を必要とする。いいかえれば、紛争当事者の合意が得られなければ、これらの方法では紛争は解決しない。

　これに対して、民事訴訟は、最初から最後まで制度の利用に紛争当事者の合意を必要としない点に特徴がある。近代国家では、自力救済が禁止されており、私人の権利が侵害された場合にそれを救済する役割は国家が担っている。国家が設営した強制的公権的な紛争解決制度が民事訴訟である。そのため、民事訴訟では、一方当事者が民事訴訟により紛争を解決しようとした場合、相手方はその利用を拒むことはできない（応訴強制）。例えば、訴えられた当事者（＝被告）が、民事訴訟の利用を拒んで、訴訟の期日に欠席したとする。その場合でも、裁判所は、被告が原告の主張を争わないものとみなして（159条3項・1項）、訴えを提起した当事者（＝原告）の請求を認める判決をすることができる。もし、被告が判決に従わない場合、これが金銭の支払などの給付を求める判決であれば、執行機関によってその内容が強制的に実現される。

民事訴訟後の権利の実現——強制執行の基本構造

例えば、【モデルケース】において、裁判所が岡部の請求を全部認容する判決をし、これが確定したとする。それにもかかわらず、亀田が200万円を支払わない場合どうするか。裁判所が、原告である岡部に請求できる権利があると認めても、現行法上、岡部が亀田に対して直接実力行使することは許されない（自力救済の禁止）。このような場合について、国は、民事執行法に、公の権力によって私的な権利を実現するための手続（民事執行手続）を定めている。岡部は、民事執行法に従い、執行機関に強制執行の申立てをして、確定判決の内容を強制的に実現することになる。

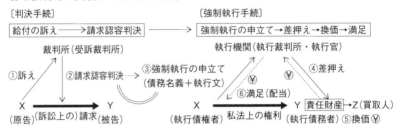

強制執行は、債権者の申立てにより（民執2条）、執行文の付された債務名義の正本に基づいて実施される（同25条）。債務名義とは、強制執行によって実現されるべき給付請求権の存在と内容を明らかにし、その請求権について強制執行することを法律が認めた一定の格式を有する文書であり、民事執行法22条にそのリストがある。代表的なものとして、確定判決（1号）や、一定の請求について公証人が作成した公正証書で債務者が直ちに強制執行に服する旨の陳述（執行受諾文言）が記載されているもの（執行証書。5号）がある。債務名義は、債権者に権利があることを高度の蓋然性をもって示すものであり、これが提出されると、執行機関は、改めて債権者の権利の存否を判断することなく、直ちに執行手続に着手できる。迅速な執行を可能にするために、強制執行手続では、裁判機関（権利判定機関）と執行機関は分離されている。もし、実体的な権利関係の存否等をめぐって争いが生じた場合には、執行機関ではなく裁判機関がこれについて判断する（同35条・38条等）。

強制執行の方法には、①直接強制（執行機関が直接執行目的である利益状態を実現する方法）、②代替執行（裁判所が第三者に授権して一定の作為をさせ、その費用を債務者から取り立てる方法）、③間接強制（債務者に対し、一定の期

間内に履行しなければその債務とは別に間接強制金を支払えと命ずることで債務者に心理的圧迫を加え、自発的な支払を促す方法）の3種類がある。民事執行法の定める強制執行のほとんどは直接強制であるが、この方法が採れない性質の債権については、代替執行または間接強制の方法による（民執171条〜173条、民414条2項本文・3項）。

強制執行は、金銭の支払を目的とする債権についての金銭執行と、金銭の支払を目的としない請求権についての非金銭執行とに分かれる。金銭執行は、基本的に、国（執行機関）が、債務者の財産を差し押さえて債務者の処分を禁止し、差し押さえた財産を売却等によって金銭に換え、そこから債権の満足を強制的に実現するという流れ（差押え→換価→満足）ですすみ、執行対象となる債務者の財産（不動産、準不動産、動産、債権その他の財産権）の区別に応じて、それぞれ詳細な規定が置かれている。債権者は、債務者のどの財産を執行対象とするかを自分で決めて申し立てなければならない。非金銭執行の方法は、債権の内容に応じて様々である。

なお、確定判決などの債務名義を手に入れるためには一定の時間がかかる。その間に債務者が財産を処分してしまうと、いざ強制執行しても空振りになってしまう。そこで、債務者が勝手にその財産を処分したり現状を変更したりするのを防ぎ、強制執行の実効性を確保するための手段として民事保全（仮差押え・仮処分）がある。民事保全制度については民事保全法が定めている。民事保全の段階で勝負が決まってしまうこともあり、保全処分は、実務上、極めて重要な役割を担っている。

(b) 既判力

当事者の合意に基づく紛争解決制度では、合意の効力によって紛争の蒸し返しが封じられる。例えば、和解契約では、「争いをやめることを約する」（民695条）ことが合意の内容になっており、合意の効力として、紛争解決の結果が尊重される（民696条参照）。これに対して、民事訴訟は、当事者の合意に基づく制度ではないから、合意の効力によって、紛争の蒸し返しを防ぐことはできない。そこで、紛争の蒸し返しを防ぐため、当事者に裁判所が示した判断の結論を強制的に受け入れさせる仕組みが必要になる。

これについて、法は、裁判所がした判決が確定したら、その確定した判決

（確定判決）に、紛争の蒸し返しを禁止して法的安定性を制度的に保障するための効力を付与している。それが既判力である（→第5章Ⅱ3〔171頁〕）。既判力は、確定判決に示された裁判所の判断に生じ、当事者と後の裁判所を拘束する。判決確定後に似たような訴訟が提起された場合、既判力の作用によって、前訴と同一の権利関係存否の判断が当然に繰り返され、既に解決した紛争を再び蒸し返すような主張は封じられる。

(c) **法による紛争解決**

民事訴訟は国家の設営する裁判所で行われ、応訴強制が働く。応訴強制が働くということは、誰もが民事訴訟の当事者になる可能性があり、判決に従わなければならないことを意味する。そうすると、判決の基準は、内容的にも手続的にも、場当たり的であったり恣意的なものであったりしてはならない。同じような紛争であれば、誰が当事者であっても同じような判断がされないと不公平である。また、この基準は、公になっており事前にわかるものでなければならない。そうでなければ、将来訴訟になった場合の結果の予測が立たないから、日常生活を送ったり取引をしたりする上で困難が生じる。そして、誰もが納得できるものであることが望ましく、その結果について、民事訴訟制度を利用する意思を持たない者（特に被告とされた者）をも拘束する既判力を正当化するものでなければならない。そこで、民事訴訟は、国民の代表が集う国会で作成された法律（憲41条）に定められた基準によって行われることになっている。法定された手続と異なる手続を当事者が合意したとしても、その効力は原則として認められない（便宜訴訟の禁止の原則〔→第4章Ⅳ3〔122頁〕〕。これに対して、紛争当事者間の合意に基づく和解等の紛争解決方法では、その基準は、法律によって定められたものである必要はなく、公序良俗に反しないものであれば何でも構わない）。当事者の合意に基づかない公権的強制的紛争解決制度であるだけに、法律が基準となることの意味は重い。そのため、法的な立論をする際には、法律の根拠条文を示すことが重要になる。

2　裁判所はどのように判断するのか

民事訴訟では、裁判所が権利関係の存否を判断して、紛争の法的解決を図る。民法や商法などの実体法上の権利は、いってみれば人間が作った一つの概

念であるので、見たり触ったりして、直接その存否を確認することはできない。しかし、実体法は、権利を発生させたり消滅させたりする効果（法律効果）を生じる事実（法律要件）を定めている。少し詳しくいうと、私法上の権利は、特定の事実があるとその時点において発生することになっており、一旦発生した権利は、その後、別の特定の事実があると変更したり消滅したりする（例えば、【モデルケース】において岡部が亀田に金銭を貸す〔金銭の授受と返還の約束〕という事実があると、岡部には亀田に対して貸金の返還を求める権利が発生し〔民587条〕、亀田が借りた金を全額弁済したという事実があれば、岡部の亀田に対する貸金の返還を求める権利は消滅する〔民492条参照〕）。逆に、そのような事実がなければ、一旦発生した権利は存在し続ける。したがって、権利を発生させる事実や消滅させる事実の存在・不存在が明らかになれば、裁判所が、一定の時点においてその権利の存否を判断することは可能である。事実の存否は、証拠によっても認定することができる。

　民事訴訟では、この実体法の要件効果構造を利用して、紛争の法的解決を図る仕組みを採っている。いいかえると、裁判所が、判決をする時点（正確には事実審の口頭弁論終結時）において、原告が審判対象として設定した私法上の権利関係（訴訟物〔→第3章Ⅱ〔70頁〕）。例えば貸金の返還を求める訴訟であれば貸金返還請求権〔民587条〕）の存否を判断し、この判断に拘束力を持たせることによって、法的紛争解決を図る。この仕組みについては、第4章で詳しく述べる。

3　民事訴訟の考え方

(1)　私法上の原則との関係——処分権主義と弁論主義

　民事訴訟は、裁判所が、原告の主張する私法上の権利関係の存否を判断することによって紛争の法的解決を図る制度である。民事訴訟の場において原告が主張するのは私法上の権利であるから、民事訴訟は権利行使の一場面と捉えることができる。

　私法では、私的自治の原則が妥当する。私的自治の原則によれば、私法上の権利を有する者がその権利を行使するかどうか、いつ行使するか、どの範囲で行使するかは、原則としてその者の意思に委ねられる。民事訴訟はその延長線上にある。そのため、私的自治の原則が反映され、訴訟の場においても、紛争

当事者が私法上の権利を行使するかどうか、いつ主張するか、どの範囲で行使するかは、その紛争当事者の意思に委ねられるべきことになる。このことは、処分権主義と弁論主義という原則に現れている。

　処分権主義とは、訴訟の開始・終了および審判の範囲を当事者が自由に設定できるという原則である。当事者が裁判所に訴えを提起することがなければ訴訟は開始されず（「訴えなければ裁判なし」）。例外として、訴訟費用の負担の裁判〔67条〕）、一旦訴訟が係属しても、当事者は自由に訴えを取り下げたり、判決を待たずに和解等で訴訟を終了させたりすることができる（→第5章Ⅲ〔194頁〕）。また、どのような事項についてどのような内容の判決を求めるかも当事者が決定する。裁判所は、当事者が申し立てていない事項について判決することはできないし、当事者が申し立てた範囲を超えて勝手に判決することはできない（246条）。例えば、原告が被告に対して200万円の支払を求めたのに対して、裁判所が「300万円支払え」という判決をすることは、当事者（とりわけ被告）の意思を超え、不意打ちになるおそれがあるから認められない。

　弁論主義とは、事実や証拠といった裁判所が判断を示すための材料（訴訟資料）の収集および提出を当事者の権能かつ責任とする原則である（→第4章Ⅱ〔97頁〕）。裁判所は、権利の発生、変更や消滅などを規定する実体法の法律要件に該当する事実の存否の確定を通じて、当事者が主張する権利の存否を認定する。証拠を使って、証拠調べから得た心証を事実の存否の認定に役立てることもある。これらの事実や証拠を訴訟の場で主張するかどうかは、訴訟当事者である権利者や義務者の意思に委ねられる。私的自治の原則の反映として、この当事者の意思は尊重され、裁判所は、当事者の主張しない事実を判決の基礎にすることはできないし（主張責任）、当事者が争わないとした事実（自白した事実）は、それをそのまま判決の基礎にしなければならない（自白の拘束力）。また、裁判所は、原則として、職権で証拠調べをすることはできない（職権証拠調べの禁止）。

(2) 訴訟法に特有の考え方

　私法上の権利関係をめぐる法的紛争解決制度である民事訴訟には、処分権主義や弁論主義にみられるように私的自治の原則が反映されている。他方で、民

事訴訟には、民法などの実体法では意識されない（あるいは用いられない）原則や考え方もある。これらの原則や考え方は、すべてが民事訴訟法の中に明示的に規定されているわけではない（むしろ規定されていることは少ない）が、民事訴訟法を理解するためにはとても重要である。

(a) **事実が存在するかどうかはわからない**

民法などの実体法は、一定の事実が存在することを前提として、その事実が存在するとどのような権利が生じるか、あるいは権利が変更されたり消滅したりするのか、その権利者が誰に対して何を求めることができるかを定めている。これに対して、民事訴訟においては、原告は自己の権利が存在するという前提で主張するが、被告は、基本的に、原告の主張する権利は存在しないと主張して応訴する。つまり、原告の主張する権利が存在するかしないかはわからないのが出発点である。原告の主張する権利の存否は、裁判所の判決によって初めて決まる。例えば、【モデルケース】で、岡部は自己の貸金返還請求権が存在することを前提として主張するが、これに対して、亀田は、岡部が主張する貸金返還請求権は既に弁済したために存在しない、あるいはその200万円は岡部から借りたのではなくもらったものだ、などと主張して応訴することになる。岡部の主張が正しいのか、それとも亀田の主張が正しいのかはわからないところから、民事訴訟はスタートする。裁判所の判決が出て初めて岡部の主張する貸金返還請求権の存否が決まるのである。そのため、実体法とは異なり、訴訟法では、権利関係の存否を認定していく手続の過程に目を向けることになる。したがって、この手続の過程については、民事訴訟法独自の原則や考え方が必要になる。

また、いくら当事者の事実主張を聞いて証拠調べをしても事実の存否が不明な場合もあり得る。民事訴訟は、強行的な紛争解決制度であるからこの場合でも裁判所が裁判を拒否することは許されない。そこで事実の存否が不明な場合でも裁判をすることを可能にするテクニックが必要になる。これが証明責任である（→第4章Ⅴ5〔150頁〕）。ある事実を証明できなかった場合には、証明責任を負っている側が不利益を被ることになる。

(b) **民事訴訟法において重要となる価値**

民事訴訟では、「原告対被告」という二当事者対立構造のもと、原告と被告

がそれぞれの言い分を主張し、国家の設営する裁判所が主宰して審理判断するという構造になっている。理想的な民事訴訟制度に求められる理念として「適正」「公平」「迅速」「経済」がある。これらは、民事訴訟が公的な制度であることや、応訴を強制される被告の立場に照らして考えるとわかりやすいだろう。

　まず、裁判所の判断は、実体的な真実に即した適正なものであるべきであるし、適正な手続（デュープロセス）に基づいてなされなければならない。また、両当事者は平等かつ公平に扱われ、主張立証の機会を対等に保障されなければならない。適正かつ公平な裁判がされて初めて、制度として国民の信頼が得られるし、たとえ応訴を強制された被告が敗訴しても判決の結果を受け入れなければならないことが正当化される。さらに、判決が出て原告の権利が救済されるまでに時間がかかり過ぎたり、裁判所や当事者にとって費用や労力がかかり過ぎたりしては実効的な紛争解決とは言い難い。

　また、民事訴訟の手続は、原告の設定した審判対象をめぐって、原告と被告が事実主張や証拠提出のやりとりをすることですすんでいく。両当事者には、事実を主張したり証拠を提出したりする機会が十分に与えられなければならない（手続保障）。利害が対立する関係にあっても、両当事者にはフェアプレイの精神が要求され、信義に従い誠実に訴訟を追行することが求められる（信義則。2条）。裁判所は、処分権主義・弁論主義のもと、当事者が予想もしないような事実認定や法律構成に基づいて判決してはならない（不意打ち防止）。先に述べた既判力も民事訴訟法固有の考え方であるが、そのほかにも、一度行った手続を後から覆すことはできるだけ避けるべきであるし（手続安定の要請）、当事者間の紛争解決にとって無益な訴訟を排除するための仕組みがある（訴訟追行権〔→第2章Ⅱ6〔52頁〕〕、訴えの利益〔→第3章Ⅳ〔84頁〕〕など）。

(c)　当事者と裁判所の役割分担――私的な権利紛争の公権的解決

　民事訴訟は、私的な権利紛争を公権的に解決するための制度である。手続過程においては、手続の進行、事実・証拠の提出・収集、法律の解釈・適用といった各点について、役割分担の視点が重要になる。民事訴訟の主体は、当事者と裁判所であるところ、この役割分担について、当事者に主導権を与える考え方を当事者主義、裁判所に主導権を与える考え方を職権主義という。民事訴訟

には私人間の紛争を扱う点で私的な側面があるが、国家の設営した裁判所において行われ、判決で示された法解釈は、当事者以外の者の行動規範にもなる点で公的な側面がある（判決は判例集やウェブサイトなどに公表されることを予定している）。そこで、民事訴訟法は、当事者主義と職権主義のいずれかを全面的に採用するのではなく、場面に応じて両者を組み合わせている。

まず、訴訟の進行については裁判所が主導権を持つ（職権進行主義）。また、法律の解釈適用も裁判所の専権事項となっている。他方、手続の開始・終了と審判対象の設定については、当事者が主張権を持ち（処分権主義）、裁判所が判断するための資料となる事実や証拠の提出は、当事者の権能かつ責任となっている（弁論主義）。もっとも、判決の前提として当事者が主張立証を尽くすことができるようにするために、裁判所は当事者に対して釈明権（→第4章Ⅱ4(1)〔104頁〕）を行使して不明瞭な点をただすことができる。

4　民事訴訟法の沿革

現行民事訴訟法（平成8年法律第109号）の基本的な枠組みを知るために、簡単にその沿革をたどることにしよう。

わが国の最初の民事訴訟法（旧々民事訴訟法）（明治23年法律第29号）は、1877年に制定されたドイツ帝国の民事訴訟法典を模範とする。これは、1806年のフランス民事訴訟法とその理念に強い影響を受けたものであり、当事者主導原理と消極的裁判官像を前提とし、訴訟審理について公開主義と口頭主義を重視していた。この旧々民事訴訟法は、判決手続のほか、強制執行手続、仮差押え・仮処分の手続、仲裁手続、公示催告手続も含んでいたが、その後の法改正により、強制執行手続については、民事執行法（昭和54年法律第4号）、仮差押え・仮処分手続については、民事保全法（平成元年法律第91号）、仲裁手続については、仲裁法（平成15年法律第138号）が、それぞれ単行法化され、公示催告手続は、2011（平成23）年に非訟事件手続法第4編に変更された。

判決手続の内容に関する部分も社会の歴史とともに変遷している。まず、旧々民事訴訟法の判決手続に関する部分は、1926（大正15）年に全面的に改定された（旧民事訴訟法〔大正15年法律第61号〕）。これは、とりわけ訴訟遅延の問題に対応するため、職権主義を強化した点に特徴がある。そのほか、選定当事者

制度（→第2章Ⅱ6(3)〔55頁〕）や訴訟承継主義（→第7章Ⅲ〔238頁〕）の採用など、ドイツ法とは異なる制度も採用した。旧民事訴訟法は、さらに第二次世界大戦後の改正（昭和23年法律第149号）で、アメリカ法の影響を受けて証人尋問に関する交互尋問方式など、新たな制度を導入したほか、裁判手続を迅速・廉価に行うべく、アメリカの少額裁判所にならって簡易裁判所も導入した。1998（平成10）年に施行された現行民事訴訟法は、旧民事訴訟法下の訴訟遅延の問題や証拠収集手段の不十分さ等に対応するものである。特徴として、争点および整理手続の整備拡充、証拠収集手続の拡充、少額訴訟手続の創設、最高裁判所に対する上訴制度の改革（上告許可制度など）が挙げられる。その後も、部分的な法改正は続いている。2003（平成15）年には、専門委員制度、訴え提起前の証拠収集手続、計画審理が導入され、2011（平成23）年改正により、国際裁判管轄に関する規定が新設された。

5 民事訴訟手続の基本的な流れ

民事訴訟は、原告による訴えの提起によりはじまる。そして、原告が設定した審判対象となる権利関係（訴訟物）の存否をめぐって、それを判断するための事実主張や証拠提出が原告・被告間でなされ、最終的に裁判所がその権利関係存否の判断として判決する。判決が確定すると、既判力などの効力が生じて、以後の紛争の蒸し返しは封じられる。単純化すると、「訴えの提起→審理→判決」という3段階の構造になっている（判決の効力が生じる段階まで入れると4段階になる）。詳しくは後に述べるが、ここでは、それぞれのポイントについて、弁論主義や処分権主義がどのように現れるかを確認しながら、簡単に説明しておこう。

(1) 訴えの提起（→第2章〔25頁以下〕、第3章〔60頁以下〕）

　原告が、裁判所に対して、自己の権利関係の主張を認める判決をするよう申し立てる行為を訴えという。裁判所が職権で訴訟を開始することはできない（処分権主義）。訴訟物は、その訴訟の審理および判決の対象を示すものとなる。例えば、【モデルケース】では、岡部が裁判所に訴えを提起することで手続が開始する。このとき、狭義の訴訟物（→第3章Ⅱ2⑴〔71頁〕）は岡部の亀田に対する貸金返還請求権であり、その存否が審理・判決の対象となる。

(2) 審理（→第4章〔94頁以下〕）

　裁判所が判決をするための判断資料（事実や証拠）を収集する過程が審理である。審理過程において、原告は自己の主張する権利関係を基礎づけるための資料を提出し、被告は原告の権利関係の主張を斥けるための資料を提出する。審理においては、弁論主義が採用されているから、当事者が事実や証拠を提出する責任を負っており、裁判所が勝手に資料を収集することは許されない。当事者は互いの主張をみて、争点を決定する。審理に先立って争点整理手続が行われることもある。当事者間に争いのない事実（自白された事実）は争点から外される。争いのある事実については、当事者の提出した証拠について証拠調べがされる。裁判所は、自由な心証に基づいて、当事者が提出した証拠を評価し事実を認定する（自由心証主義）。審理を尽くしても事実の存否が不明であるときは証明責任により事実の存否が決められる（ここでいう「事実」とは「主要事実」を指す→第4章Ⅱ3〔102頁〕）。

(3) 判決（→第5章〔162頁以下〕、第6章〔200頁以下〕）

　裁判所が訴訟物である権利関係の存否についての判断を示す行為が判決である。判決は、裁判の一つの形式である。最終口頭弁論終結時における資料をもとにしてされ、最終口頭弁論終結時点の権利関係の存否についての裁判所の判断を示す。三審制のもと、判決に対しては、不服申立て（上訴）をすることができる。

(4) 判決の効力——既判力・執行力・形成力（→第5章〔162頁以下〕）

judgment判決が出され、これに対して上訴期間内に上訴がされない場合、判決は確定する。判決が確定すると効力が生じる。確定判決の本来的効力には、先に述べた既判力のほか、執行力、形成力がある。既判力により、判決に示された訴訟物である権利関係の存否の判断は、その後の裁判所に対して拘束力を持ち、また、当事者を拘束する。これによって、紛争の蒸し返しが封じられ、民事訴訟による紛争の法的解決が実効性を持つ。また、被告に一定の給付を求める判決（例えば「被告は原告に200万円支払え」と命ずる判決）には、強制執行を可能にする執行力が生じ、法律関係の形成を宣言する判決（例えば「原告と被告を離婚する」という判決）には、判決の内容に従って当事者間の法律関係を変更させる形成力が生じる。

(5) 訴訟要件

民事訴訟の審理の対象は、原告が審判対象として設定する訴訟物である権利関係の存否（本来の案件＝本案）だけではない。原告の提起した訴えが適式なものかどうか、国家の設営する裁判所が判決する対象としてふさわしいものかどうかも審理判断される。これを訴えの適法性といい、その判断のための事項を訴訟要件という（→第3章Ⅴ〔92頁〕）。訴訟要件には様々なものがある。訴訟要件を欠く場合には、本案についての判断は行われず、訴えは不適法であるとして却下判決がされる（本案判決に対してこれを訴訟判決という）。

民事訴訟の判断構造

当事者の訴訟行為	審判の対象	裁判所の訴訟行為
①訴え（本案の申立て）による請求の特定	請求（訴訟物）	⑥本案判決の言渡し（請求の当否の判断）
↓		↑（法適用）
②事実上の主張	（主要）事実	⑤事実認定
↓		↑（自由心証）
③立証（証拠方法の提出）	証拠 →	④証拠調べ（証拠資料の引き出し）

民事訴訟の手続の流れを、当事者の訴訟行為および裁判所の訴訟行為という視点からみると、図のようにまとめられる。まず、①原告の訴えにより審判対象となる請求が特定される。次に、②両当事者からこの請求の当否を基礎づける事実上の主張がされる。③争いのある事実については証明の必要が生じ（→第4章Ⅳ2(3)〔120頁〕）、証拠方法が提出される。④裁判所は、当事者から提出された証拠を取り調べて証拠資料を得（→第4章Ⅴ1(1)(a)〔129頁〕）、自由な心証により証拠等を評価し、⑤法律効果を発生・変更・消滅させる主要事実を認定する。そして、最終的に、⑥法を適用し、請求の当否について、本案判決を言い渡す。

Ⅱ　民事訴訟の対象となる紛争

　これまでみてきたように、民事訴訟は、紛争を権利関係の存否をめぐる争いに還元して、これについて判断することで法的解決を図るものである。このような解決方法になじまない紛争は、民事訴訟の対象とならない。

1　法律上の争訟

　民事訴訟の対象となる紛争は、当事者間の権利関係の存否に関する紛争であって、それが法律の適用によって終局的に解決できるものでなければならない（裁3条）。民事訴訟は、法律上の権利関係の存否が確定されることを通じて紛争の解決を図るものであるからである。また、そもそも、三権分立のもとで、司法権が立法権や行政権の領域に立ち入ることには限界があるし、団体の自律についても司法権が立ち入るべきではないことからくる限界がある（→第2章Ⅰ1(5)〔29頁〕）。

2　訴訟と非訟

　裁判所が取り扱うのは訴訟事件だけではない。例えば、相続財産（遺産）をめぐる争いについて考えてみよう。相続財産は金銭債権等の可分債権を除きすべて共同相続人の共有になる（民898条）。共同相続財産を相続人の単独所有にするためにはこれを分割する必要がある。これについて当事者間に協議が調わ

ない場合には家庭裁判所の家事審判によって遺産分割が行われる（民907条2項、家事39条・同法別表第二12項）。ある財産の遺産帰属性や相続人の共有持分権等をめぐる争いは民事訴訟により解決されるが、具体的な遺産分割の内容をめぐる争いは家事審判により解決される。家事審判事件は訴訟事件ではなく、非訟事件に分類される。訴訟事件と非訟事件は、どちらも私人間の何らかの関係について裁判所が裁判をするという点では同じ性質を持つが、対象とする事件の性質や手続は異なる。

訴訟事件と異なり、非訟事件では、裁判所が、私人間の生活関係に関する事項について、主として後見的な立場から、より弾力的な手続で裁判を行う。非訟事件に当たる事件については、非訟事件手続法（例えば、裁判上の代位に関する事件〔85条～91条〕、保存、供託等に関する事件〔92条～98条〕）や家事事件手続法（例えば、後見開始の審判〔民7条〕、婚姻費用の分担に関する処分〔同760条〕、遺産分割に関する処分〔同907条2項3項〕、遺言書の検認〔1004条1項〕）が定めるほか、会社関係非訟事件（会社868条～906条）、借地非訟事件（借地借家17条～20条）などがある。

非訟事件は、必ずしも二当事者間で紛争が生じていることを前提としていないため、二当事者対立構造をとるとは限らず、処分権主義や弁論主義は適用されない（非訟49条）。民事訴訟手続は、必要的口頭弁論（87条1項）、公開・対審構造（憲82条1項）、弁論主義、裁判形式＝判決（243条・244条）、判決に対する不服申立て＝控訴・上告（同281条～327条）といった特徴を持つが、非訟手続では、口頭弁論は任意であり、公開・対審構造をとらず（非訟30条参照）、事実の調査および証拠調べは職権で行われる（同49条1項参照）。裁判形式は判決よりも簡易な形式である決定で行われ（同54条）、これに対する不服申立ては控訴等より簡易な抗告による（同66条～82条）。

もっとも、訴訟事件と非訟事件の区別は、実は容易ではない。一般には、裁判所は、訴訟事件では司法的作用を、非訟事件では行政的作用を行うと説明されたり、訴訟事件では当事者の意思が尊重されるのに対して、非訟事件では裁判所の後見的役割が期待されるため裁量権が認められると論じられたりする。しかし、非訟事件とされるものの中には、当事者間の利害対立があるものもあればそうした対立がないものや、比較的公益性が高く当事者に処分が認められ

ない事項から公益性がさほど高くなく当事者に処分が認められる事項まで、多様なものが含まれる。例えば、家事審判事件は、補助開始（民15条1項、家事別表第一36項）など、当事者が自らの意思で処分することのできない権利または利益に関する事項で調停によって解決できない事件（家事別表第一審判事項参照）と、遺産分割（民907条2項、家事別表第二12項）など、当事者が自らの意思で処分することのできる権利または利益に関する事項で調停によって解決できる事件（家事別表第二審判事項）とに大別されている。そのため、非訟事件の定義や本質を説くことは困難であり、仮に一般的に述べることができたとしても、多様な非訟事件の手続を一律に規律してよいかが問題となる（家事別表第一審判事項と家事別表第二審判事項とでは手続も異なる〔家事20条・40条3項ただし書・66条～72条・82条2項・89条2項・90条ただし書等〕）。

　また、どのような事項を非訟事件の対象とするかは、歴史的にみて、かなり流動的である。伝統的には訴訟事件として扱われてきた事項であっても、立法によって非訟手続の対象とされたものもある。これを訴訟の非訟化という。非訟化の理由は、事件の事情に応じて迅速かつ弾力的な裁判を行う必要があること、裁判所に将来に向けて当事者間の関係を規整する役割が求められるようになったことなどである。非訟化された例として、かつては通常訴訟事件であった夫婦共有財産の分割、親族間の扶養、遺産分割、および人事訴訟事件であった夫婦の同居、推定相続人の廃除が、家事審判法（昭和22年法律第152号。家事事件手続法〔平成23年法律第52号〕の施行に伴い廃止）により家事審判事項とされたことが挙げられる。

　非訟化された事件の中には、関係人間に利害が対立しており権利義務の存否の判定を必要とする点で訴訟事件と明確に区別しにくいものがある。それにもかかわらず、これを非訟手続で処理するならば、公開の対審・判決による裁判を受ける権利を保障する憲法32条・82条に違反しないだろうか。判例は、訴訟事件は、実体的権利義務の存否を確定するものであり、これを公開の対審・判決によらずに行うことは、憲法32条・82条に違反するが、非訟事件は、実体的権利義務が存在することを前提として、その具体的内容（履行の時期、場所、態様など）を形成するものであり、非訟手続において権利義務の存否を前提問題として判断しても既判力を生じず、これについては民事訴訟の途を閉ざすこと

にはならないから、非訟手続による処理は違憲にならないとする（夫婦同居の審判につき、最大決昭和40・6・30民集19巻4号1089頁、遺産分割につき最大決昭和41・3・2民集20巻3号360頁）。しかし、これに対しては、具体的な権利義務内容の形成を離れて権利義務の存在を考えることが想定しにくい場合（夫婦の同居義務など）があり、非訟と訴訟の裁判手続の重複を認めると、後に訴訟で権利義務の存在が否定された場合に、先にされた非訟事件の裁判が効力を失うことになってその存在意義が薄れるといった批判がある。

3　民事訴訟の特別手続

民事訴訟の対象となる事件の中でも、その事件の性質から、簡易迅速性やより実体的真実に即した処理を可能にするための特別手続が設けられているものがある。次の(1)～(3)の手続は簡易迅速性を可能にするために、通常の訴訟と異なる手続になっているが、当事者のどちらかが求めれば、通常の民事訴訟に移行する（353条・373条・395条）。また、(4)と(5)は民事訴訟法が一般法だとすると、その特別法になっている。以下、簡単に説明する。

(1)　手形・小切手訴訟

手形による金銭の支払請求およびそれに附帯する法定利率による損害賠償の請求を目的とする訴えについては、手形訴訟による審理・裁判を求めることができる（350条参照）。特色として、反訴の禁止（351条）、証拠調べの制限（352条）、控訴の禁止（356条）など、審理の迅速化を実現するための定めが置かれている。

(2)　少額訴訟

訴訟の目的の価額（訴額）が60万円以下の金銭の支払請求を目的とする訴えについては、簡易裁判所において、少額訴訟による審理および裁判を求めることができる（368条）。特色として、反訴の禁止（369条）、一期日審理の原則（370条）、証拠調べの制限（371条）、口頭弁論後直ちに判決を言い渡すこと（374条）、控訴の禁止（377条）など、審理の迅速化を実現するための定めが置かれている。

(3) 督促手続

　金銭その他の代替物または有価証券の一定の数量の給付を目的とする請求については、裁判所書記官は、債権者の申立てにより、支払督促を発することができる（382条参照）。これは、債務者を審尋しないで発せられる（386条1項）。支払督促が発せられると、一定の要件のもとで確定判決と同一の効力を有する（396条）から、債権者は、これに基づいて、強制執行を申し立てることができる（民執22条4号）。

　支払督促は、債権者にとっては迅速な債権回収を図るのに極めて便利な手段である。他方、債務者が支払督促に対して適法な異議を申し立てると、支払督促の申立て時に、通常の民事訴訟の訴えが提起されたものと扱う（395条）ことによって、債務者の利益保護が図られている。

(4) 人事訴訟（人事訴訟法）

　人事事件については、民事訴訟法の特例等を定める人事訴訟法が適用される（人訴1条）。人事事件とは、婚姻関係をめぐる事件、親子関係をめぐる事件、養親子関係をめぐる事件その他の身分関係の形成または存否の確認を求める事件（同2条参照）である。このような事件は、いずれも人の基本的な身分関係を確定するものであるから、真実発見の要請が高く、また、その関係は当事者以外のすべての人との間でも画一的に定まらないといけない。そのため、人事訴訟手続では、民事訴訟手続とは異なり、裁判所は当事者が主張しない事実を斟酌し、かつ、職権で証拠調べをすることができるし（同20条）、民事訴訟の自白に関する規定の適用が一部排除されている（同19条）。また、判決の効力も広く第三者に拡張される（同24条）。

(5) 行政訴訟（行政事件訴訟法）

　行政庁の権限行使に対する国民の不服、公法上の法律関係、国または公共団体の機関の法規に適合しない行為の是正、国または公共団体の機関相互間における権限関係に関する紛争など、国または地方公共団体の公権力の行使をめぐる紛争を処理するものが行政訴訟である（行訴2条〜6条参照）。民事訴訟法と行政事件訴訟法は、一般法と特別法の関係にある（同7条）。行政訴訟において

は、公益ないし多数人の利益が問題となることが多いため、その手続には、当事者適格の定め（同9条・11条・36条・37条など）、職権証拠調べ（同24条）、判決の効力の第三者への拡張（同32条1項）など民事訴訟と異なる定めがある。詳しい内容は行政法の教科書に譲る。

国際民事訴訟法

　国際取引の過程で生じた紛争や、一方当事者が外国に住んでいるとか、外国で発生した不法行為に基づく請求であるなど、民事事件が渉外的な要素を持つ場合には、純粋な国内事件を処理する手続とは異なった手続が必要となる。これは、いわゆる国際民事訴訟法の問題である。具体的には、例えば、事件について日本の裁判所が管轄権を持つか（国際裁判管轄→第2章Ⅰ1⑷〔27頁〕）、外国の裁判所に既に審理が係属している事件について日本の裁判所に訴えが提起された場合にどうするか（国際二重起訴）、国際的な送達や証拠調べをどうするか、外国法の探索や適用をどうするか、外国で出された判決に基づいて日本で強制執行したい場合どうするか（外国判決の承認・執行）といった問題が取り扱われる。世界的に統一された国際民事訴訟法というものは存在しない。「手続は法廷地法による」原則を基本として、国際裁判管轄が認められる場合には、各国内の民事訴訟法等の手続法が適用される。

　国際民事訴訟に関する手続として、民事訴訟法は、国際裁判管轄（3条の2～3条の12）、外国人の訴訟能力の特則（33条）、訴訟費用の担保提供命令（75条）、外国における送達（108条）、外国裁判所の確定判決の効力（118条。外国裁判所の判決も、公序良俗に反しないなど、一定の要件を満たせば、日本において効力を有する）、外国における証拠調べ（184条）、外国の官庁または公署の作成した文書の成立の真否（228条5項）などの規定を置いている。このうち、国際裁判管轄については、従来規定がなかったところ、民事訴訟法及び民事保全法の一部を改正する法律〔平成23年法律第36号〕により整備された（国際二重起訴に対処するための規定の制定は見送られた）。なお、民事執行法には、確定した執行判決のある外国裁判所の判決が債務名義となること（民執22条6号）や、外国裁判所の判決の執行判決（同24条）について規定されている。執行判決とは、裁判所が判決主文で外国判決による強制執行を許す旨を宣言する判決であり、118条の承認要件を満たしている必要がある（民執24条3項）。

4　裁判外紛争解決制度（Alternative Dispute Resolution: ADR）と仲裁

　裁判外の紛争解決制度（ADR）について、もう少し詳しく説明しておこう。ADR は、一般に、第三者が仲介して当事者間に合意を形成することによって当事者間の紛争解決を図る手続をいう（仲裁を含める場合もある）。紛争解決機関の設営主体により、司法型、行政型、民間型に分類される。わが国では、裁判所で行われる民事調停（民調2条）や家事調停（家事244条。なお、離婚等の家事事件については調停前置主義が採られており、訴えを提起する前に調停を試みなくてはならない〔同257条〕）が活発である。これは、司法型調停に分類される。

　民事訴訟と比較して、ADR には、一般に、手続が簡易・迅速、費用が低廉、柔軟な解決が可能、非公開、専門家を手続主宰者にすることによる専門的な知見の活用といったメリットがある。近時、ADR は世界的に注目されており、各国で法制化による整備がすすんでいる（なお、Mediation は「調停」とも訳されるが、英米法やEUメディエーション指令〔2008/52/EG〕など諸外国におけるMediation（メディエーション）では、仲介者は当事者間のコミュニケーションを促進するだけで、判断権限はなく解決案を提示しないのが一般であり、調停人が解決案を提示するわが国の調停とは異なる）。裁判の機能不全の代替や司法負担の軽減、より多様な紛争解決制度の提供など、ADR を促進する理由は、国によって異なる。わが国では、従来、司法型に比べ民間型の ADR の利用は低調であったが、2004年に、民間型 ADR の利用促進を目的として、ADR 法（裁判外紛争解決手続の利用の促進に関する法律〔平成16年法律第151号〕）が制定された。これによって、法務大臣により認証を受けた民間 ADR 機関における手続には、時効中断効や訴訟手続の中止といった効果が認められる。

　仲裁は、いってみれば裁判と調停の中間に属する。一定の紛争解決につき仲裁人の判断に従う旨の仲裁合意を前提に手続をすすめるが、いわば仲裁人という裁判官による私的な裁判であり、裁判と同様に裁断的な手続となっている。仲裁合意は、当事者が国家の裁判権を排除して仲裁手続に従うことを約束するものである。仲裁合意の存在を無視して一方当事者が裁判所に訴えを提起しても、相手方が仲裁合意の存在を主張すると訴えは却下される（仲裁14条。妨訴抗弁）。仲裁判断には既判力が生じる（同45条）。仲裁には、国家の裁判権に伴う

制約を回避することができる、主要国のほとんどが加盟する1958年のニューヨーク条約（外国仲裁判断の承認及び執行に関する条約）によって、仲裁判断の執行が裁判所の判決よりも容易であるといったメリットがある。そのため、特に国際取引をめぐる紛争でよく利用される。

III　民事訴訟の目的

　本章の最後に、なぜ民事訴訟制度が設けられているかを改めて考えてみよう。

　民事訴訟の目的については、伝統的な見解として、権利保護説、法秩序維持説、紛争解決説がある。権利保護説は、近代国家は私人の自力救済を禁止したことの代償として私人の権利保護を引き受けることになったが、これを実現する制度が民事訴訟であるとする。私法秩序維持説は、民事訴訟は国家によって設営された公的な制度であり、その制度目的は制度設営者である国家の公的な視点から定められるべきであるとする。いいかえると、民事訴訟は、国家が制定した民商法等の私法秩序を維持するためにあるとする。紛争解決説は、近代法によって法制度が整備される前は裁判を通じて実体法が形成されてきたという歴史的認識を基礎にして、端的に紛争の解決を民事訴訟の目的であるとする（「紛争」や「紛争解決」の意味については、これを法的な紛争解決であるとする見解もある）。その後、権利保護、法秩序維持、紛争解決がともに民事訴訟の目的であるとする多元説が登場し、さらに、目的論を綿密に検討して態度決定をしなくとも民事訴訟法の研究は可能であるという見解（棚上げ論）も主張された。しかし、他方で、「両当事者の実質的な対等化を図りながら、それぞれの役割分担ルールに基づいて訴訟による討論または対話を展開していく手続を保障する」ことを民事訴訟の目的とする手続保障説や、また、司法の核心的役割は、憲法を頂点とする実定法規や実体法規範によって認められた権利を、対審構造を持つ手続において確定し、これに必要とされる救済を与えることにあるとする新権利保護説（権利保障説。権利保護説を発展させた見解といえる）も近年有力に主張されている。

　従来の議論では、民事訴訟の目的と機能が一体的に論じられてきた傾向があ

る。権利保護説は制度利用者である私人の立場から、私法秩序維持説は制度設営者である国家の立場から、目的論を捉えており、紛争解決説は、民事訴訟の機能面から目的を設定している。論じる視点がそれぞれ異なっているため、これらが必ずしも相互に矛盾抵触するとはいえない。民事訴訟による紛争解決は、実体法や実体権を前提とした紛争の法的解決である。国家の関心は、法的紛争（権利紛争）の解決にあり、当事者の関心は、判決を取得することで権利保護を受けることにある。これらに応えるための適切な訴訟構造を備える必要があろう（例えば、あまりにも遅い権利保護は権利保護に値しない）。

第 2 章
訴訟の主体

　この章では、民事訴訟手続を進める主体である裁判所と当事者を扱う。裁判所は、具体的な権利・義務に関する訴訟事件を法律に基づいて裁判をする国家権力である裁判権（司法権）の担い手である。したがって、裁判所の任務・権限やその限界を理解することはまず重要である。これに対して、当事者には、憲法上裁判を受ける権利が保障されており、訴訟の主体として、裁判所による審理・裁判に積極的に関与する地位が与えられている。そこで、どのような者が具体的な訴訟事件に当事者として関与することができるのかを知ることも非常に重要である。

　【モデルケース】を念頭に、次の例題を解けるようになることが、本章の主な課題である。
(1) 亀田の現住所は東京都文京区にあるが、岡部は、自らの現住所が大阪市にあることから、大阪地方裁判所に訴えを提起することは許されるか。
(2) 岡部は、訴状の被告欄に亀田と記載し、訴えを提起した。しかし、亀田は訴え提起前に既に死亡しており、その相続人鶴川が、亀田宛の訴状を受け取り、裁判所において、あたかも自らが亀田であるかのように振る舞い、岡部の主張を争っていたことが、後に判明した。この場合の被告はだれか。
(3) 岡部が、赤山を代表者とする「奄美大島の自然を守る会」という名の権利能力なき社団を被告として提起した貸金返還訴訟は適法か。
(4) 山野が岡部の代理人として、亀田を被告とする訴えを提起することは許

されるか。許されるとすれば、それはどのような場合か。
(5) 竹本が、岡部の亀田に対する貸金返還請求権を主張して、竹本自身を原告、亀田を被告として提起した貸金返還訴訟は適法か。適法な場合があるとすれば、それはどのような場合か。

I　裁判権と裁判所

1　民事訴訟における裁判権（司法権）

(1)　意　義

　具体的事件を裁判によって処理し法秩序を保持する国家権力のことを裁判権（または司法権）という。裁判権は、司法機関により実施される、法秩序の実現を目的とする国家作用を指し、それは最高裁判所および法律の定める下級裁判所に属する（憲76条1項）。

　裁判権のうち、民事訴訟を処理するために行使される裁判権のことを、民事裁判権という。具体的には、裁判所の判決により当事者間の法律関係を確定または形成し、民事執行によって私法上の権利を強制的に実現することを指す。もっとも、民事裁判権はこれだけに限られず、訴訟書類の送達、証人の呼出し・尋問などを行い、これに従わない者に制裁を科すことなども含まれる。このように、民事裁判権は、自力救済を禁ずる代わりに私人の権利を強制的に保護・実現するために国家に付与された権限である。したがって、民事訴訟制度は、国家に付与された民事裁判権を行使するために存在する。それゆえ、裁判所が、民事事件の請求および当事者に対して民事裁判権を有していることは、訴訟要件の一つであり、この要件を欠く訴えは不適法として却下される。例えば、ここでは【モデルケース】における当事者である岡部や亀田、および、岡部の亀田に対する貸金返還請求が、民事裁判権に服するのかどうかが主に検討される。

(2)　場所的限界

　日本の民事裁判権は、領土主権の及ぶ範囲によって決まる。したがって、日

本の裁判所は、国内でのみ民事裁判権を行使できるので、外国で証拠調べをすることはできない。外国において証拠調べをしようとするならば、条約等に則り、外国の司法機関に司法共助を求めなければならない（184条参照）。

(3) 人的限界

民事裁判権は、内国人外国人問わず、原則として日本にいるすべての人に及ぶ。しかし、この原則には次の例外がある。

まず、判例によれば、天皇には民事裁判権は及ばない。日本国および日本国民統合の象徴であることがその理由である（最判平成元・11・20民集43巻10号1160頁）。

次に、外国国家は、国際法の一般原則により、原則として、民事裁判権に服さない（外国等に対する我が国の民事裁判権に関する法律〔平成21年法律第24号〕4条）。しかし、外国国家が特定の事項または事件について裁判権に服することを明示的に同意している場合（同5条1項）、外国国家がそれ以外の国の国民または法人その他の団体と行った商業的取引に関する裁判手続の場合（同8条1項）などでは、わが国の民事裁判権は免除されない。近時、前述の法律の成立により、主権免除は無制限とする絶対免除主義から相対免除主義に変更された。

外国の元首、外交団の構成員およびその家族・随員は、国際法上の治外法権により、裁判権が免除される。しかし、例えば、外交団の構成員等は、外交関係に関するウイーン条約（昭和39年条約第14号）に従い、派遣国が外交団構成員等についての裁判の免除を放棄することができるように、裁判権が免除される上記の者も、その特権を放棄した場合には、日本の裁判権に服する。

(4) 国際裁判管轄

当事者について裁判権の免除が認められない場合であっても、事件が国際的関係を有するが、日本国と何の関係もない場合には、その事件について日本の民事裁判権を行使することは正当化されない。したがって、事件が日本国との間に一定の関連性を有する場合にのみ、日本の民事裁判権は行使可能である。このように、事件が国際的関係を有する場合に、その事件について裁判管轄を

有するのが日本の裁判所か、それとも外国の裁判所であるか、という問題が生じる。これは国際裁判管轄の問題と呼ばれる。

国際裁判管轄を定める国際法の一般原則や統一的な国際条約は存在しないため、それぞれの国が自国の司法政策から、国際的な関係を有する事件について、その裁判所の管轄をいかなる範囲で定めるかを国内法上の問題として決定する。日本では、平成23年に、民事訴訟法3条の2以下に国際裁判管轄に関する明文規定が新設された（平成23年法律第36号）。3条の2ないし4、3条の6ないし8の基準に当てはまる場合には、原則として日本の国際裁判管轄権が認められるが（ただし、専属管轄については3条の5）、「日本の裁判所が審理及び裁判をすることが当事者間の衡平を害し、又は適正かつ迅速な審理の実現を妨げることとなる特別の事情があると認めるときは」国際裁判管轄は例外的に否定される（3条の9）。例えば、**【モデルケース】** において、亀田が外国人で日本国に住所がない場合でも、事件が契約上の債務に関するものであり、差押可能な亀田の財産が日本国内にある場合には、特別の事情のない限り、日本に国際裁判管轄が認められる（3条の2第1項・3条の3第3号・3条の9）。

(5) 法律上の争訟

日本の裁判所は、日本国憲法に特別の定めのある場合を除いて、一切の「法律上の争訟」を裁判する権限を有する（裁3条）。したがって、裁判所は、事件が「法律上の争訟」である場合に限り、その裁判権を行使できる。それゆえ、どのような紛争が「法律上の争訟」に当たるのかが、民事裁判権の限界を画する上で重要となる。

最高裁の判例によれば、「法律上の争訟」とは、当事者間の具体的な権利義務または法律関係の存否に関する紛争であって（事件性）、これが法律の適用によって終局的に解決できるものであること（法律性）をいう。例えば、**【モデルケース】** は、岡部の亀田に対する貸金返還請求権の存否に関する紛争であり、これを民法等の法律の適用により終局的に解決できるため、法律上の争訟に当たるといえる。これに対して、警察予備隊の設置・維持に関する一切の行為の無効確認の訴えは、当事者間の具体的権利義務や法律関係とは無関係に抽象的に法令の解釈や有効性を争ったものであり、それゆえ事件性を欠くため、不適

法である（最判昭和27・10・31民集6巻9号926頁）。また、技術士国家試験の不合格判定の変更を求める訴えは、法律の適用により終局的に解決することのできる事件ではないため、不適法である（最判昭和41・2・8民集20巻2号196頁）。

　民事訴訟との関係で法律上の争訟性がしばしば問題となるのは、宗教団体の内部紛争である。判例によれば、ある寺の住職たる地位すなわち宗教上の地位の存否確認の訴えは不適法として却下される（最判昭和44・7・10民集23巻8号1423頁）。これに対して、原告であるX寺が、同寺の元住職Yを被告として、X寺本堂等の家屋明渡しを求める訴えは、当事者間の具体的な権利または法律関係をめぐる紛争であるため事件性を有するが、この請求の当否を判断するのに不可欠の前提問題に宗教上の教義が問題となる場合には、裁判所は教義・信仰の内容について審判権を有しない以上、この事件は実質的には法律性を欠くとして却下される（最判昭和56・4・7民集35巻3号443頁、最判平成元・9・8民集43巻8号889頁、最判平成5・9・7民集47巻7号4667頁、最判平成14・2・22判時1779号22頁）。

2　管　轄

(1)　意　義

　以上のように、司法権とりわけ民事裁判権の及ぶ範囲が明らかになっても、日本の司法権は「最高裁判所及び法律の定めるところにより設置する下級裁判所に属する」（憲76条1項）とあるように、日本には、複数の種類の裁判所が存在する以上、日本の民事裁判権の及ぶ具体的事件に対して、どの裁判所が裁判権を現実に行使するのかを決めることはできない。そこで、特定の事件においていずれの国法上の裁判所が裁判権を行使するのかを予め定める必要がある。この定めを管轄という。

　管轄権の存在は、訴訟要件の一つであり、管轄の有無は、当事者の申出がなくとも職権で調査する。管轄の有無の判断の標準時は、訴え提起時である（15条）。

(2)　管轄権の担い手としての裁判所

　管轄権の担い手としての裁判所は、ここでは司法官署のことを指している。

この意味で使われる裁判所のことを、司法官署としての裁判所、または、国法上の裁判所という。この概念には、裁判官、裁判所書記官、執行官、事務官、裁判所調査官などの裁判所職員を含み、所在地と建物がある。

司法官署としての裁判所は、次のように分類される。まず、最高裁判所と法律の定める下級裁判所に分けられる。下級裁判所には、高等裁判所（8カ所：札幌、仙台、東京、名古屋、大阪、広島、高松、福岡）、地方裁判所（50カ所）、家庭裁判所（地裁と同じ）、簡易裁判所（438カ所）がある。なお、知的財産訴訟の審理の充実と促進を図るため、平成17年に知的財産高等裁判所が設置されたが、これは東京高等裁判所の特別支部である。

(3) 管轄の種類

(a) 職分管轄

管轄は、様々な観点から区別されるが、まず、裁判所の果たすべき任務（職分）の違いにより区別される。これを職分管轄という。

判決手続を担当する裁判所を受訴裁判所、執行手続を担当する裁判所を執行裁判所という。その他、保全手続、倒産手続を担当する裁判所に区別される。

受訴裁判所の内部においても、第一審裁判所と上訴裁判所に区別される。第一審裁判所となり得るのは、人事訴訟法に定められた人事訴訟を除いては（裁31条の3第1項2号）、地方裁判所と簡易裁判所である（裁24条1号・33条1項1号）。これに対して、訴えを高等裁判所または最高裁判所に提起することは原則として不適法である。したがって、【モデルケース】は人事訴訟ではないので、岡部は地方裁判所か簡易裁判所に対して訴えを提起する必要がある。

(b) 事物管轄

次に、どの第一審裁判所に訴えを提起すべきかが問題となる。この問題が事物管轄である。これは、訴訟の目的の価額（訴額）によって定められる。訴額が140万円以下である場合には事物管轄は簡易裁判所にあり、140万円を超える場合には地方裁判所にある（裁33条1項1号・24条1号）。ただし、本来簡易裁判所に事物管轄がある事件を地方裁判所が受訴しても、地方裁判所が相当と認めれば、自ら審判できる（16条2項）。

訴額とは、原告が訴えによって保護を求めている利益を金銭的に評価した額

をいう（8条1項）。民事訴訟法は、訴額の算定方法の基準を定めていないため、基準の設定は法の解釈と運用に委ねられている（訴状の受付事務では、昭和31・12・12民事甲第412号高等裁判所長および地方裁判所長宛て最高裁判所民事局長通知「訴訟物の価額の算定基準について」裁判所時報221号180頁が参考にされている）。非財産権上の訴えは、訴額が算定できない場合とされ、地方裁判所の管轄とされる（8条2項）。財産権上の訴えであっても訴額の算定が著しく困難なものも同様に扱われる（8条2項）。

　一つの訴えにより数個の請求をする場合には、原則としてその価額を合算したものを訴額とし（9条1項）、これを基準に事物管轄が決まる。この場合、後述の土地管轄における併合請求の裁判籍に関する7条ただし書は適用されない（最決平成23・5・18民集65巻4号1755頁）。

(c) 土地管轄

　ある事件の事物管轄（例えば地方裁判所）が明らかになると、さらに、どこの事物管轄裁判所（例えば大阪地方裁判所か京都地方裁判所か）に管轄権があるのかが問題となる。このように、所在地の異なる事物管轄裁判所に第一審の訴訟事件を分配する定めを土地管轄または裁判籍という。土地管轄は、普通裁判籍と特別裁判籍に区別される。

　普通裁判籍とは、被告に対するあらゆる訴えを提起できる土地管轄である。被告が自然人の場合は被告の住所（4条1項）、法人その他の団体の場合は主たる事務所または営業所（4条4項）が普通裁判籍である。原告が被告の住所地に出向くのが公平であるからである。

　特別裁判籍は、特定の種類の請求についてのみ認められる裁判籍である。特別裁判籍は、独立裁判籍と関連裁判籍に区別される。

　独立裁判籍は、普通裁判籍と競合して認められる裁判籍である。5条に列挙される。このうち、不法行為地の裁判籍（5条9号）と、財産上の訴えにおける義務履行地における裁判籍（5条1号）を主なものとして挙げる。前者は、不法行為地で裁判を行うと証拠収集の容易さ等から事案の解明に役立つために存在する。後者の規定も、訴えが取引行為の一環であることに鑑みて、当事者の便宜から設けられている。しかし、民法484条や商法516条が持参債務の原則を掲げているため、民事訴訟法5条1号は債権者（原告）にとって著しく有利

になると批判されている。

　関連裁判籍の代表例は、併合請求の裁判籍である（7条）。これは、数個の請求を併合して一つの訴えを提起した場合には、数個の請求のうちの一つについて管轄籍が認められれば他の請求すべてについても管轄権を認めるものである。この規定は、原告にとって便宜であるのみならず、本来であれば同じ原告を相手に別々の請求について別々の裁判所にて応訴を強いられる被告にとっても便宜であるために存在する（ただし、7条ただし書。→第7章Ⅰ1〔220頁〕参照）。

　(d)　法定管轄・指定管轄

　これまでに紹介した管轄は、法律の規定により定められているために、法定管轄と呼ばれる。これに対して、特定の場合に当事者の申立てにより関係ある裁判所に共通の直近上級裁判所が、個々の具体的事件の管轄裁判所を裁判によって決定する場合がある。これを指定管轄と呼ぶ（10条）。

　(e)　合意管轄・応訴管轄

　当事者間の合意によって発生する管轄を、合意管轄と呼ぶ。当事者は、専属管轄でないときは、法定管轄とは異なる管轄を合意することができる（11条1項）。専属管轄以外の法定管轄は、当事者間の公平や訴訟追行上の便宜を考慮して定められているにすぎないからである。

　管轄の合意は、第一審に限り（11条1項）、書面によってのみ可能である（11条2項）。さらに、管轄の合意は、法定管轄裁判所に加えて他の裁判所にも管轄権を付与することができるのみならず（これを付加的合意管轄という）、合意した裁判所のみに管轄権を限定することも可能である（これを専属的合意管轄という）。専属的合意管轄は、保険契約やクレジット契約などで頻繁に用いられているが、消費者から著しく遠い裁判所を合意により専属管轄とすることが可能となるため、消費者保護の観点から問題があった。そこで、平成8年の現行民事訴訟法において、専属的合意管轄の場合でも、裁判所が、土地管轄のある他の裁判所への移送をすることができるようになった（20条・17条）。

　本来管轄権のない裁判所に訴えが提起された場合でも、被告がこれを争うことなく本案につき応訴した場合には、その裁判所に管轄が認められる。これを応訴管轄という（12条）。これは、合意管轄と同様の趣旨から認められている。

(f) 専属管轄・任意管轄

　専属管轄とは、公共性の強い場合に、法律が特定の裁判所（一つとは限らない）の管轄のみを認め、他の裁判所の管轄を排除する管轄のことをいう。専属管轄では、競合管轄（複数の専属管轄裁判所が存在する場合を除く）、合意管轄、応訴管轄は認められない（13条1項）。職分管轄は原則として専属管轄であるが、事物管轄や土地管轄については、法律の特別規定がある場合に限り専属管轄となる（それ以外はすべて任意管轄である）。これに対して、任意管轄は、競合管轄、合意管轄、応訴管轄のすべてが可能な管轄である。

(4) 移　送

　ある裁判所に生じている訴訟係属を裁判によって他の裁判所に移すことを訴訟の移送という。民事訴訟法は主に次の理由から移送を認めている（16条～20条の2）。

　まず、管轄違いの移送がある（16条1項）。管轄違いの裁判所に提起された訴えを不適法として却下すると、原告は、再度訴えを提起する必要が生じるため、費用がかかるし、時効の中断などの効果が得られなくなる。この原告にとって重大な不利益が生じるのを避けるために、原告が管轄権のない裁判所に訴えを提起した場合には、裁判所は、当事者の申立てまたは職権により、決定により事件を管轄裁判所に移送する。

　次に、遅滞を避けるための裁量移送がある（17条）。受訴裁判所に土地管轄があるが、その裁判所で審理すると、著しい遅滞が生じたり、当事者間の公平が害される場合には、受訴裁判所は、当事者の申立てまたは職権により、土地管轄のある他の裁判所へ事件を移送することができる。

　その他、簡易裁判所の裁量移送（18条）と、必要的移送がある（19条）。前者によれば、簡易裁判所は、本来であれば自らの事物管轄に属する事件を、自らが相当と認める場合には、申立てまたは職権でその所在地を管轄する地方裁判所に移送することができる。後者には、第一審裁判所が、自らの事物管轄に属する事件であっても、当事者の申立てと相手方の同意がある場合には、その事件を地方裁判所または簡易裁判所に移送しなければならないとするものと（19条1項）、簡易裁判所が、その事物管轄に属する不動産に関する訴訟について、

被告から移送申立てがある場合には、その所在地を管轄する地方裁判所に移送しなければならないとするものがある（19条2項）。

移送の申立ては、その理由を付した書面により行われる（規1条）。移送の裁判は決定により行われる。移送の決定および移送申立てを却下する決定に対しては、即時抗告ができる（21条）。移送の判断を巡る裁判所間でのたらい回しを防ぐため、移送を受けた裁判所は、確定した移送の裁判に拘束され（22条1項）、さらに事件を他の裁判所に移送することはできない（22条2項）。

3　裁判所

(1) 裁判機関としての裁判所

これまでは、ある具体的事件について日本国が民事裁判権を行使できるか、さらに、民事裁判権を日本国にあるどの司法官署としての裁判所が行使することができるか、という問題を扱ってきた。

しかし、民事訴訟法では、管轄の規定を除くたいていの場合には、現実の事件の審理・裁判を行う裁判機関を指して、裁判所という言葉が用いられている。これを裁判機関としての裁判所、または、訴訟法上の裁判所という。

具体的事件についての訴えが「司法官署としての裁判所」に提起されると、その訴訟事件は、当該「司法官署としての裁判所」に属する裁判官により構成される「裁判機関としての裁判所」により、審理・裁判されることになる。

裁判機関としての裁判所は、構成される裁判官の数に応じて、1人の裁判官によって構成される単独制裁判所と、数人の裁判官によって構成される合議制裁判所に分類される。最高裁判所と高等裁判所はすべて合議制裁判所である。最高裁判所には、小法廷（5人の裁判官による構成）と大法廷（15人全員による構成）がある。地方裁判所では、単独制裁判所を構成するのが原則であるが（裁26条1項）、合議制裁判所も構成し得る。合議制裁判所は通常3人で構成されるが（裁26条3項。高等裁判所も同じ。同18条2項）、大規模事件や知的財産関係事件では5人の合議体を構成することもできる（269条・269条の2など）。

単独制裁判所は、裁判官の機敏な活動により迅速な審理を可能にするので、簡易な事件を迅速に処理するために適している。これに対して、合議制裁判所では、様々な観点から事案の審理を尽くすことができるので、合議制裁判所

は、困難な法律問題や複雑な事実問題がある事件に適している。

合議制裁判所では、合議体を構成する裁判官の1人が裁判長となる。裁判長は、口頭弁論を開始し、訴訟を指揮する。合議体を代表して、口頭弁論期日を指定し、判決を言い渡す権限を有する。ただし、裁判長も、裁判を下す前に必ず行われる、合議制裁判官全員による評議および評決においては、他の裁判官と対等な立場に立つ（裁77条）。

裁判長は、合議体を構成する他の裁判官に、審尋（88条）、和解の試み（89条）、弁論準備手続（171条）、証拠調べ（185条）などを委任することができる。この指名された裁判官のことを受命裁判官という。これに対して、裁判所間の共助として（裁79条）、受訴裁判所が他の裁判所に法定の事項についての処理を嘱託した場合、その処理を担当する裁判官のことを受託裁判官という。受託裁判官は、受訴裁判所の構成員ではないが、受訴裁判所の委任に基づいて職務を遂行する点で受命裁判官に類似する。したがって、受託裁判官については、受命裁判官の規定が準用されている（例えば証人尋問について、206条）。

(2) 裁判官

裁判機関としての裁判所を構成する者が裁判官である。裁判官は、最高裁判所長官、最高裁判所判事、高等裁判所長官、判事、判事補および簡易裁判所判事の六つに分類できる（裁5条）。

このうち、最高裁判所の裁判官は、職業裁判官としての経歴を要求されず、見識の高い、法律の素養のある40歳以上のものから任命され、15名中10名以上は、10年以上の裁判官経験または20年以上の法律専門家としての経験が必要とされる（裁41条）。最高裁の裁判官は、憲法79条2項に基づく国民審査を受ける。

高等裁判所、地方裁判所、家庭裁判所に配属されるのは、判事および判事補である。判事になるには、10年以上の法曹経験が必要とされる（裁42条）。司法試験に合格し、その後司法修習を終えた裁判官は、判事補となる（裁43条）。判事補は、単独制裁判所の裁判官になれないし、合議制裁判所の裁判長にもなれない（裁27条）。ただし、判事補・簡易裁判所判事以上の職を通算して5年以上勤め、かつ、最高裁判所の指名を受けた判事補は、判事補としての職権の制限

を受けないとされるため（判事補の職権の特例等に関する法律1条）、単独制裁判所の裁判官にも、合議制裁判所の裁判長にもなれる。

(3) 裁判所書記官

　裁判所書記官とは、裁判所の事件に関する記録その他の書類の作成、保管などの事務を行う者をいう（裁60条）。ただし、裁判所書記官は、裁判官の職務軽減のために、以前よりも強い権限を持つようになっている。例えば、平成8年の民事訴訟法成立の際に、従前は第一審の受訴裁判所が行っていた訴訟費用の確定を、裁判所書記官が行うことになっている（71条。督促手続〔→第1章Ⅱ3(3)〔20頁〕〕についても同様である。382条以下）。その他、審理の充実のために、裁判長が一定の事項を裁判所書記官に命じて行わせることができる（規56条・61条・63条）。

(4) 専門委員

　専門委員とは、主に、争点および証拠の整理、および、訴訟の進行協議の際に、訴訟関係を明瞭にし、または、訴訟手続の円滑な進行のために、専門的な知見に基づく説明を行う非常勤の裁判所職員をいう（92条の2第1項）。医療過誤訴訟、知的財産訴訟、建築瑕疵に基づく損害賠償請求訴訟などでは、専門的な知識や経験がないと、争点や証拠の整理が円滑に進まないため、平成15年の民事訴訟法改正の際に導入された（平成15年法律第108号）。専門委員は、鑑定人とは異なり、専門的な経験則や専門的知識を適用して得られる事実判断を裁判所に報告することはできない。しかし、専門委員は、証拠調べ期日や和解の試みの際にも立ち会うことができるため（92条の2第2項・3項）、自らの役割を逸脱しないような配慮が求められる。

(5) 裁判所職員の除斥・忌避・回避

(a) 意　義

　裁判官は、その良心に従い独立してその職務を行い、憲法および法律にのみ拘束される（憲76条3項）。この原則は、裁判官独立の原則と呼ばれ、憲法上保

障された法治国家の基本原理である。裁判官は、立法権、行政権のみならず、上級裁判所からの指示をも受けてはならない。

このように、裁判官独立の原則は、法による公正な裁判を行うために憲法上保障されている。しかし、公正な裁判が期待できないことは、具体的な事件を処理する裁判官が、当該事件やそれにかかわる当事者と特殊な関係にある場合にも起こり得る。そこで、具体的な事件においても裁判の公正さを保障するために、裁判官の中立性を確保する必要があり、民事訴訟法は、具体的事件において裁判官の中立性を疑わせる事由があるときは、裁判官をその事件に関する職務執行から排除することを認める。これが、裁判官の除斥・忌避・回避の制度である。なお、これに関する規定は、裁判所書記官、専門委員、知的財産に関する事件における裁判所調査官、参与員にも準用される（例えば、裁判所書記官について27条、規13条）。

(b) 除　斥

23条1項に定められた事由（除斥原因）のいずれかに該当する裁判官は、法律上当然に特定の具体的な訴訟につき職務を執行することができない。したがって、除斥原因が発見された場合、申立てまたは職権により、除斥の裁判（23条2項）がなされるが、これは確認的なものにすぎず、除斥の裁判以前に行われた当該裁判官の職務行為も無効となる。除斥原因のある裁判官が判決に関与することは、上告理由（312条2項2号）および再審事由（338条1項2号）となる（→第6章Ⅰ3〔209頁〕、Ⅱ1〔215頁〕）。

23条1項に列挙された除斥原因は、裁判官と当事者との特殊な関係に基づくもの（23条1項1号～3号）と、裁判官と事件との特殊な関係に基づくもの（23条1項4号～6号）に分類される。

(c) 忌　避

忌避とは、ある裁判官に、除斥原因以外の「裁判の公正を妨げるべき事情」（24条1項）がある場合に、当事者の申立てに基づき、裁判により、当該裁判官をその職務の執行から排除する制度である。忌避原因の具体例としては、裁判官と当事者との間に友人、隣人、恋人のような関係がある場合や、裁判官が当該事件につき特別の経済的利害関係がある場合などがある。判例は、裁判官が当事者の訴訟代理人の娘婿である場合にも忌避原因に当たらないとするが（最

判昭和30・1・28民集9巻1号83頁)、この判例に対しては学説の多くが批判をする。

(d) 除斥・忌避の手続

除斥および忌避の申立ては、その原因を明示して、裁判官の所属する裁判所にしなければならない（規10条1項）。申立ては、期日において行う場合を除き、書面で行う（規10条2項）。除斥または忌避の申立てがあった場合には、その申立てに対する決定が確定するまで、訴訟手続が停止される（26条本文）。除斥または忌避の申立て後、それに対する決定が下されるまでに、本来当該事件の職務執行から排除されるべき裁判官により訴訟手続が進行することを防ぐためである。ただし、例えば、証拠保全（→第4章 V 3〔146頁〕）のように、急速を要する行為は、除斥または忌避の申立てを受けた裁判官によっても行うことができる（26条ただし書）。

地方裁判所以上の裁判官の除斥または忌避については、その裁判官の所属する裁判所の合議体が、簡易裁判所の裁判官の除斥または忌避については、その簡易裁判所の所在地を管轄する地方裁判所の合議体が決定により裁判する（25条1項・2項）。除斥・忌避の申立てを受けた裁判官は、その裁判に関与することはできないが、意見を述べることは許される（25条3項、規11条）。除斥または忌避に理由がないとする決定に対しては即時抗告ができる（25条5項）。

なお、忌避の申立ては濫用的に用いられることがある。忌避原因が抽象的であり、かつ、忌避の申立てにより訴訟手続が中断するためである。そこで、最近、非訟事件手続において、訴訟遅延のみを目的とする忌避申立てを、当該裁判官自身が却下することができるいわゆる簡易却下の制度が導入された（非訟13条5項以下、家事12条5項以下）。しかし、現行民事訴訟法は、この制度を導入していない（ただし、札幌高決昭和51・11・12判タ347号198頁はこれを認める）。

(e) 回避

裁判官などが自己に除斥原因または忌避原因があると認めて、自発的に職務執行を避けることを回避という。回避をするには、監督権ある裁判所（裁80条・25条）の許可が必要である（規12条）。

Ⅱ 当事者

1 当事者の意義

(1) 二当事者対立原則

　民事訴訟は、通常、少なくとも対立する2人の当事者間で行われる。なぜなら、民事訴訟は、当事者の一方が相手方に対する関係で主張した実体法上の権利または法律関係の存否について、裁判所が両当事者の主張と反論の機会を公平に与えた上で、判断し、裁判するという基本構造を持つからである。そのため、訴訟が成立するためには、対立する二当事者の存在が不可欠である。このことを、二当事者対立原則という。

　民事訴訟においては、訴えを提起する当事者を原告と呼び、その相手方を被告と呼ぶ。

(2) 当事者概念

　前述のように、民事訴訟は、裁判所が、当事者の一方が相手方に対して主張した実体法上の権利または法律関係の主張の当否を審理・判断する構造を持つため、民事訴訟の当事者は、民事訴訟における審判の対象となる実体法上の権利または法律関係の主体であると定義することは可能である。これは実体的当事者概念と呼ばれる。例えば、【モデルケース】では、審判の対象である岡部の亀田に対する200万円の貸金返還請求権を主張する岡部が原告となり、その義務主体である亀田が被告となる。

　しかし、このような実体的当事者概念は採用されていない。なぜなら、民事訴訟法においては、第三者の訴訟担当（→本節6(3)〔54頁〕）や他人間の法律関係の確認訴訟（→第3章Ⅳ4〔87頁〕）のように、係争法律関係の主体でない者が民事訴訟の当事者になることができるからである。

　そこで、民事訴訟の当事者は、実体法上の法律関係の主体から切り離された全く形式的な概念であると理解される。これを形式的当事者概念と呼ぶ。形式的当事者概念によれば、当事者とは、訴えを提起する者（原告）と、その相手方とされる者（被告）である。

もっとも、形式的当事者概念によれば、権利主体と全く関係のない第三者が他人の権利を自己の名で訴訟上主張できることになってしまう。例えば、【モデルケース】において、岡部の亀田に対する権利と何の関係もない単なる知人である赤山が、自ら原告となって、岡部の亀田に対する請求権を訴訟上主張できることになる。そこで、このような無意味な訴訟を排斥する必要が生じる。そこで用いられるのが、訴訟追行権（当事者適格）という概念である（→本節6〔52頁〕）。

(3) 当事者の確定

　形式的当事者概念によれば、訴えを提起した者が原告となり、その相手方が被告となるが、具体的な訴訟事件において、誰が訴えを提起した者（原告）であり、その相手方（被告）であるかを決めるためにもルールが必要である。この問題を当事者の確定または特定という。

　当該訴訟において誰が当事者であるかという問題は、訴訟のあらゆる段階において重要である。なぜなら、訴状の送達は当事者に対してなされるし、訴訟係属の効果を受ける者も判決の効力を受ける者も当事者であることからもわかるように、訴訟上の様々な問題は当事者を基準として処理されるからである。

　したがって、訴訟の最初の段階から当事者は特定されなければならない。それゆえ、当該訴訟において誰が当事者であるのかは、手続の開始を求めた者により書かれた訴状における当事者の表示から判断されることになる。当事者の表示は、住所、居所（所在地）、氏名（名称）、場合によっては年齢や職業を記載することにより行われる。当事者の表示だけでは疑いが生じる場合には、訴状の全記載内容などから総合的に判断し、当事者の表示の解釈を行う。

　単に、表示に不正確な点があったり、誤記があった場合には、当事者の同一性を害さない限りで、表示の訂正が許される。しかし、表示が変わることにより全く別の者が当事者となってしまう場合には、単なる表示の訂正は許されない。【モデルケース】において、岡部が、山野が債務者であるのに亀田が債務者だと誤認して亀田を被告にして訴えを提起した場合には、その後岡部は、被告を山野に訂正することはできない。この場合には、任意的当事者変更というより厳格な手続が必要となる。通説的な見解によると、岡部は亀田に対する訴

えを取り下げると同時に（261条。したがって亀田の同意が必要である。同条2項）、山野に対する訴えを新たに提起することになる。この場合、岡部・亀田間の訴訟状態（→第7章Ⅲ〔238頁〕）は原則として引き継がれないが、亀田を被告とする訴状の印紙（→第3章Ⅰ2〔65頁〕）の流用や、訴え提起による時効中断の効果（→第3章Ⅰ3〔70頁〕）などは、岡部・山野間の訴訟に引き継がれる。

以上は、表示説または実質的表示説と呼ばれる通説的な見解による説明であったが、この説明により当事者を確定することが妥当でないと思われる例外的な事例が存在する。それは、氏名冒用訴訟および死者名義訴訟と呼ばれるものである。

氏名冒用訴訟とは、例えばXがYを被告として離婚訴訟を提起したが、実際に被告として訴訟追行しているのはXと通謀するAであった場合のように、他人になりすまして訴訟行為をすることをいう。死者名義訴訟とは、例えばXがYが死んでいるとは知らずにYを被告として訴えを提起したが、その相続人であるZがYの名前で訴訟行為をする場合のように、訴状に当事者と表示されている者が死亡していることに気付かないまま、訴訟が進行する場合をいう。

これらのケースにおいて、当事者を訴状の記載により判断すれば、不都合な問題が生じる。氏名冒用訴訟では、被告がYとなり、YになりすましたAとXが馴れ合いで訴訟を行えば、Yは自らは手続に関与しないまま、Yに不利な判決が下され、それが確定する可能性がある。死者名義訴訟では、被告はYとしたまま、請求認容判決を出したとしても、その判決は実在しない者を名宛人とする無効な判決となり、実際に訴訟行為をしたZには判決の効力が及ばないことになりそうである。

これらの問題を解決するために、原告の意思を基準に行うべきであるとする意思説、当事者らしく振る舞った者を当事者とすべきであるとする行動説、訴訟開始段階では表示説を採るが、訴訟終了段階では手続の安定と訴訟経済を重視して別の基準を適用させる規範分類説など、多くの学説が提唱された（古い判例にも、形式説に従ったと解することが困難なものが存在する。大判昭和10・10・28民集14巻1785頁、大判昭和11・3・11民集15巻977頁）。しかし、最近では、表示説を採った上で、氏名冒用訴訟や死者名義訴訟のような例外的な場面において、訴状に表示された当事者に判決効を及ぼすことが妥当でない場合には、他の法

理を用いて処理をすれば足りるとする見解が有力である。すなわち、氏名冒用訴訟では、Yが被告となり、それゆえYに既判力が及ぶ（115条1項1号→第5章Ⅱ3(5)〔187頁〕）が、Yは上訴、再審によって判決の無効を主張でき（312条2項4号・338条1項3号→第6章Ⅰ3〔209頁〕・Ⅱ1〔215頁〕）、死者名義訴訟では、Zが応訴した場合、訴訟係属後の死亡に準じて（124条1項1号→当然承継：第7章Ⅲ2〔238頁〕）、ZはYを被告とする訴訟を黙示的に受継したとみなして、当該訴訟の確定判決の効力が相続人Zに及ぶとする。

(4) 当事者権

民事訴訟は、究極的には、裁判所が訴訟上の請求の当否について当事者に対して裁判を下すための手続である。しかし、そうであるからといって、当事者は、裁判所の裁判を受けるだけの地位にとどまるわけではない。当事者には、憲法上裁判を受ける権利が保障されているため（憲32条）、訴訟主体として、裁判所による訴訟の審理・裁判に様々な方法で積極的に関与することができる地位が認められている。この訴訟主体として当事者に付与される種々の権利の総称が、当事者権である。当事者権が当事者に付与されているからこそ、下された裁判を当事者が受容することができる。

当事者権は、大まかには、訴訟の内容面に関する権利と、訴訟の手続面に関する権利に分類される。

前者は、弁論権・証明権がその典型である。裁判所は、当事者双方に主張・証明の機会を十分に与えて、そこから得られた資料に基づき請求の当否を判断することが要請される。裁判に対する不服申立権（特に上訴権）も同様である。後者に含まれるものとして、期日指定申立権（93条1項）、期日の呼出しを受ける権利（94条）、訴状や判決の送達を受ける権利（138条1項・255条）、訴訟手続に関する異議権（90条）、求問権（149条3項）、移送申立権（16条～20条）、除斥申立権、忌避権（23条2項・24条1項）、訴訟記録閲覧権（91条）などがある。

2 訴訟における代理

(1) 訴訟上の代理の意義

民法上、法律行為について代理が認められるのと同様に（民99条以下）、民事

訴訟においても、訴訟追行について代理が認められている。例えば、【**モデルケース**】において、原告岡部より200万円の貸金の返還を求める訴えを提起された被告亀田のために竹本に代理権が付与されている場合には、代理人竹本は、亀田の名で、当該貸金債権を弁済したとの陳述など、訴訟行為を行うことができ、かつ、その効果は亀田に及ぶ。このように、代理人の行為の効果が本人に帰属するためには、本人の名による行為と、代理権の存在が必要である。

訴訟上の代理は、法定代理と訴訟代理に区別される。前者は、代理権の存在が、法律の規定により基礎づけられる代理であり、後者は、本人の授権により基礎づけられる代理である。

(2) 法定代理

法定代理人は、実体法上の法定代理人と訴訟法上の特別代理人に区別される。

民法により法定代理人とされている者は、訴訟上も法定代理人となる（28条）。これを実体法上の法定代理人という。例えば、親権者（民824条）、後見人（民859条）が実体法上の法定代理人となる。親権者や後見人は、未成年者や成年被後見人の保護のために民法上法定代理人になることができるため、同じ理由から訴訟上も法定代理人となる。

訴訟上の特別代理人とは、民事訴訟法の定める特別の場合に裁判所が法定代理人として選任した者である。これに当てはまるのは、訴訟無能力者の特別代理人である（35条）。民法上行為能力を欠く者は、訴訟能力を欠き（→本節4〔50頁〕）、したがって、未成年者や成年被後見人は訴訟能力を欠くため、彼らに実体法上の法定代理人が存在しない場合、彼らは、訴えを提起できないし、応訴もできないことになる。そこで、彼らを被告として訴えを提起しようとする者が遅滞により著しい損害を受けるのを避けるために、35条は、裁判所が未成年者や成年被後見人に訴訟代理人を選任することができるとする。このように、本条は訴訟の相手方の保護のために存在する。ただし、判例は、株式会社が原告として訴えを提起したが、その代表者（法定代理人に準じる。37条）となるべき代表取締役を欠くに至った場合にも、利害関係人が会社法351条2項に基づいて、一時代表取締役の選任を裁判所に請求したのでは遅滞のため損害を

受けるおそれがあるときは、裁判所が特別代理人を選任することができるとする（最判昭和41・7・28民集20巻6号1265頁）。

なお、法定代理人の代理権が実体法上消滅した場合にも、本人または代理人から相手方へ通知しない限り、その効力は生じない（36条1項）。この規定は、裁判所や相手方が必ずしも容易に知り得ない法定代理権の消滅時期をめぐる争いを避けることにより、訴訟手続の安定性と明確性を確保するために存在する。

(3) 法人などの代表者

法人または法人格のない団体が当事者となる訴訟については、その代表者が訴訟を追行する。法人等の代表者は、実体法上、法定代理人に準じて扱われるため、訴訟法上も、法定代理に関する規定を準用する（37条）。

例えば、法人を被告として訴えを提起しようとする場合、原告は、通常、商業登記簿にその法人の代表者として登記されている者を代表者として訴えを提起することになる。しかし、登記簿上の記載が真の代表者を反映していない場合、この訴えは不適法であり、原告に対し真の代表者を記載するよう訴状の補正を命じ、代表者がいない場合は原告の申立てにより特別代理人が選任されるべきであるとするのが判例である（最判昭和45・12・15民集24巻13号2072頁）。その理由は、訴訟行為は取引行為ではなく、手続の安定性を重視する訴訟行為の規律に、私法上の表見法理を適用する余地はないことにある。しかし、学説の多くは、相手方との契約に基づく債務の履行を求める訴えを提起する場合のように、訴訟行為は、取引行為の一環であると見ることができるから、実体法上の表見法理を適用または類推適用して、誤った登記を信頼した原告を保護するため、登記簿記載の代表者とする訴えを適法とすることができるとし、この方がむしろ手続の安定性に資するとする（→第4章Ⅳ4〔123頁〕）。

(4) 訴訟代理

訴訟代理とは、訴訟追行のための包括的な代理権が付与される任意代理をいう。訴訟代理人は、当事者によって選任され、訴訟追行のための包括的な代理権を持つ代理人である。訴訟代理人は、授権に基づく訴訟代理人と、法令上の

訴訟代理人に区別される。

　授権に基づく訴訟代理人とは、特定の事件ごとに当事者により訴訟代理権を付与された者である。地方裁判所以上の裁判所では、授権に基づく訴訟代理人は弁護士でなければならない。これは弁護士代理の原則と呼ばれる（54条1項。簡易裁判所では、裁判所の許可を得て弁護士でない者が訴訟代理人となることができる。54条1項ただし書）。技術的な訴訟手続に精通していない当事者に不測の不利益を与えないようにするため、また、訴訟手続が遅延しないようにするために、この原則は存在する。ただし、弁護士強制主義は採られていない。したがって、当事者は弁護士を訴訟代理人に選任せずとも、自らで訴訟を追行することができる。これを本人訴訟という。しかし、本人訴訟を広く認めることには次の問題がある。すなわち、当事者本人の利益を保護するためには、裁判所がパターナリスティックな訴訟指揮をせざるを得ないが、裁判所が本人訴訟の当事者のためだけに積極的な訴訟指揮をすれば、とりわけ相手方が弁護士を訴訟代理人に選任する場合に、裁判官の中立性を害することになる、というものである。

　なお、弁護士代理の原則には例外が認められている。例えば、司法書士に簡易裁判所手続における訴訟代理権が認められている（司法書士法3条1項6号7号・2項）。すなわち、簡易裁判所の事物管轄（訴額140万円）を超えない事件について、訴訟代理権、民事調停における代理権、相談業務を行いまたは裁判外の和解の代理をする権限が認められている。ただし、司法書士が訴訟代理権を得るためには、法務大臣の指定する研修課程を修了し、自らの申請により法務大臣より「簡裁訴訟代理関係業務」を行うのに必要な能力を有することの認定を受けたことが必要である（当該認定を受けた司法書士は「認定司法書士」と呼ばれる）。なお、判例によれば、債務整理を依頼された認定司法書士は、当該債務整理の対象となる債権の総額ではなく、個別の債権の価額が司法書士法3条1項7号に規定する額を超える場合には、その債権に係る裁判外の和解について代理することができないとされる（最判平成28・6・27金判1498号10頁）。その他、弁理士法6条の2所定の要件を満たす弁理士も、特許侵害訴訟等において訴訟代理権が認められる。

　授権に基づく訴訟代理は、民法上の法律行為の代理と主に次の点で異なる。

まず、授権に基づく訴訟代理権の範囲の包括性・画一性である。弁護士が訴訟代理人になる場合には、訴訟代理権の範囲を制限することはできない（55条3項）。委任を受けた訴訟代理人は、訴えを提起し、訴訟を追行することができるほか、55条1項所定の行為（反訴に対する応訴、参加、弁済の受領など）を行うことができるが、同条2項に掲げられた行為（反訴の提起、訴えの取下げなどの訴訟終了行為、上訴など）については、特別の委任を受けない限り当該行為をすることはできない。このように弁護士の訴訟代理権の範囲が包括的・画一的に定められているのは、訴訟を迅速かつ円滑に進行させるためであり、また、弁護士が訴訟代理権を有する場合には誠実な訴訟追行が期待できるためである（なお、簡易裁判所の許可を得て訴訟代理人となった弁護士でない者、および、訴訟代理権のある認定司法書士については、当事者がその代理権限を有効に制限することができる。55条3項ただし書）。

次に、訴訟代理権は、当事者の死亡、当事者たる法人の合併などによっても消滅しない（58条）。この点についても、訴訟手続の迅速な進行、通常は訴訟代理権を有する弁護士への信頼から、民法上の代理における規律と異なる。

法令上の訴訟代理人とは、法律が一定の地位に就く者に訴訟代理権を与える旨規定している場合に、その地位に就くことにより一定範囲の業務につき当然に訴訟代理権をも授与される者をいう。具体例としては、支配人（商21条1項、会社11条1項）、船長（商713条1項）などが挙げられる。ある者がこれらの地位に就任するには本人（例えば商人や会社）の意思が必要であるが（商20条、会社10条など）、その者がこれらの地位に就くと、法令上当然に、その者に一定範囲の業務について訴訟代理権が付与されるため、法令上の訴訟代理人は、その地位を得るために、訴訟代理権そのものを授与する旨の本人の授権を得る必要がない点で、授権による訴訟代理人と異なる。

(5) 補佐人

補佐人とは、当事者、補助参加人、および、これらの者の訴訟代理人とともに、裁判所に出頭し、これらの者の陳述を補足する者である（60条）。補佐人は、通常、当事者が「難聴、言語障害、老齢、知能不十分等の原因に基づき訴訟上の行為をするについて相当の困難があり、これがため訴訟が必ずしも円滑

に進行しない場合」に選任される（東京地決昭和41・4・30判時445号23頁）。補佐人は、期日における付添人にすぎず、本人に代わって単独で裁判所に出頭したり、訴訟行為をすることはできない。

3　当事者能力

(1)　意　義

　当事者（当事者概念）とは、訴えを提起した者（原告）とその相手方とされた者（被告）を指し、具体的な訴訟において当事者が誰であるか（当事者の確定）は、原則として、手続の開始を求めた者により書かれた訴状における当事者の表示から判断されることをこれまで述べた。

　以上のことを前提に、具体的な訴訟において当事者として特定された者が例えばＸであった場合に、そのＸが、そもそも民事訴訟において当事者となり得る資格を有するのかという点をここでは問題とする。例えば、Ｘがクマであった場合、現在の日本の民事訴訟においては、Ｘによる（に対する）訴えは不適法として却下される。なぜなら、民事訴訟は原則として私法上の権利主体間の訴訟を取り扱うため、私法上の権利主体となり得ないすなわち権利能力のないＸは民事訴訟においても当事者になり得る資格を有しないからである（アマミノクロウサギが原告となって、林地開発処分の取消訴訟をしたという事案として、鹿児島地判平成13・1・22裁判所ウェブサイト掲載）。

　このように、民事訴訟において一般的に当事者となり得る資格を当事者能力という。前述のように、民事訴訟は私法上の権利主体間の訴訟を扱うため、権利能力を有する者は当然に当事者能力を有し、権利能力と当事者能力が対応関係にある（28条）。

　なお、当事者能力は、原告によって特定された審判の対象である訴訟上の請求が何であるかに関係なく、一般的に民事訴訟において当事者となり得る資格をいう。この点で、原告によって特定された具体的な訴訟上の請求について、当事者として訴訟追行することができる資格を意味する訴訟追行権（当事者適格）と区別される。つまり、例えば【モデルケース】のように、岡部が亀田を被告として、岡部の亀田に対する200万円の貸金返還請求権の主張を訴訟物として特定して訴えを提起した場合、岡部は当該訴訟物とは関係なくそもそも民

第2章　訴訟の主体　**047**

事訴訟の当事者たる資格を有するのか、例えば自然人である岡部は訴訟当事者となれるのかを判断する基準として当事者能力は存在し、当該訴訟物について岡部が訴訟当事者として訴訟追行することができるのか、例えば岡部は自分に帰属すると主張する権利について自ら訴訟追行できるのかを判断する基準として訴訟追行権（当事者適格）という概念は存在する（→本節6〔52頁〕）。

(2) 原　則

　権利能力を有する者が当事者能力を有するのが原則である（28条）。したがって、すべての自然人は当事者能力を有する（民3条1項）。外国人も同様である（民3条2項）。胎児は、相続、遺贈、不法行為に基づく損害賠償請求に関しては、既に生まれたものとみなされるので（民886条・965条・721条）、この場合には胎児も当事者能力を有する。

　法人も権利能力を有するので（民34条、一般社団法人及び一般財団法人に関する法律3条）、当事者能力を有する。外国法人も権利能力を有する限り（民35条2項）、当事者能力を有する。市町村長の認可を受け法人格を取得した町内会や自治会も当事者能力を有する（地方自治法260条の2第1項）。

(3) 法人格なき団体の当事者能力

　29条は、代表者または管理人の定めのある法人格のない社団・財団にも当事者能力を付与する。現実の社会においては、法人格のない団体が経済活動などを行っているため、その活動によって第三者と紛争が生じたとき、第三者が、誰を被告として訴えを提起すべきかを判別するのは困難であるし、仮に判別できたとしても多数の構成員を共同被告としなければならないのは煩雑である（→第7章I〔220頁〕参照）。そこで、第三者としては、法人格のない団体を訴訟の相手方として訴えを提起し、その代表者や管理人に団体についての現実の訴訟追行をしてもらうのが実際的である。また、法人格のない団体も、団体自体が当事者となり、代表者によって訴訟を追行する方が便宜であり、その構成員の意思にも適う。以上の理由から、権利能力のない団体にも当事者能力が認められている。

　29条の適用を受け当事者能力があるとされる権利能力なき団体の典型例とし

ては、学校の同窓会、設立中の会社、学会、町内会、入会団体、育英会などがある。ただし、近時の法改正（とりわけ、一般社団法人及び一般財団法人に関する法律〔平成18年法律第48号〕の成立）により、従来までは権利能力がなかった団体の多くが、法人格を取得できることになったため、29条の必要性が相対的に低くなっている。なお、判例は、民法上の組合の当事者能力を、29条に基づき肯定する（最判昭和37・12・18民集16巻12号2422頁。有力な反対説がある）。

判例は、権利能力なき社団に該当すれば、29条の適用があり、当該社団に当事者能力があると判断する。したがって、民法の領域において議論されている権利能力なき社団の成立要件が、当事者能力の有無の判断にとっても重要となる。

判例は、「団体としての組織を備え、そこには多数決の原則が行われ、構成員の変更にもかかわらず団体そのものが存続し、しかしその組織によって代表の方法、総会の運営、財産の管理その他団体としての主要な点が確定しているもの」が権利能力なき社団に当たるとする（最判昭和39・10・15民集18巻8号1671頁）。すなわち、団体としての組織性（代表者の選出、団体の意思決定方式が確立していること）、財産的独立性（団体が構成員から独立して財産管理をしていること）、対内的独立性（構成員の変動に影響されない団体の存続）、および、対外的独立性（代表者が定められていること）の4要件が必要である。このうち、財産的独立性に関して、判例は、「必ずしも固定財産ないし基本的財産を有することは不可欠の要件ではない」としたが（最判平成14・6・7民集56巻5号899頁）、団体が構成員から独立して財産を管理する仕組みがあれば足りると述べたにすぎず、財産的独立性の要件は財産請求の被告の場合を除き不要であると主張する一部の学説に従ったわけではない。

29条に基づいてある法人格のない団体に当事者能力が認められる場合、法人格ある団体と同様に、団体名とその代表者名を出して訴訟を追行できる。民事訴訟法学の伝統的な見解によると、その団体は、当該事件限りで実体法上の権利能力をも有すると解されている。しかし、判例は、民法学の通説に従い、法人格のない団体に関する権利義務は、団体構成員全員に総有的に帰属すると解する。したがって、入会団体が法人格のない団体として当事者能力を付与されたとしても、当該入会団体は、入会団体に帰属するのでなく、団体構成員であ

る入会権者全員に総有して帰属する土地の所有権確認の訴えを提起することができるにすぎない（最判平成6・5・31民集48巻4号1065頁）。また、団体は、団体の名で登記をすることができず、代表者個人名義か、構成員全員の共有名義によるしかないとされているので、代表者または法人格のない団体が原告となり、代表者名義の所有権移転登記請求をする必要がある（最判昭和47・6・2民集26巻5号957頁、最判平成26・2・27民集68巻2号192頁）。

(4) 当事者能力のない場合の取扱い

　当事者能力の存在は訴訟要件の一つである。したがって、あるものに当事者能力がないと判断された場合、訴えは不適法として却下されることになる。さらに、当事者能力は、訴訟行為の有効要件でもある。したがって、当事者能力のないものによる訴訟行為は無効となる。

4　訴訟能力

(1) 趣　旨

　訴訟能力とは、訴訟行為を自ら有効に行い、または自ら選任した代理人にこれをさせ、また相手方および裁判所の訴訟行為を有効に受領する資格をいう。稚拙な訴訟行為しかできない当事者が、現実に訴訟行為をしても、自らに不利益をもたらすおそれがある。したがって、自ら自己の利益を十分に擁護できない、すなわち、自らの行為に対して自己責任を負うことができないと認められる者は、訴訟行為をすることができない、すなわち訴訟能力がないとすることにより、その者の利益を保護することができる。したがって、訴訟能力は訴訟当事者本人を保護するために存在する。この点で、訴訟能力は、民法上の行為能力に対応する概念である。

(2) 訴訟能力の有無の判断基準

　訴訟能力の目的が当事者本人の保護にある点で、行為能力の目的と合致する。したがって、原則として、行為能力を有する者は、訴訟能力も有するとされている（28条。なお、外国人は、日本法によれば訴訟能力を有すべきときは、訴訟能力者とみなされる。33条）。

民法上行為能力を制限される者が訴訟能力を有するかどうかは、以下の規律による。

　まず、未成年者は、法定代理人の同意や許可があれば法律行為をすることができ（民5条）、成年被後見人も「日用品の購入その他日常生活に関する行為」をすることができるが（民9条ただし書）、これらの者は訴訟能力を付与されず、法定代理人によってのみ訴訟行為をすることができる（31条）。その理由は、通常の民事訴訟は専門技術性が高いこと、また、個別的に同意による訴訟能力を認めると手続の安定性を欠くことにある。ただし、未成年者は婚姻により成年に達したとみなされるので（民753条）、完全な行為能力を取得し、その結果完全な訴訟能力も取得する。民法6条または会社法584条に基づいて営業などの許可を与えられた未成年者は、営業などに関連して包括的に行為能力を取得するので、その結果当該法律関係に関する訴訟における訴訟能力も取得する。

　次に、被保佐人が原告（または上訴人）となり訴訟行為をする場合には、補佐人の同意またはこれに代わる家庭裁判所の許可を必要とする（民13条1項4号・3項）。被補助人が原告（または上訴人）として訴訟行為をする場合にも、被補助人が訴訟行為をするには補助人の同意を得なければならない旨の家庭裁判所の審判があるときは、補助人の同意またはこれに代わる家庭裁判所の許可を要する（民17条1項・3項）。手続の安定性を確保するために、この場合の同意は、書面による証明を要し（規15条）、一定の事件の訴訟追行全般について包括的に付与される。したがって、審級を指定しない限り上級審にも及び、訴え（上訴）提起後は同意の撤回は許されない。

　被保佐人・被補助人が、相手方の提起した訴えまたは上訴について訴訟行為をする場合には、保佐人または補助人の同意は必要ない（32条1項）。補佐人・補助人の同意が得られない場合、被保佐人・被補助人は、相手方の訴訟行為を受けることができなくなり、相手方の訴え提起や上訴の提起が妨げられることを防ぐためである。

　被保佐人・被補助人は、保佐人・補助人より訴訟追行についての同意を得ている場合であっても、訴えの取下げ、上訴の取下げ、訴訟上の和解、請求の放棄・認諾などの行為をする際には、保佐人・補助人の特別の授権（同意）を必

要とする（32条2項）。訴訟上の処分行為に当たる重要な行為をする場合には、特別の授権の要件が課されている。

(3) 訴訟能力のない場合の取扱い

訴訟能力は、訴訟行為の有効要件である。したがって、訴訟能力のない当事者による訴訟行為は、法定代理人による追認がなされない限り（34条2項）、無効である（なお、裁判所が訴訟能力の欠缺を発見した場合には、34条1項により、一定の期間を定めて、その補正を命じ、追認を促さなければならない）。その結果、訴訟能力のない当事者によるまたは当事者に対する訴えは、不適法として却下される（ただし、有力説は、訴訟能力を訴訟要件の一つに含める）。

当事者が訴訟中に訴訟能力を回復した場合、それまでに行われた訴訟行為は、当該当事者が追認しない限り遡及的に有効とはならない（34条2項）。

5　弁論能力

弁論能力とは、期日において現実に弁論をするために必要な能力をいう。弁護士強制主義が採られている場合には、訴訟能力がある当事者本人にも弁論能力がない。弁護士強制主義が採られていない日本では、弁論能力という概念をもうける実益はほとんどない。日本においては、弁護士訴訟においても、当事者本人は、事実に関する訴訟代理人の陳述を取り消し、更正することができる（57条、更正権）。したがって、弁護士がついている事件においても、当事者本人は弁論能力を有することが前提となっている（なお、弁論能力が例外的に制限される規律として、155条を参照）。

6　訴訟追行権（当事者適格）

(1) 意　義

訴訟追行権（当事者適格ともいう）とは、具体的な訴訟上の請求につき当事者として自己または他人の権利義務につき訴訟を追行できる資格のことをいう。原告の場合は、当該訴訟上の請求を訴訟上主張する資格のことを指し（これを原告適格という）、被告の場合は、原告の提起した訴訟上の請求につき被告として防御できる資格のことを指す（これを被告適格という）。訴訟追行権を有する

当事者のことを正当な当事者と呼ぶ。

　訴訟追行権は訴訟要件であるため、訴訟追行権を欠く当事者の訴えは不適法として却下される。訴訟追行権は、特定の訴訟物との関係でその有無が判断されるため、当事者の属性に着目した一般的な資格である当事者能力とは異なる。

(2) 原　則

　一般に、訴訟追行権を有する当事者は、係争権利関係の主体であると原告が主張する者および原告により主張される者である。

　給付の訴えにおいては、「自らがその給付を請求する権利を有すると主張する者に原告適格があ」り（最判平成23・2・15判時2110号40頁）、また、原告により給付義務を負うと主張される者に被告適格がある。

　このような基準が一般に採用されているのは、とりわけ財産上の請求を念頭に、係争権利義務の帰属主体が、「訴訟物である権利または法律関係について管理処分権を有する」（最大判昭和45・11・11民集24巻12号1854頁）ためであるといわれている。ある当事者が訴訟追行権を有すると、本案すなわち訴訟物について自らの有利にも不利にも訴訟行為を行うことができ、その結果係争権利義務を管理さらには処分するのと実質的には同じことをすることができるため、通常は、係争権利義務について管理処分権を有する権利義務帰属主体が、訴訟追行権を有する。これに対して、破産者は、破産手続開始決定により、自らの責任財産についての管理処分権を喪失するので（破78条）、破産者は、自らの実体法上の権利義務についての訴訟を追行する資格が奪われる（破80条）。

　形成の訴えにおいては、一般に誰が訴訟追行権を有するかが法律により定められているため、それに従えば足りる（ただし、解釈が必要な場合がある。例：共有物分割の訴え。民258条1項）。確認の訴えでは、通常は、訴訟上の請求について即時確定の利益（→第3章Ⅳ4(3)〔89頁〕）を有する当事者に訴訟追行権が与えられるので、訴訟追行権の有無の判断は、即時確定の利益の問題に吸収される。

(3) 第三者の訴訟担当

(a) 意　義

　以上の原則によれば、通常は、訴訟物たる実体法上の権利義務の帰属主体以外の者は、当該訴訟物について訴訟を追行する権能を有せず、その者のまたはその者に対する訴えは、不適法として却下される。

　しかし、例外的に、訴訟追行権が実体法上の権利義務の帰属主体以外の者にも付与される場合がある。これを第三者の訴訟担当という。他人の実体法上の権利義務について訴訟追行権を有する者を訴訟担当者と呼ぶ。訴訟担当者は、当事者として自己の名において訴訟を追行する。この点で、訴訟上の代理人または代表者として本人のために訴訟を追行する訴訟上の代理人や法人（または法人でない団体）の代表者とは異なる。

　第三者の訴訟担当は、法定訴訟担当と任意的訴訟担当に区別される。前者は、法律の規定により第三者に他人の権利義務につき訴訟追行権が与えられる場合であり、後者は、他人の権利義務について訴訟を追行する第三者の訴訟追行権が、権利義務の帰属者の授権により授与される場合である。

(b) 法定訴訟担当

　法定訴訟担当は、訴訟担当を認める根拠が第三者の利益保護にあるか否かにより、「担当者のための法定訴訟担当」と「職務上の当事者」に区別される。

　担当者のための法定訴訟担当とは、第三者が自己の権利の実現または保全のために、他人の権利関係を訴訟物とする訴訟を追行する資格を得る場合である。例えば、債権者が債権者代位権に基づいて債務者の権利を代位行使する場合（民423条）や、株主が、役員の会社に対する責任を会社に代位して追及する場合（責任追及の訴え。会社847条以下）である。

　職務上の当事者とは、本人その他の者の利益を保護すべき職務上の地位にあるために、係争権利義務について訴訟追行権を得る者である。破産管財人（破2条12項）、遺言執行者（民1012条）、人事訴訟における検察官（人訴12条3項）、人事訴訟の原告または被告となるべき者が成年被後見人である場合の成年後見人および成年後見監督人（人訴14条）などがこれに当たる。このうち、破産管財人は、破産債権者の利益を保護するという職務上の地位に基づいて、破産財団に属する財産についての訴訟、および、破産財団を引き当てとする破産債権

についての訴訟につき訴訟追行権を得る（破80条）。

(c) **任意的訴訟担当**

任意的訴訟担当（任意的訴訟信託とも呼ばれる）は、任意的訴訟担当が明文の規定により認められているものとそうでないものとに区別される。

明文の規定に基づく任意的訴訟担当には、選定当事者（30条）、区分所有建物の管理者（建物区分所有法26条4項）、サービサー（債権管理回収業に関する特別措置法11条1項）などが挙げられる。

このうち、選定当事者とは、29条の規定に該当しない、共同の利益を有する多数の者は、その中から、全員のために原告または被告となるべき1人または数人を選定することができ、その選定された当事者に、全員のための訴訟担当者として訴訟追行権を与える制度をいう。選定をする者を選定者と呼び、選定される者を選定当事者と呼ぶ。選定が行われた場合、選定当事者のみが当事者となるが、既判力・執行力は全員に拡張されるため（115条1項2号、民執23条1項2号）、訴訟が単純化される。これが選定当事者制度のメリットである。

訴訟の目的である権利義務が「全員につき同一の事実上及び法律上の原因に基くもの」（38条参照）であり、かつ、「本訴における当事者双方の主要な攻撃防禦の方法が……全員につき共通である」ことが、選定当事者が認められる要件である（最判昭和33・4・17民集12巻6号873頁）。例えば、共有者、民法上の組合の組合員、同一不法行為の被害者などがこれに当たる。選定の時期は、訴えの提起時に限らず、訴訟係属後も行うことができる（この場合選定者は訴訟から脱退する。30条2項）。係属中の訴訟において当事者となっていない者も選定をすることができるが（30条3項）、この場合、選定当事者は選定者の請求を追加する必要がある。選定の方法は、選定者の授権があればよく、選定当事者の同意を要しない。要式行為ではないが、選定書を提出するのが通常である。

以上のような明文の規定がある任意的訴訟担当以外に、任意的訴訟担当が許されるべきか、またその場合どの範囲で許されるべきかについては争いがある。この点につき、判例は、かつては選定当事者以外の方法で任意的訴訟担当を許容してはならないと判示していたが（最判昭和37・7・13民集16巻8号1516頁）、その後これを変更して次のように判示した。すなわち、任意的訴訟担当は、「民訴法が訴訟代理人を原則として弁護士に限り、また、信託法一一条

(現行法10条)が訴訟行為を為さしめることを主たる目的とする信託を禁止している趣旨に照らし、一般に無制限にこれを許容することはできないが、当該訴訟信託がこのような制限を回避、潜脱するおそれがなく、かつ、これを認める合理的必要がある場合には許容するに妨げない」と述べた(前掲最大判昭和45・11・11)。これは、権利帰属主体が法律行為によって、単にその権利関係についての訴訟追行を授権するにすぎない訴訟担当は、訴訟代理や訴訟信託に近似するために禁止されることを意味すると思われる。したがって、権利主体から訴訟担当者に財産の管理権が与えられており、その管理権の行使の一環として訴訟追行権も授与されている場合には、特段の事情がない限り、任意的訴訟担当が許される。前掲の判例も、民法上の組合の業務執行組合員に対して、組合規約に基づいて、「単に訴訟追行権のみが授与されたものではなく、実体上の管理権、対外的業務執行権とともに訴訟追行権が授与されている」場合に、任意的訴訟担当を許容する(最判平成28・6・2金判1496号10頁も参照)。

債権者代位訴訟における債権者の訴訟追行権と債務者への既判力拡張

債権者が第三債務者を被告とする債権者代位訴訟を提起した場合、判例および通説によれば、「債権者が適法に代位権行使に着手した場合において、債務者に対しその事実を通知するかまたは債務者がこれを了知したときは、債務者は代位の目的となつた権利につき債権者の代位権行使を妨げるような処分をする権能を失い、したがつて、右処分行為と目される訴を提起することができなくなる」とされていた(最判昭和48・4・24民集27巻3号596頁)。したがって、債権者は、債務者の財産についての管理処分権を取得するため、債務者の訴訟担当者として、債務者の第三債務者に対する債権を訴訟上主張することができ、債権者と第三債務者間の訴訟の判決の効力は、債務者の有利にも不利にも拡張されるとされていた(115条1項2号)。

しかしそれでは、債務者は、債権者代位訴訟に関与する機会もなく、自己に不利な請求棄却判決の既判力を受けることになる。通説は、この場合にも、債務者が債権者に対して事後的な損害賠償請求をすれば足りるとするが、それでは債務者に対する救済は不十分であると批判された。そこで、債権者が債権者代位訴訟の係属中に債務者に訴訟告知その他の訴訟係属の通知をしない限り、債権者代位訴訟の判決効は債務者の不利には拡張されない、あるいは、第三債

務者は債権者代位訴訟についての応訴を拒絶することができる、とする解釈論が主張された。

　そこで、平成27年3月に国会に提出された民法の改正法案（第189回国会・閣法63）423条の6は、「債権者は、被代位権利の行使に係る訴えを提起したときは、遅滞なく、債務者に対し、訴訟告知をしなければならない。」とされ、債権者代位訴訟における債務者への手続保障が強化されることとなった。しかしながら、同423条の5において、「債権者が被代位権利を行使した場合であっても、債務者は、被代位権利について、自ら取立てその他の処分をすることを妨げられない。」とされたため、債権者が債務者の権利について訴訟担当者として訴訟追行をする基礎が喪失してしまった。そこで、債権者は、訴訟担当者として訴訟追行権を得ることができるのか、仮に訴訟追行権を得たとしても、その訴訟の確定判決の効力が債務者に不利に拡張することが許されるのか、さらに、既判力拡張が許されないことになると、今度は何のために債権者は債務者に対して訴訟告知をしなければならないことになるのか、といった様々な問題が、この条文の挿入により引き起こされる可能性がある。

(4) 法人の内部紛争における被告適格

　法人その他の団体の組織運営において、関係人間で対立が生じ訴訟に発展する場合がある。例えば、株式会社の取締役選任の株主総会決議の取消訴訟や、原告がある法人の代表であることの確認訴訟などがそれである。これらの訴訟において誰に被告適格を与えるのかについて、かつては明文の規定が存在しなかったが、判例は、法人を被告とすれば足りるとしており（最判昭和36・11・24民集15巻10号2583頁、最判昭和44・7・10民集23巻8号1423頁）、平成17年に成立した会社法（平成17年法律第86号）834条にもその旨が明記された。もっとも、この考え方によれば、有力説が述べる通り、前述の株主総会決議取消訴訟において、会社が熱心に訴訟追行をしない場合、取締役に選任された者が当事者として取消事由のないことを争うことができないという問題が生じる。しかし、会社の意思表示（の取消し）が訴訟の対象であり、その処分権能は会社に帰属する以上、会社に訴訟追行権を付与せざるを得ず、またそうしないと対世効（→第5章Ⅱ3(6)〔192頁〕）が及ぶことも正当化することはできない。利害関係のあ

る第三者は、被告側に補助参加することにより、共同訴訟的補助参加人（→第7章Ⅱ2〔229頁〕）という当事者ではないが当事者に近い強い地位を得ることができ、かつ、それで足りる。

(5) 拡散的利益の保護と団体訴訟

環境保護の利益や消費者の利益など、不特定多数の者に帰属する拡散的利益を保護しようとする場合、その実体法上の権利帰属主体にのみ訴訟追行権を付与しても、各自の僅少な利益を保護できるにすぎない。そこで、訴え提起の前に拡散的利益に係る紛争の解決のための活動をしていることを基礎にして環境団体や消費者団体に紛争管理権が帰属し、これを基礎に訴訟追行権を認める学説が登場した。しかし、判例は、「法律の規定により第三者が当然に訴訟追行権を有する法定訴訟担当の場合に該当しないのみならず、記録上右地域の住民本人らからの授権があったことが認められない以上、かかる授権によって訴訟追行権を取得する任意的訴訟担当の場合にも該当しないのであるから、自己の固有の請求権によらずに所論のような地域住民の代表として、本件差止等請求訴訟を追行し得る資格に欠ける」と判断し、伝統的な立場から紛争管理権論を排斥した（最判昭和60・12・20判時1181号77頁）。

その後、内閣総理大臣の適格認定を受けた消費者団体（これを適格消費者団体という）は、事業者等の違法行為の差止請求をすることができることが認められた（消費者契約法12条。これは、平成18年法律第56号による消費者契約法の改正により導入された）。これは団体訴訟と呼ばれ、この実体法上の差止請求権は、団体自身に帰属するものとして法定されている。さらに、消費者契約に関して相当多数の消費者に生じた財産的被害を集団的に回復するため、特定適格消費者団体（適格消費者団体のうち、被害回復関係業務を行うための、内閣総理大臣の認定を受けたものをいう）が、第一の手続として共通義務確認の訴えを提起し、請求認容判決が出た場合には、個々の消費者による特定適格消費者団体への訴訟追行の授権（届出）を通じて、特定適格消費者団体が、第二の手続において個々の消費者の損害額の確定を求めるという制度が導入された（消費者の財産的被害の集団的な回復のための民事の裁判手続の特例に関する法律・平成25年法律第96号。平成28年10月1日施行）。共通義務確認訴訟の確定判決の効力は、当該共通義務確認

訴訟に係る対象消費者の範囲に属する消費者に対しても生じることが法定されたが（同法9条）、特定適格消費者団体が、消費者の訴訟担当者として訴訟追行するのか、それとも第三者の権利の確認訴訟について自己固有の訴訟追行権を得るのか、という理論上の問題は残されている。

第3章

審判の対象

　この章では、民事訴訟において審理および判決される対象（審判の対象）について概観する。裁判所は、訴えの提起により特定された訴訟物について審理および判決をする。このため、まず、訴えと訴訟物の意義を理解することが重要である。これを前提に、当事者により特定された訴訟物の当否について裁判所が判決を下すことが許されるための要件である訴訟要件（重複起訴の禁止の原則や訴えの利益）を理解することが、この章では求められる。

【モデルケース】を念頭に、次の例題を解けるようになることが、本章の主な課題である。
(1) 岡部の訴えは、訴えの3類型のうち、どの訴えに当たるか。また、岡部の請求が認容された場合、原告のどのような目的が達成されるか。
(2) 岡部は、訴えを提起する際に、訴状にどのような事項を記載しなければならず、さらに、いくらの収入印紙を貼付しなければならないか。
(3) 岡部が、大阪地方裁判所にこの訴えを提起し、この訴訟の係属中に、亀田が岡部を被告として、大阪地方裁判所に対して、同一債務の不存在の確認の訴えを提起した。裁判所は、この訴えをどのように処理すべきか。
(4) 岡部が、この訴えを2015年6月10日に提起し、その口頭弁論終結時が2016年1月10日であった場合、どのような事情があれば、訴えの利益を有するか。
(5) 岡部が訴え提起するより先に、亀田が、岡部からの債務が既に存在しないとの確認の訴えを提起した場合、どのような事情があれば、この債務不

存在確認の訴えに訴えの利益があるか。

I 訴　え

1 訴えの意義

(1) 訴えの定義

訴えとは、原告が裁判所に対して自己の他の者に対する権利関係の主張を提示し、その当否についての審理および判決（両者を合わせて「審判」と呼ぶ）を求める申立て、または、原告が被告に対する関係での権利主張を行い、裁判所に対して権利保護を求める申立て、などと定義される。

民事訴訟は、処分権主義の下、訴えの提起により開始する。したがって、訴えは裁判所の権利保護活動を開始するための要件である。そして、原告による訴え提起により、訴えに応答すべき裁判所、および、当該訴訟の相手方である被告が特定される。さらに、裁判所が審理および判決をすべき訴訟の対象、すなわち、訴訟物が特定される。

(2) 訴えの類型

訴えは、原告が求める権利保護の形式（方法）に応じて、給付の訴え、確認の訴えおよび形成の訴えの三つの類型に分類される。

給付の訴えとは、原告が被告に対する給付請求権を主張して、被告に対して一定の給付を命ずる判決を求める訴えを指す。ここでいう給付とは、金銭の支払い、物の引渡し・土地や建物の明渡し、意思表示その他の作為および不作為などを指す。【モデルケース】では、岡部は、岡部の亀田に対する200万円の貸金返還請求権を主張して、亀田に対して岡部への200万円の金銭の支払いを求める給付の訴えを提起していることになる。給付の訴えの目標は、強制執行を正当化する文書である債務名義（民執22条→第1章 I 1コラム〔5頁〕）の取得にある。原告は、自らの権利の実現のために自力救済を禁じられている代わりに、裁判所による権利実現を求めるよう指示されているからである。さらに、給付の訴えにより、原告は自らの主張する給付請求権の存在を確定することも

求める。したがって、給付判決、すなわち、給付の訴えを認容する判決は、それが確定すると、給付請求権の執行力（→第5章Ⅱ2(b)〔170頁〕）のみならず給付請求権の存在について既判力（→第1章Ⅰ1(2)(b)〔6頁〕）も生じる。これに対して、給付の訴えを棄却する判決は、それに基づいて給付命令はなされないので、原告の主張する給付請求権の不存在を既判力により確定するだけである（これを確認判決と呼ぶ）。

　確認の訴えとは、特定の権利関係、すなわち、権利または法律関係（後者は、人と人、または、人と物との法的関係を指す）の存在または不存在の確認を求める訴えのことをいう（ただし、例外として134条）。このうち、権利関係の存在の確認を求める訴えを積極的確認の訴え、権利関係の不存在の確認を求める訴えを消極的確認の訴えという。前者の例としては、AがBに対して、ある不動産甲の所有権がAに帰属すること（Aと甲との法律関係）の確認の訴えを提起することがあり、後者の例としては、Yが原告となり、Xを被告として、YがXに対して負う200万円の貸金債務（XとYとの法律関係）の不存在の確認の訴えを提起することがある。確認の訴えは、給付の訴えとは異なり、私法上の請求権の強制的実現を正当化する債務名義の取得を目的としておらず、争いとなっている権利関係の存否を既判力によって確定することを目的とする。したがって、確認の訴えについて請求を認容する判決も、請求を棄却する判決も、確認判決である。なお、積極的確認訴訟の請求棄却判決は係争権利関係の不存在を、消極的確認訴訟の請求棄却判決は係争権利関係の存在を既判力により確定する。

　形成の訴えとは、原告が権利関係の変動のために法律が定める一定の法律要件（形成要件または形成原因）を主張して、その変動を宣言する判決を求める訴えを指す。通常は、実体法により定められている法律効果を主張して、給付の訴えや確認の訴えを提起する。例えば、【モデルケース】では、岡部と亀田が消費貸借契約を締結し履行期が到来したことから、岡部は、亀田に対する貸金返還請求権が発生しかつ行使可能となったことを主張して、亀田を被告とする金銭支払いを求める訴えを提起するし、亀田は、岡部に債務を弁済し亀田の岡部に対する債務は消滅した、亀田が岡部に対して有する別の金銭債権と相殺したことにより亀田の債務は消滅したなどと主張して、岡部を被告とする債務不

存在確認の訴えを提起する。しかし、ある法律関係を変動させるために、法律が一定の法律要件を定め、これに該当する場合に裁判所に訴えを提起するように求め、この訴訟の確定判決によってのみ法律関係の変動を生じさせる場合がある。例えば、夫婦間に、民法770条1項各号に列挙されている離婚原因が存在するとしても、その夫婦を離婚させる（すなわち法律関係を変動させる）ためには、夫婦の一方が他方を被告とする離婚の訴えを提起し、離婚を命じる確定判決がなければならない（民770条、人訴2条1号）。このように、離婚のような法律関係の変動の宣言を求める訴えが形成の訴えである。したがって、形成の訴えの目的は、法律関係の変動を宣言する形成判決の取得にある（→第5章Ⅱ 2(2)(c)〔170頁〕）。さらに、法律関係の変動をもたらす法律要件（形成要件）の存否（請求認容判決の場合はその存在、請求棄却判決の場合はその不存在）も既判力により確定することも目的とする。

どのような場合に形成の訴えが提起されなければならないのかは、法律により列挙されるのが原則である。このような立法は、法律関係の変動を明確にし、判決の効力を第三者に拡張して法律関係を矛盾なく画一的に定める必要がある場合になされる。したがって、形成の訴えとされるのは、実体法上の法律関係の変動のための形成の訴えである実体法上の形成の訴えでは、家族法（離婚の訴えのほか、認知の訴え〔民787条、人訴2条2号〕など）と会社法（株主総会等の決議の取消しの訴え〔会社831条1項〕など）の領域に多い。そのほか、訴訟上の法律効果の発生のための形成の訴えである訴訟上の形成の訴えとして、再審の訴え（338条）、確定判決変更の訴え（117条1項）などが存在する。

(3) 特殊な訴え（形式的形成訴訟）

以上の訴えの三類型に包含されない特殊な訴えも存在する。代表的なものとして、法が権利ないし法律関係の形成要件を具体的に規定せず、形成の基準および方法を裁判所の自由な裁量に委ねている訴えが存在する。これは形式的形成訴訟と呼ばれる。境界確定の訴え、共有物分割の訴え（民258条）、父を定める訴え（民773条）がこれに当たるとされる。

この訴えは、確定判決により法律状態の変動が生じる点では形成の訴えと同じであるが、形成の基準が法律により定められておらず、裁判所の裁量が要請

されるものである。ところで、法規を適用して権利関係の存否を確定するのが訴訟事件であり、裁判所の裁量による権利義務の具体的内容の形成を目的とするのが非訟事件であるとする、訴訟事件と非訟事件の区別に関する伝統的な立場に従うと（→第1章Ⅱ2〔16頁〕）、形式的形成訴訟は、裁判所の裁量的判断を要する点で非訟事件と類似する。したがって、これは実質的には非訟事件である。それにもかかわらず、判例および通説は、この事件を対審公開の原則の妥当する訴訟手続に従って処理し、形式的には訴訟事件として扱っている。このため、この訴えは形式的形成訴訟と呼ばれる。

形式的形成訴訟は、このような特殊性を有する訴えであるため、判例および通説によれば、民事訴訟における手続原則をこの訴えに貫徹させる必要がないとされる。例えば、境界確定の訴えは、「隣接する土地の境界が事実上不明なため争いがある場合に、裁判によつて新たにその境界を確定することを求める訴」えであるために（最判昭和43・2・22民集22巻2号270頁）、「裁判所は当事者の主張に羈束（拘束）されることなく、自らその正当と認めるところに従つて境界線を定むべきものであ…り、当事者の主張しない境界線を確定しても民訴186条（現行法246条）の規定に違反するものではない」とされる（最判昭和38・10・15民集17巻9号1220頁→第5章Ⅰ2〔166頁〕）。

2　訴え提起の手続

訴えの提起は、原則として、訴状を裁判所に提出して行い、これを受けて、裁判所は、裁判長による訴状の審査を行い、その後、被告に訴状を送達する。以上が訴え提起手続の大まかな流れであるが、以下、この点について詳述する。

(1)　訴え提起の方式

訴えの提起は、原則として、法律が定める記載事項を記載した訴状を裁判所に提出して行う（133条1項）。訴えは、訴訟手続を開始させる重要な訴訟行為であるので、書面による訴え提起を要求する。ただし、簡易裁判所においては、その手続を簡素化するために、口頭による訴えの提起が認められている（271条）。

訴え提起の際には、所定の手数料を裁判所に納付しなければならない（民事訴訟費用等に関する法律〔以下「費用法」と記す〕3条1項）。裁判制度の利用者に一定の受益者負担を求めるからである。手数料の納付は、訴状に収入印紙を貼付する方法によって行う（費用法8条）。手数料は、「訴訟の目的の価額」（費用法4条1項。これを訴額といい、民訴8条1項および9条の規定により算出される。なお、非財産権上の訴えの訴額は費用法4条2項により160万円とみなされる。→第2章Ⅰ2(3)〔30頁〕）に応じて算出される（費用法別表第一を参照）。

その他、被告への訴状送達に必要な数の副本を添え（規40条1項・58条1項）、必要な送達費用の概算額を予納しなければならない（費用法11条ないし13条）。

(2) 訴状の記載事項

訴状には、当事者および法定代理人と請求の趣旨および原因を記載しなければならない（133条2項）。これらの事項が記載されないと裁判長による訴状の却下がなされるため（137条）、必要的記載事項という。

当事者の記載は、原告および被告を特定できる程度すなわち他の者から識別できる程度に記載される必要がある。通常、個人の場合には、氏名と住所により、法人または団体の場合には、商号・名称と本店・主たる事務所の所在地により特定する。

法定代理人は、その者により当事者が代理される場合には、訴状に記載されることが求められる。実際に訴訟を追行する者が誰であるかを特定するために求められる。なお、訴訟代理人が選任されている場合には、その旨も訴状に記載すべきであることは自明であるが、法律上その欠缺が訴状却下の要件とはされていない。

請求の趣旨とは、請求認容判決の判決主文に対応する判決内容を簡潔に記したものである。例えば、【モデルケース】のような給付の訴えにおいては、「被告亀田は原告岡部に対して金200万円支払え、との判決を求める」、所有権確認の訴えのような確認の訴えにおいては、「別紙目録記載の土地が原告の所有であることを確認する、との判決を求める」、離婚の訴えのような形成の訴えでは、「原告と被告を離婚する、との判決を求める」と記されるべきである。請求の趣旨に原告が求める判決内容が記載されることにより、裁判所は、どのよ

うな事項について審理および判決をすればよいかが明らかとなる。

それのみならず、とりわけ給付の訴えにおいて、請求の趣旨に、原告が求める具体的な内容の給付命令の内容が記載されることは、被告が仮に敗訴した場合どの程度の不利益を負うのかを知ることができるため、被告の防御の目安を知るためにも重要である。したがって、原告が損害額の全体を把握するのが困難であるといわれる損害賠償請求訴訟においても、判例は、原告が被告に求める損害賠償額を明示することを要求する（最判昭和27・12・25民集6巻12号1282頁→第5章Ⅰ2〔166頁〕）。これに対して、判例は、騒音等による生活妨害に基づく差止請求において、原告は、被告に具体的な作為（例えば、被告は原告の住居前に防音壁を設置せよ）を求めるのではなく、抽象的な不作為（例えば、被告は原告の住居に40ホンを超える騒音を侵入させるな）のみを請求の趣旨に記載すれば足りるとする（名古屋高判昭和60・4・12判時1150号30頁）。これは、原告が被告に対して、実体法上、原告の領域へ騒音を侵入させないことを求める権利のみを有し、被告にどのような具体的方法でそれを実現させるかを選択する権利までは持っていないこと、および、被告の不作為義務違反に対しては間接強制（→第1章Ⅰ1(2)〔5頁〕）という強制執行の方法があること（民執172条）から正当化される。

請求の原因とは、請求を特定するのに必要な事項で、請求の趣旨を補充するものである。確認の訴えや形成の訴えにおいては、請求の趣旨欄に記載された事項により、通常は、原告がどのような裁判を求めているのか、すなわち、どのような訴訟上の請求（訴訟物）を特定しているのかは明らかとなる。しかし、【モデルケース】のような金銭支払請求などの給付の訴えの場合には、原告被告間で同一金額の消費貸借契約を複数回締結していることもあり得るため、請求の趣旨に記載された事項だけでは、どの貸金返還請求権の主張が訴訟上の請求であるか特定されない場合がある。このため、請求の原因には、いつ発生したどの債権であるかを特定する程度の事実を記載する必要がある。【モデルケース】では、岡部と亀田が2014年9月29日に締結した消費貸借契約に基づく債権について、その履行を求めることを記載しなければならない。

なお、民事訴訟規則53条1項によれば、請求を基礎づける重要な事実および証拠を具体的に記載することが求められる。この事項は、これを記載しなけれ

ば、訴状却下されるというわけではないという意味で、任意的記載事項であるとされる。しかし、早期に争点を確定して、訴訟を促進するために記載を求めるのであるから、原告はできる限りその記載に協力すべきである。

(3) 訴状の審査

原告が、司法官署としての裁判所に訴状を提出すると、その事件は、当該司法官署としての裁判所に属する裁判官により構成される裁判機関としての裁判所（裁判体）に配布（配てん）される（→第2章 I 3(1)〔34頁〕）。その裁判体の裁判長が、その訴状の審査を行う。すなわち、必要的記載事項（133条2項）が記載されているかどうか、手数料相当額の印紙が貼られているかどうかを審査する。もし、これらについて不備があれば、裁判長は、相当の期間を定め、その期間内に不備を補正すべきことを命じなければならない（137条1項）。これを補正命令という。これに対して、原告が補正命令に従わなかった場合には、裁判長は命令で訴状を却下しなければならない（137条2項）。

(4) 送　達

訴状に不備がなければ、訴状の副本（→第4章 V 2(4)〔137頁〕）が被告に送達される（138条）。また、裁判所は第1回口頭弁論期日を指定し、当事者を呼び出さなければならないため（139条）、当該期日への呼出状も当事者に送達する（94条）。

送達は職権により行われ、これに関する事務は裁判所書記官が行う（98条）。送達実施機関は、特別の定めがある場合を除き、郵便の業務に従事する者または執行官であるが（99条）、訴状の送達は、通常は、郵便によって行われる（もっとも、裁判所書記官も送達実施機関となり得る。100条・107条・110条）。送達が行われた場合、送達実施機関は、送達報告書を作成し、これを裁判所に提出しなければならない（109条）。

郵便による送達（郵便法49条によれば特別送達と呼ばれる）は、送達を受けるべき者の住所に送達するのが原則であるが、その者の就業場所へも送達することができる（103条）。これらの場所において、郵便の業務に従事する者が、送達を受けるべき者に交付するのが原則である（交付送達の原則：101条）。しかし、

送達を受けるべき者が送達をすべき場所において不在である場合にも、同居者などの「書類の受領について相当のわきまえのあるもの」にも書類を交付することができるし（補充送達：106条1項2項）。なお、判例は7歳9カ月の女児は受領能力がないとする。最判平成4・9・10民集46巻6号553頁。送達に瑕疵があった場合の救済方法について→第6章Ⅱ1⑵〔215頁〕）、送達を受けるべき者および補充送達を受けるべき者が正当な理由なく書類の受領を拒む場合には、送達をすべき場所に書類を差し置くことができる（差置送達：106条3項）。

　これらの方法では送達ができない場合、例えば、送達を受けるべき者が住所等の送達を受けるべき場所に居住することは明らかであるにもかかわらず、不在により送達ができない場合などにおいては、裁判所書記官が、書留郵便等の方法で書類を送付することができ、その場合、送付時に送達があったものとみなされる（書留郵便等に付する送達：107条）。さらに、この方法でも送達できない場合や、送達を受けるべき者の住所等が知れない場合などには、裁判所書記官が送達すべき書類を保管し、いつでも送達を受けるべき者に公布する旨の書面を、裁判所に掲示することができる。この場合、掲示の日から2週間経過すると送達の効力が発生する（公示送達：110条以下）。

　なお、外国においてする送達は、裁判所書記官ではなく、裁判長（または受命裁判官・受託裁判官〔規45条〕）がその国の管轄官庁またはその国に駐在する日本の大使、公使もしくは領事に嘱託して行う（108条）。送達は国家の裁判権の一つであるから、外国においては、条約、二国間の取決め、国際慣行等により外国が容認する場合にのみ行うことができる。外国官庁が送達を実施する場合には、原則としてその国の法令に基づいて行われる。日本の大使・公使もしくは領事が送達する場合には、日本の法律によって行われるが、日本の送達実施機関が外国には存在しないため、送達に関する規定に準じて適当な方法で行うしかないとされている。

> **訴訟にかかるお金について**
> 　民事訴訟にかかる費用は、訴訟費用と弁護士費用に区別される。
> 　このうち、訴訟費用は、裁判費用と当事者費用に区別できる。前者は、裁判制度の運営に要する費用のうち制度利用者が負担すべき費用を指し、後者は、

当事者が訴訟追行のために支払う費用を指す。

　裁判費用のうち代表的なものは手数料である。これは、原告が訴訟物の価額（訴額）に応じて算出される額の収入印紙を訴状に貼って納付する（その額については、費用法3条以下）。手数料以外の裁判費用は、裁判所が訴訟手続上の行為をするために要する費用であり、例えば、訴状、期日呼出状などの書類を送達するのに要する郵便料金、証拠調べのために出頭した証人の旅費、日当および宿泊費（費用法18条・21～25条）、鑑定料その他鑑定に必要な費用（費用法18条・26条）がこれに当たる。当事者は、これらの費用の概算額を予納しなければならない（費用法12条）。これに対して、当事者費用には、当事者、訴訟代理人（弁護士）が期日に出頭するための旅費、日当、宿泊料として必要となる費用や、訴状、準備書面等の作成や裁判所への提出に要する費用などがあり（費用法2条を参照）、これらはさしあたり当事者が負担する。

　訴訟費用を最終的に誰が幾ら負担しなければならないかは、裁判所による訴訟費用負担の裁判（決定）により行われる（67条1項）。原則は敗訴者負担であるが（61条）、その他の詳細は62条以下に定められている。当事者は勝訴すれば、訴訟費用を最終的には負担しないが、さしあたり負担する必要があるため、資力のない当事者に対しては、訴訟費用の一時支払の猶予、すなわち訴訟上の救助の制度が存在する（82条以下）。

　これに対して、委任契約に基づく報酬として支払われる弁護士費用は、訴訟費用に含まれないため、当事者が各自で負担する。その理由は、日本では弁護士強制主義が採られていないため、弁護士費用は訴訟の追行に不可欠のものではないからであるとされる（もっとも不法行為により生じた損害に弁護士費用を含めて請求することは可能である。最判昭和44・2・27民集23巻2号441頁）。このため、無資力者への弁護士費用の立替えは、訴訟費用の場合よりも重要である。これは、法律扶助と呼ばれ、法テラス（日本司法支援センター）が国庫補助金等を財源として法律扶助事業を行っている。

　その他、最近では、弁護士費用保険が、自動車損害賠償責任保険の特約などとして販売されるようになり、現在普及するに至っている。年間1千円から2千円程度の保険料で、300万円を上限とする弁護士費用を保険金として支払ってくれるものが多いとされる。その結果、以前は和解（示談→第1章Ⅰ1⑵〔4頁〕）等で解決されていた請求額の低い交通事故事件が近年急増し、簡易裁判所における審理の長期化が現在問題となっている。

3　訴え提起の効果

(1)　訴訟上の効果

　訴えの提起があり、訴状が被告に送達されると訴訟係属が発生する。訴訟係属とは、裁判所において事件が審理判決され得る状態のことを指す。訴訟係属は、判決の確定、訴訟上の和解、訴えの取下げ、または、請求の放棄・認諾などにより訴訟事件が終了するまで継続する。

　訴訟係属の発生により、様々な訴訟上の効果が生じる。まず、管轄権の標準時は訴え提起時であるが（15条）、この時点で生じた管轄権はその後の管轄権発生原因となる事情の変更により消滅しない。これは管轄の恒定と呼ばれる。次に、訴えの変更（143条→本章Ⅱ3(2)〔77頁〕）、反訴（146条→本章Ⅱ3(3)〔79頁〕）、訴訟参加（例えば42条・47条→第7章Ⅱ1～3〔228頁以下〕）、訴訟告知（53条→第7章Ⅱ4〔232頁〕）、当事者照会（163条→第4章Ⅴ3(2)〔146頁〕）が可能となる。その他、係属中の訴訟と同一の事件について重複して提起された訴えは不適法として却下される（142条）。これは重複起訴の禁止と呼ばれる（→本章Ⅲ〔81頁〕）。

(2)　私法上の効果

　訴えの提起により、様々な私法上の効果も生じる。代表的なのは、消滅時効および取得時効の中断の効果（民147条1号・149条）、出訴期間その他の法律上の期間遵守の効果である（例えば、民201条・747条・777条、会社828条1項・831条・832条、民訴342条、行訴14条）。これらの効果は、訴え提起時、すなわち、訴状提出時に生じる（147条）。

Ⅱ　審判の対象

1　訴訟上の請求（訴訟物）の意義

　訴訟上の請求とは、訴訟における審判の対象を指し、訴訟物または単に請求とも呼ばれる。訴訟においては、十分に審理を尽くした上判決が下されるため

に、裁判所も当事者も、審理および判決の対象が何かを予め知っておく必要があるため、訴訟上の請求の概念が必要である。

訴訟上の請求は、訴えまたは反訴により、原告または反訴原告により特定される。裁判所は、処分権主義により、原告が定立した請求についてのみ判決することができるためである。

さらに、訴訟物は「本案判決の主文において判断すべき事項の最小の基本単位」とも定義され、係属している訴訟において、どの請求が、または、いくつの請求が当該訴訟において審判の対象となっているのかを判断する基準としての役割を果たす。例えば、原告は一つの訴えにより、複数の請求を定立することができるし（請求の客体的併合：136条→本節3(1)〔76頁〕）、訴訟係属中に請求を追加することもできる（訴えの変更：143条→本節3(2)〔77頁〕）。これらの場合、訴訟物の定義が明らかでないと、どのような場合に一つの訴訟手続内に複数の訴訟物が存在するのかが明らかにならない。また、訴訟係属中は、いずれの当事者も同一請求についてさらに訴えを提起することは許されないし（重複起訴の禁止：142条→本章Ⅲ〔81頁〕）、判決確定後に同一請求について訴えを提起しても、前訴における訴訟物についての判断に後訴裁判所は拘束される（確定判決の既判力：114条1項→第5章Ⅱ3(2)〔174頁〕）。これらの場合にも、訴訟物の定義が明らかでないと請求が同一であるかどうかの判断をすることができず、その結果、これらの規定に反するかどうかの判断もすることができない。そこで、これらの場合に妥当な結論が得られるためには、どのような請求概念を定義すればよいかが争いとなった（これらの四つの局面を総称して「四つの試金石」と呼ばれることがある）。これが、後述の訴訟物論争と呼ばれる学説の対立である。

2　訴訟物の定義に関する論争

(1)　広義・狭義・最狭義の請求

訴訟物概念は、通常、次の三つの概念に区別される。まず、広義の請求は、原告の被告との関係での権利関係の主張と原告の裁判所に対する判決要求を包含するものとされる。これは原告の訴えの提起により特定される。このうちの、原告の被告との関係での権利関係の主張を狭義の請求と呼ぶ。さらに、原告により主張された権利関係自体のことを最狭義の請求と呼ぶこともある。本

書では、通常、訴訟物とは、原告による権利関係の主張、すなわち、狭義の請求のことを指し、最狭義の請求のことを、狭義の訴訟物、または、訴訟物である権利関係と呼ぶこととしたい。なお、後述の訴訟物論争における訴訟物の定義をめぐる争いは、主に、狭義の請求の概念をめぐって行われている。

(2) 権利主張としての訴訟物

　通説によれば、訴訟物は権利関係の主張のことをいい、かつ、訴訟物は処分権主義の下、原告により特定されなければならないため、原告は、訴訟物を権利関係の主張の形式で特定しなければならない。この点につき、訴訟物を、原告により主張される判決要求と事実関係により特定するドイツにおける通説（および日本における少数説）とは異なる。しかし、原告が、自らの主張する事実関係から、誤った法的評価により適切な権利関係を特定できていない場合には、裁判所が、原告が適切な権利関係を主張していると解釈しなければならない（最判昭和34・9・22民集13巻11号1451頁）。

(3) 旧訴訟物理論とその問題点

　伝統的な学説と判例は、個々の具体的な実体法上の権利関係の主張を、訴訟物と捉え、原告により特定される権利関係が実体法の観点から異なる場合には、訴訟物も異なると考える。これを旧訴訟物理論と呼ぶ。旧訴訟物理論によれば、訴えの三類型に応じた訴訟物の定義は、次の通りとなる。給付訴訟における訴訟物は、具体的な実体法上の請求権の主張、形成訴訟における訴訟物は、具体的な実体法上の形成権または形成原因の主張、さらに、確認訴訟における訴訟物は、具体的な実体法上の権利関係の主張と定義される。

　旧訴訟物理論の問題点は、主に、一つの事実関係から複数の実体法上の請求権が競合して発生する、請求権競合と呼ばれる場面において現れるとされた（形成の訴えにおいて一つの事実関係から複数の形成原因が競合する、形成権競合と呼ばれる場面も同様である）。例えば、Y会社の運行するバスの事故によって、乗客Xがけがをした事例では、XはYに対して、債務不履行に基づく損害賠償請求権（民415条）も、不法行為に基づく損害賠償請求権（民709条・715条）も発生し得る。この場合、旧訴訟物理論によれば、一つの事故から発生した請求権であ

っても、債務不履行に基づく損害賠償請求権の主張と、不法行為に基づく損害賠償請求権の主張は、実体法上の権利が異なる以上、異なる訴訟物となる。したがって、一つの訴えにより債務不履行に基づく請求権と不法行為に基づく請求権の両者を原告が主張した場合には、請求の客体的併合が生じ、前者の請求権を主張した訴訟の係属中に、後者の請求権を主張すれば、訴えの追加的変更となる。そのほか、XがYを被告として提起した不法行為に基づく損害賠償請求訴訟の係属中に、別の裁判所に対してXがYを被告として同一事故により生じた債務不履行に基づく損害賠償請求訴訟を提起しても、重複起訴に当たらないし、前者の訴えに対する請求棄却判決の確定後、後者の訴えを提起しても、確定判決の既判力に抵触しないこととなる。

　旧訴訟物理論による以上の帰結には、とりわけ、次の二つの問題点があると考えられた。一つは、一つの事実関係から複数の訴訟上の請求を観念することができることから、本来一度の給付を求める地位しか得られないにもかかわらず、Xが複数の請求認容判決を取得し、複数の債務名義を得ることにより、重複して給付を得ることができることである。もう一つは、複数のうちの一つの請求のみが訴えにより定立され、これにつき判決が確定しても、その他の請求について訴えを提起しても既判力に抵触しない以上、一つの事実関係から生じる一つの社会的紛争を一つの訴訟で解決することができないということである。

　以上の批判に対して、旧訴訟物理論に立つ論者は、請求の選択的併合（→本節3(1)〔77頁〕）という請求の客体的併合の形態を新たに創出して上記の問題を回避しようとした。すなわち、請求の選択的併合とは、原告はどれか一つの請求の認容を解除条件として（併合された複数の請求の審判について順序づけをしないで）、他の請求を併合提起していると捉える考え方である。これによると、複数の請求のうちの一つが認容されると他の請求については審判されなくなるため、複数の債務名義が作出されることがなくなるし、すべての請求に理由がない場合にはすべての請求につき請求棄却判決が出されるため、同一事実関係に基づく再訴による蒸し返しを防ぐことができる。

　しかし、この見解は、原告が請求権競合の関係にある複数の請求権を訴訟上主張する場合には、常に原告は選択的併合をすることを強制される点に問題が

ある。なぜなら、訴訟物は、処分権主義の下、原告により特定されるべきであるという出発点に反するからである。しかも、選択的併合理論の登場により、旧訴訟物理論が、実体法上の権利ごとに訴訟物が異なることを前提にしているにもかかわらず、請求権競合の場面では、実体法上の性質決定は、訴訟物概念の定義にとって重要でないことを自らさらけ出してしまった、と批判された。

(4) 新訴訟物理論とその問題点

そこで、旧訴訟物理論の問題点を克服するために、新訴訟物理論が主張された。この見解によると、訴えの類型ごとの訴訟物は次のように定義される。すなわち、給付訴訟の訴訟物は、原告の被告に対する「給付を求める法的地位」または「受給権」の主張、形成訴訟の訴訟物は、原告の被告に対する「形成を求める法的地位」の主張、および、確認訴訟の訴訟物は、具体的な実体法上の権利関係の主張と定義される。

この見解の特徴は主に次の二つにある。一つは、「社会的・経済的紛争の一回的解決」の強調である。旧訴訟物理論によれば、請求権競合（または形成権競合）の場面においては、選択的併合理論を採用しない限り、社会的な紛争を1回の訴訟により解決することはできない。そこで、請求権競合（または形成権競合）の場面における訴訟物を一つと解し、その請求認容判決を基礎づける実体法上の請求権（または形成権）を法的観点に格下げする。もう一つの特徴は、訴えの類型それぞれの機能を強調することである。給付訴訟や形成訴訟の機能は、どのような実体法上の請求権または形成権を有するかを確定することよりも、給付を求める法的地位または形成を求める法的地位があることを確定し、それに基づいて給付判決または形成判決を得ることこそにあるから、その役割に応じた訴訟物を定義する。これに対して、確認訴訟は、原告の主張する権利関係を既判力によって確定することにより、原告被告間の紛争を解決することがその役割であるから、その役割に応じた訴訟物を定義すればよく、それゆえ、確認訴訟における訴訟物は旧訴訟物理論のそれを変更する必要はないと述べる。

この見解は、1950年代以降、学説において有力に主張されたが、主に次の二つの批判を受けた。一つは、訴訟対象を拡大し、その結果既判力の及ぶ範囲を

広げることにより、裁判所の釈明義務（→第4章Ⅱ4〔104頁〕）の範囲が過度に大きくなるのではないかという批判である。これは、旧訴訟物理論を一貫して採用する実務家サイドから特に大きく唱えられた。もう一つは、請求権競合における個々の請求権を法的観点に格下げすることにより、かえって紛争の一回的解決が果たされないのではないかという、学説からの内在的批判である。例えば、新訴訟物理論によれば、XがYを被告として一つの受給権に基づく1000万円の損害賠償請求訴訟（前訴）を提起した場合に、裁判所が、債務不履行に基づく損害賠償請求権の存在を理由とする請求認容判決を下し、それが確定した後、その債務をYがXに対して有する金銭債権をもって相殺したことを理由に、YがXを被告として請求異議の訴え（後訴）（→第5章Ⅱ3(3)**コラム**〔181頁〕）を提起した場合、Xは、前訴の請求認容判決の基礎となったのは不法行為に基づく損害賠償請求権の存在であったと主張することができ、それを前提に、不法行為債務を受働債権とする相殺禁止の抗弁（民509条）を主張できるとする。このような帰結は、前訴の請求認容判決を基礎づけた請求権の法的性質には既判力が生じないからこそ導かれる。しかし、後訴でのXの主張は、実質的には前訴における紛争の蒸し返しにほかならない。

(5) 訴訟物論争の実務・学説への影響

以上のように、新訴訟物理論にも様々な問題点が指摘された結果、現在においても実務は一貫して旧訴訟物理論を採用し、近時の学説における教科書においても、旧訴訟物理論を前提とするものが多く現れている。本書においても、特に断りのない限り、旧訴訟物理論を前提に叙述する。

しかし、訴訟物論争が後の実務や学説に全く影響を与えなかったわけではない。例えば、旧訴訟物理論に立つとされる判例も、損害賠償請求訴訟の訴訟物を、かつては積極損害・消極損害・慰謝料などという損害費目ごとに個別化していたが、現在では一つの不法行為に基づく損害賠償請求権の主張を一つの訴訟物とし（最判昭和48・4・5民集27巻3号419頁）、訴訟物の範囲を広げている。その他、後訴の訴訟物が前訴のそれと異なる場合でも、実質的に紛争の蒸し返しに当たる場合には、信義則を理由に後訴を却下する判例も現れている（最判昭和51・9・30民集30巻8号799頁→第5章Ⅱ3(2)(d)〔178頁〕）。学説も、実務家から

釈明義務（→第4章Ⅱ4〔104頁〕）の拡大を理由に新訴訟物理論を拒否されたのを受けて、訴訟の審理に関する研究に目を向けるようになり、その後、この分野の研究が発展することとなった。

3 請求の複数とその発生原因

(1) 請求の客体的併合

民事訴訟手続は、一つの裁判所の面前において、1人の原告と1人の被告が当事者となり両者の間での一つの請求について行われるのが原則である。しかし、民事訴訟法は、一つの訴訟手続において、数個の請求につき審判を求められる訴訟形態を認めている。これは、請求の客体的併合または複数請求訴訟と呼ばれる。請求の客体的併合が許されるのは、当事者が同一であるならば、一つの訴訟手続において複数の請求について同時に審判することは、原告および被告にとって便宜であり、また、裁判所にとっても審理の重複や判決の矛盾を回避するために便宜であることからである。

請求の客体的併合は、次の場合に発生する。第一に、原告が訴えの当初から複数の請求を主張する場合である。これは、固有の客体的併合または請求の原始的客体的併合と呼ばれる。第二に、訴訟係属中に当事者の訴訟行為により生じる場合として、訴えの変更、中間確認の訴えの提起、および、反訴の提起がある。第三に、訴訟係属中に裁判所の訴訟行為により発生する場合として、口頭弁論の併合がある（152条）。

請求の客体的併合の成立要件は、次の通りである。第一に、数個の請求が同種の訴訟手続により審判されることである（136条）。したがって、通常の民事訴訟と人事訴訟の併合は原則として許されない（例外として、人訴17条・32条）。両者は異なる訴訟原則（例えば弁論主義と職権探知主義）を採用するからである。第二に、同種の訴訟手続であっても請求の併合が法律により禁止されていないことである（行訴13条・16条を参照）。第三に、各請求について受訴裁判所が管轄権を有することである。ただし、通常は併合請求の裁判籍（7条）により、複数の請求のうち一つでもその他の原因による裁判籍があればすべての請求に裁判籍が与えられるため、この要件は、一つの請求について法定専属管轄（→第2章Ⅰ2(3)(f)〔33頁〕）がある場合にのみ問題となる。なお、固有の客体的併

合の成立のためには、これらの要件のみが求められるが、訴訟係属中に客体的併合が生じる場合には、これらの要件のみならず、それぞれの成立原因に応じた要件を満たすことが求められる。

　請求の客体的併合には、次の三つの態様がある。まず、原則的な形態として単純併合がある。これは、他の請求が認容されるかどうかにかかわらず、併合されたすべての請求につき審判を求めるものである。次に、主位的請求の認容を解除条件として、予備的請求につき審判を申し立てる請求の併合形態として、予備的併合がある。これは主位的請求が認容されれば、予備的請求は求められていなかったものとなる点に特徴がある。さらに、第三の訴訟形態として、選択的併合がある。これは、数個の請求のうちいずれか1個の請求が認容されることを、他の請求についての訴えの申立ての解除条件とする併合形態である。これは一つの請求が認容されると他の請求は求められていなかったものとなる点では予備的請求と同じであるが、当事者がどの請求につき先に審判を求めるのかについて特定しない点に特徴がある。この併合形態は、前述の旧訴訟物理論の問題点を克服するために考案されたものであるので（→本節2(3)〔72頁〕）、通説によれば、請求権競合または形成権競合の場合に限り許される。

　併合要件が欠ける場合は、各請求ごとに訴えが提起されたものとして取り扱われる（その場合、併合請求の裁判籍を欠くために移送されることがある。→第2章Ⅰ2(4)〔33頁〕）。これに対して、併合要件が満たされている場合は、その後に弁論の制限または分離がなされなければ、同一の訴訟手続で審理され、訴訟資料・証拠資料（→第4章Ⅱ2(1)〔98頁〕）も共通となる。

　単純併合の場合、裁判所はすべての請求について判決しなければならない。一部判決をするか否かは裁判所の裁量に委ねられているが、予備的併合の場合、一部判決は許されない。

(2) 訴えの変更

　訴えの変更とは、訴訟係属の発生後に、審判の対象を変更することをいう（143条1項）。審判の対象は、訴状に記載された請求の趣旨および原因により特定されるので（133条2項2号）、訴えの変更は、請求の趣旨または請求の原因の変更により行われる。単なる攻撃防御方法の変更は訴えの変更ではない。

訴えの変更の態様としては、追加的変更と交換的変更があるとされる。前者は、当初の請求とともに、新たな請求についても審判を求める場合であり、後者は、当初の請求に代えて、新請求のみの審判を求める場合である。前者が原則的な形態である。後者の形態を承認するかどうかについては争いがある。判例は前者の形態のみを承認するので、この見解によれば、旧請求の審判を免れるには、旧請求についての訴えの取下げか請求の放棄を行う必要がある（最判昭和32・2・28民集11巻2号374頁）。

　訴えの変更の成立要件は、独立の訴えとしての一般の訴訟要件、前述の請求の客体的併合の要件の他に、次の三つがある。第一に、請求の基礎が同一であることである（143条1項）。この要件は、被告の防御を困難にしないようにすることが目的であるので、被告の同意または異議なき応訴があればこの要件は不要である（最判昭和29・6・8民集8巻6号1037頁）。請求の基礎とは、新旧両請求の利益関係が社会生活上共通し、旧請求の裁判資料（訴訟資料・証拠資料）と新請求のそれと共通していることを意味する。第二の要件として、著しく訴訟手続を遅滞させないこと（143条1項ただし書）がある。訴訟手続を長期化させる場合には、別訴によらせるのが適当であるからである。第三に、訴えの変更が、訴訟係属後、事実審の口頭弁論終結時までに行われることである（143条1項本文）。法律審である上告審では、訴えの変更はできない（最判平成14・6・11民集56巻5号958頁）。

　訴えの変更は、被告の防御に重大な影響を及ぼすので、書面によらなければならない（143条2項、ただし判例は請求の原因の変更は書面による必要はないとする〔最判昭和35・5・24民集14巻7号1183頁〕）。訴えの変更の申立書は、相手方に送達されなければならない（143条3項）。この書面の送達時に、新請求についての訴訟係属が発生する。

　裁判所は、訴えの変更の許否について職権で判断する。訴えの変更が適法であるときは、裁判所はそのまま新請求につき審判するが、不適法であるときは訴え変更の不許を命じる決定をしなければならない（143条4項）。

　訴えの変更が適法である場合、追加的変更がなされ新旧両請求が単純併合の関係にある場合は両請求について審判され、交換的変更の場合には新請求についてのみ審判される。旧請求のために既に収集された訴訟資料・証拠資料（→

第 4 章 II 2 (1)〔98 頁〕）はすべて新請求の審判のための資料にもなる。

(3) 反　訴

　反訴とは、被告が係属中の訴訟において本訴の手続に併合して原告に対して提起する訴えをいう。原告に訴えの変更が認められることに対応して、被告にも、係属中の訴訟において新たな請求につき判断を求める機会が与えられている。

　反訴の態様には、単純反訴と予備的反訴がある。単純反訴とは、無条件で反訴請求について裁判所の判決を求める申立てをいう。予備的反訴とは、原告の請求に対してまず被告が請求棄却を申し立て、これが容れられない場合に自己の請求について裁判所の判決を求める申立てである。例えば、被告が、売買代金請求に対して売買契約の成立または効力を争う場合に、仮に裁判所が売買を有効と判断しその請求を認容する場合には、目的物の引渡しを求める反訴を提起する場合である。

　反訴が適法となるには、独立の訴えとしての一般の訴訟要件、前述の請求の客体的併合の要件の他に、訴えの変更の要件と同様に、本訴が事実審に係属し、口頭弁論終結前であること（146 条 1 項）、反訴請求が他の裁判所の専属管轄に属しないこと（146 条 1 項ただし書 1 号）、および、反訴の提起により著しく訴訟手続を遅滞させないこと（146 条 1 項ただし書 2 号）の要件を満たす必要がある。その他、反訴独自の要件として、反訴請求が本訴請求またはその防御方法と関連性を有すること（146 条 1 項）、反訴が禁止されていないこと（例えば 351 条・369 条）、控訴審における反訴では、反訴被告すなわち原告の同意または異議なき応訴があること（300 条 1 項→第 6 章 I 1 (1)〔201 頁〕）がある。このうちの本訴請求と反訴請求の関連性とは、売買契約に基づく引渡請求の本訴と、売買代金支払請求の反訴の場合のように、本訴請求と反訴請求の権利関係を基礎づける法律関係または主たる事実が共通であることである。それのみならず、例えば、代金支払請求の本訴に対し、防御方法として相殺の抗弁を主張し、反対債権の対当額を上回る部分の支払請求の反訴を提起する場合のように、反訴請求が本訴請求に対して主張される防御方法と関連している場合にも、関連性がある。なお、この要件は、本訴と無関係な反訴請求について応訴を余儀なく

される原告すなわち反訴被告の保護のためにあるので、反訴被告が同意または異議なく応訴をする場合には必要ない。

　反訴が適法な場合、本訴と反訴の併合審理がなされる。反訴がその特別要件を欠く場合、判例は、その反訴を却下すべきであるとするが（最判昭和41・11・10民集20巻9号1733頁）、反訴が独立の訴えの要件を満たしている限り、弁論の分離や移送を行うべきである。

(4)　中間確認の訴え

　中間確認の訴えとは、訴訟の進行中に争いとなっている法律関係の存否に裁判が依存する場合に、その法律関係の確認を求めて原告または被告が提起する訴えである（145条）。

　判決の既判力は訴訟上の請求に対する裁判所の判断にしか生じないので（114条1項→第5章Ⅱ3(2)〔174頁〕）、当事者が求める場合には、判決理由中の判断にも既判力を及ぼすことができるように、中間確認の訴えの制度が存在する。中間確認の訴えは、原告が提起する場合には訴えの追加的併合の特別類型であり、被告が提起する場合には反訴の特別類型である。

　中間確認の訴えの特別の要件は、係属中の訴訟の請求が中間確認の対象となっている法律関係に依存すること（先決性）、および、確認対象である法律関係について当事者間に争いがあること（係争性）である（145条）。その他の要件は、訴えの変更または反訴に従う。

　中間確認の訴えの手続は、訴えの変更のそれに準じる（145条4項・132条2項3項）。中間確認の訴えが適法なときは、先決的法律関係の存否について本案判決がなされる。裁判の矛盾回避のために、弁論の分離や一部判決は許されない。多数説によれば、当初から先決性を欠いた中間確認の訴えは却下すべきであり、本訴の却下・取下げなどにより後に先決性が欠けた場合には、独立の訴えとして扱われる。

III　重複起訴の禁止

1　趣　旨

　ある事件の訴訟が係属しているときに、同一事件についての訴えが、別の訴訟法上の裁判所に提起された場合、裁判所はこの訴えを不適法として却下しなければならない（142条）。これを重複起訴の禁止または二重起訴の禁止と呼ぶ。このような準則が存在するのは、次の理由による。すなわち、複数の裁判所に、同一事件についての複数の訴訟が係属すると、被告は同一事件について重複して応訴する負担を負うし、裁判所も二重の審理および判決を強いられ、複数の事件についての判断が矛盾する可能性がある。そこで、複数の事件についてそれぞれの裁判所が矛盾する判断をすることを未然に防ぐために、同一事件について別の裁判所に訴えが提起された場合には、142条を理由にその訴えを却下する。このように、重複起訴の禁止の規律は、同一事件についての複数の訴訟についての判断の既判力が相互に抵触し合うことを未然に防ぐために存在する。したがって、この準則は、統一的な裁判を行い、司法に対する国民の信頼を確保するという公益のために存在するため、訴訟要件であり、かつ、職権調査事項である。

2　要　件

　重複起訴の禁止は、同一事件についての複数の訴えが複数の裁判所に係属することを防ぐものであるから、当事者が同一であること、および、訴訟物が同一であることが重複起訴の禁止の要件となる。

(1)　当事者の同一性
　まず、当事者が同一であることが必要である。典型例としては、【モデルケース】において、岡部が亀田を被告として200万円の貸金返還を求める訴えを提起し、その訴訟係属中に、岡部が亀田を被告とする同一の訴えを別の訴訟法上の裁判所に提起した場合であり、この場合は、両訴訟における原告および被告が同じであるため、重複起訴禁止の要件を満たす。複数の訴訟において、原

告と被告の地位が異なっても、当事者が同一であればよい。例えば、YがXを被告としてYのXに対する貸金債務の不存在確認訴訟の係属中に、XがYを被告として当該貸金の返還を求める給付の訴えを提起した場合がそうである。その他、代位債権者Aが第三債務者Cを被告として債務者BのCに対する債権の履行を求める債権者代位訴訟の係属中に、BがCを被告とする同一債権に基づく給付訴訟を提起する場合も、重複起訴に当たる。なぜなら、AC間の確定判決の既判力がBC間の訴訟にも作用し（115条1項2号）、かつ、AC間の訴訟とBC間の訴訟における訴訟物が同一であるからである。

(2) 訴訟物の同一性

次に、訴訟物が同一であることが必要である。したがって、前述の第一の例では、二つの訴えの訴訟物は、いずれも「岡部の亀田に対する200万円の貸金返還請求権の主張」であり、両者は同一であるといえる。前述の第三の例である、債権者代位訴訟と債務者による給付訴訟の場合も同様である。

これに対して、前述の第二の例である、債務不存在確認訴訟係属中に、同一債権の給付訴訟が提起された場合に、訴訟物が同一であるかどうかについては争いがある。通説的な見解は、二つの訴えにおいて特定された請求は、訴訟物である権利関係すなわち狭義の訴訟物としては同一であるため（→本章Ⅱ2(1)〔71頁〕）、同一事件であるとする。これに対して、有力説は、二つの訴えは確認の訴えと給付の訴えであり権利保護形式を異にし、それゆえ広義の請求が異なるため、同一事件ではないとし、この場合における重複起訴の成立を否定する。もっとも、通説および判例も、手形債務不存在確認訴訟係属中に、手形訴訟（→第1章Ⅱ3(1)〔19頁〕）を提起することは適法であるとする。簡易迅速な裁判である手形訴訟の利用を求める利益を重視するからである（大阪高判昭和62・7・16判時1258号130頁）。

その他、XのYに対する物の所有権確認訴訟の係属中に、XがYを被告として同一物の所有権に基づく返還を求める訴えを別の裁判所に対して提起した場合は、同一事件に当たらないと解するのが通説である。なぜなら、前者の訴訟の判決の既判力が後者の訴訟の先決関係として作用し得るとしても、両者の訴訟の訴訟物が同一でないからである。同様に、XがYを被告として、ある事故

に基づく不法行為に基づく損害賠償を求める訴訟の係属中に、XがYを被告として、別の裁判所に対して同一事故を原因とする債務不履行に基づく損害賠償を求める訴えを提起しても、旧訴訟物理論によれば両請求は異なるので、重複起訴に当たらない。もっとも、これらのケースにおいても、訴訟物である権利関係の基礎となる社会生活関係が同一であり、主要な法律要件事実を共通にするため、重複起訴に当たるという見解も存在する（さらに範囲を広げ、主要な争点が共通であれば重複起訴となる見解もある。なお、この場合、後の訴えを却下するのではなく、両請求が同一の国法上の裁判所に係属する場合には、裁判所による弁論の併合を命じる。そうでなくとも、同一の訴訟法上の裁判所に訴えの追加的変更や反訴を提起することも許す）。

3　効　果

　係属中の訴訟と、同一当事者間での同一事件の訴えが提起された場合、その訴えは、142条に基づき不適法として却下される。したがって、重複訴訟が成立した場合、後に提起された訴えが却下されることになる。これを先着手主義と呼ぶことができる。したがって、重複して提起された訴えが、異なる国法上の裁判所（→第2章Ⅰ2(2)〔29頁〕）に提起された場合、常に、先に提起された裁判所の土地管轄権が優先されることとなる。これは、先に訴えを提起した原告の管轄選択権を重視した立場である。

　例えば、通説によれば、債務不存在確認訴訟係属中に、同一債権の給付訴訟が提起された場合には、後の給付の訴えが142条により却下される（この立場をとる下級審判例として、東京地判平成13・8・31判タ1076号293頁。大阪高決平成26・12・2判時2248号53頁は、民訴17条に基づいて債務不存在確認訴訟の係属する国法上の裁判所への移送を命じた）。その代わり、給付訴訟の原告は、係属中の債務不存在確認訴訟の中で同一債権の履行を求める反訴を提起すればよいとする。しかし、これでは、不法行為の加害者側が先に債務不存在確認の訴えを提起することにより、自己に有利な管轄を選択することができるため、当事者間の公平を欠くのではないかとの疑問がある。そこで、有力説は、債務不存在確認訴訟と給付訴訟では広義の請求が異なるため（→本章Ⅱ2(1)〔71頁〕）、後の給付の訴えは重複起訴に当たらず、むしろ、給付の訴えの提起により、債務不存在確認訴

訟の既判力は、給付訴訟の既判力に包含され、先に提起された債務不存在確認の訴えは、確認の利益が喪失し、却下されるべきであるとする（神戸地決平成26・9・30判時2248号54頁も、両事件が同一であるとしても、重複起訴の禁止よりも訴えの利益を優先して判断すべきとして、同様の判断をする）。なお、最高裁は、債務不存在確認訴訟係属中、被告は同一債権の履行請求の反訴を提起することができ、その場合、前者の訴えの利益がなくなり訴えは却下されると判示するが（最判平成16・3・25民集58巻3号753頁）、別の裁判所に給付の訴えが提起された場合の判断は、最高裁には存在しない。

IV　訴えの利益

1　訴えの利益の意義

　私人が裁判所を利用するには、そのための正当な利益または必要性がなければならない。このことは訴えの利益または権利保護の必要と呼ばれる。訴えの利益の不存在を理由に訴えが却下されることにより、相手方が不必要な応訴を余儀なくされることにより生じる不利益の発生を防止し、裁判が不必要に利用されるのを防ぐことができる。このように、訴えの利益は、公益のためにも存在するといえるため、訴訟要件に位置づけられている。
　訴えの利益の有無を判断する際には、権利保護の「資格」と「利益または必要」を区別するのが一般的である。権利保護の資格とは、訴えにより定立された請求の内容自体が裁判所による権利保護に値するのかという問題を指し、権利保護の利益または必要とは、原告が定立した請求に権利保護の資格があることを前提に、それを求める現実の必要性があるかという問題を指す。
　前者の問題は、裁判所がどのような事件を取り上げるべきかというものであるから、本来は、裁判権の限界（法律上の争訟→第2章Ⅰ1(5)〔28頁〕）で取り扱われるべき問題である。したがって、通常、訴えの利益の問題として扱われるのは、権利保護の利益または必要の問題である。しかし、両者は相互に密接に関連しているため、例えば、後述の将来給付の訴えにおける「請求権としての適格」や、確認の訴えにおける確認の対象は、権利保護の資格の問題ではある

が、この節においてあわせて取り上げることとする。

2 すべての訴えの類型に共通する訴えの利益（請求権の訴求可能性）

　実体法上承認されている権利または請求権は、自力救済が原則として禁止されており、裁判所を通じてのみ保護・実現できるため、裁判所に対して訴求可能であるのが原則である。しかし、法律または当事者間の合意により、権利を裁判上行使できない場合が存在する。

　法律により請求権の訴求可能性が排除される例として、終局判決後に訴えが取り下げられた後の再訴の禁止が挙げられる（262条2項）。訴えの取下げにより、初めから訴訟が係属していなかったものとみなされるため（262条1項）、訴えを取り下げた原告は、本来、ある請求権について再度訴求することは可能である。しかし、それでは、原告が敗訴した終局判決後に訴えを取り下げると、事件を蒸し返すことが可能となるため、原告に対する制裁のために、法律がこの場合の請求権の訴求可能性を排除している。

　法律により請求権の訴求可能性が一時的に排除される例としては、調停前置主義（家事257条1項）がある。離婚訴訟のような家族関係にかかわる人事訴訟においては、まずは家庭内で非公開の場で円満に紛争を解決することが望ましいという立法政策から、訴えを提起する前に、まず家事調停を行うことが法律により求められている。したがって、家事調停を経ずに提起された離婚の訴えは、請求権の訴求可能性が一時的に排除されているため、不適法であり、職権により調停に付される（同257条2項）。

　その他、不起訴の合意は、当事者の合意による請求権の訴求可能性の排除の典型例である。通説および判例（仙台高判平成5・7・29判時1514号90頁）は、合意による訴求可能性の排除の問題は、私権の処分を生じさせる私法上の契約の問題であることを理由に、不起訴の合意を有効であるとし、その合意に反して提起された訴えは却下されるとする。しかし、有力説は、訴求可能性を全面的に排除する不起訴の合意は、裁判を受ける権利（憲32条）という私人による処分に服さない基本的人権を制約するため、不適法であるとする。

3　給付訴訟における訴えの利益

　給付の訴えは、訴えにより主張された給付請求権についての履行期が口頭弁論終結時に到来しているかどうかにより、現在の給付の訴えと将来の給付の訴えに区別される。訴えの利益の判断基準も、両者により異なる。

　現在の給付の訴えは、原告が履行期の到来した請求権を主張すれば、それだけで訴えの利益がある。原告はもともと権利の実現について原則として自力救済が禁じられ、裁判所による権利保護を求めるよう指示されているからである。したがって、給付判決による請求権の強制的実現が不可能であるか著しく困難であっても、訴えの利益は認められる（最判昭和41・3・18民集20巻3号464頁）。

　将来の給付の訴えは、予め請求する必要性がある場合に限り許される（135条）。この要件は、次の二つの類型に区別される。一つは、債務者の態度などから、履行期が到来しても債務者が任意に債務を履行しないおそれがある場合である。この例としては、期限の到来した元本債務と利息債務の履行請求とともに、口頭弁論終結後に期限の到来する利息債務の履行請求をする場合や、土地賃貸借契約終了に基づく建物収去土地明渡請求と契約終了後の不法占有に基づく賃料相当額の損害賠償請求とともに、口頭弁論終結後から土地を明け渡すまでの賃料相当額の損害賠償を併合請求する場合がある。これらの場合には、債務者が既に履行期の到来した債務を履行していない以上、将来履行期が到来した場合にも、被告の債務の履行が期待できないために訴えの利益がある。その他、既に履行期の到来した本来の給付請求権が将来執行不能となることを考慮して、これに代わる塡補賠償を予め請求する場合も（これを代償請求という）、同じ理由から訴えの利益がある（大判昭和15・3・13民集19巻530頁）。

　もう一つの類型は、債務の性質等の理由から、即時の履行がなされなければ債務の本旨に反したり、債権者に回復困難な損害を与える場合である。この例としては、ホールでの落語の独演会のような、一定の日時に行わなければ債務の本旨に反する結果となる作為債務や、債権者が履行を受けないと生活が脅かされるような扶養料請求権などが考えられる。

　なお、これらの将来の給付の訴えがその必要性から適法となることの前提と

して、将来給付の訴えとして主張される当該給付請求権が確実な基礎を有しなければならない。したがって、判例は、公害や生活妨害が継続的かつ反復的に行われていることを理由とする将来の損害賠償請求権を予め主張することは、将来の給付の訴えにおける「請求権としての適格」を欠くとして不適法とする。その理由として、「たとえ同一態様の行為が将来も継続されることが予測される場合であつても、それが現在と同様に不法行為を構成するか否か及び賠償すべき損害の範囲如何等が流動性をもつ今後の複雑な事実関係の展開とそれらに対する法的評価に左右されるなど、損害賠償請求権の成否及びその額を予め一義的に明確に認定することができず、具体的に請求権が成立したとされる時点においてはじめてこれを認定することができる」ことと、「その場合における権利の成立要件の具備については当然に債権者においてこれを立証すべく、事情の変動を専ら債務者の立証すべき新たな権利成立阻却事由の発生としてとらえてその負担を債務者に課するのは不当である」ことを挙げる（最判昭和56・12・16民集35巻10号1369頁。ただし、団藤重光判事による反対意見も参照）。

4　確認訴訟における訴えの利益

(1)　確認の訴えの利益の必要性

確認の訴えの対象は、給付訴訟の対象のように給付請求権に限定されるわけではなく、理論的には無限にあり得るので、訴えの利益の有無によって本案判決の対象を限定する必要がある。確認の訴えの利益の判断は、確認対象の適切性（権利保護の資格）と、確認の利益（権利保護の利益）という二つの要素により行われる。

(2)　確認対象の適切性（権利保護の資格）

確認の訴えの対象となり得るものは、原則として、権利または法律関係である。したがって、単なる事実の存否は確認の対象とならない。しかし、例外として、証書真否確認の訴えが認められている（134条）。これは、遺言書や契約書などの「法律関係を証する書面」の真否を確認し、書面の内容から現在の法律関係の存否を証明することにより原告の法律上の地位を適切に保護することができるために、特別に認められている。

また、抽象的な法律問題、例えば、個々の具体的な事件と無関係な法律・命令の解釈の当否、違憲性の主張も確認の対象とならない。この点については、法律上の争訟のところで既に言及した（→第2章Ⅰ1(5)〔28頁〕）。

　さらに、確認対象は、具体的な権利関係であっても、確認の利益の要件が満たされる適切なものであることが求められる。例えば、原告が被告に対してある不動産が原告の所有物であることの確認の訴えを提起することは、原告が保護を求める自己の法的地位そのものであるから、確認対象として適切であるが、当該不動産の所有権取得原因としての本件売買契約の有効性は、その後の転売・時効などによる所有権の喪失可能性があることから、直接現在の原告の地位を保護するものでないため、原則として確認対象として適切でなく不適法である。これに対して、原告被告間の現在の法的紛争の解決にとって有効・適切である限り、すなわち確認の利益の要件を満たす限りは、当事者の一方と第三者との法律関係または他人間の法律関係も、確認の対象となる。例えば、建物の転借人は、賃貸人と賃借人を被告として建物賃貸借関係の存在確認を求めて訴えを提起することができる。

　この点との関係で、確認の対象は、原則として、現在の権利関係に限られる（なお、ここでいう現在とは、口頭弁論終結時を指す）。その理由は、過去の権利関係がどうであったかは、現在の権利関係に及ぼす影響の点で、現在の紛争解決の前提にすぎず、現在の紛争を解決するには、現在の権利関係を明確にすることが一番直接的であるからである。しかし、過去の法律関係や法律行為の効果が現在に及んでおり、それゆえ確認の利益の要件が満たされる場合には、これらも確認の対象とすることができる。なぜなら、過去の法律関係や法律行為の効果から派生する、現在における種々の法律効果をめぐる争いを予防し、紛争を一挙に解決することができるからである。

　法律も、身分関係や団体決議に関する領域において、種々の過去の法律関係確認の訴えを認めている。例えば、協議離婚（民763条）を届け出たが離婚意思がない場合には協議上の離婚の無効の訴え（人訴2条1号）を提起することができるとされる。本来であれば現在の法律関係である、夫婦関係にあることの確認の訴えを提起すべきであるが、それでは、協議離婚が無効であるために現在の夫婦関係が継続していることについて既判力ある判断ができず、協議離婚

の無効の有無から派生する現在の夫婦関係をめぐる様々な紛争を解決することができないため、この訴えが特別に認められている。その他、過去の法律行為の効果の確認である、遺言無効確認の訴え（最判昭和47・2・15民集26巻1号30頁）や株主総会決議無効確認の訴え（会社830条）も、同様の理由から適法とされている。

その他、既に存在する法律関係がそれを前提に将来新たな法律関係を生じさせる場合にも、将来における紛争を予防するために確認の利益がある限り、現在における法律関係を確認の対象とすることができる。判例は、賃貸借契約終了前における敷金返還請求権の存在確認の訴えは、それが「賃貸借終了後、建物明渡しがされた時において、それまでに生じた敷金の被担保債権一切を控除しなお残額があることを条件として、その残額につき発生するもの」であるため、賃貸借契約終了前においても、条件付きの権利として存在する現在の権利関係であるとして、確認の対象に含まれるとした（最判平成11・1・21民集53巻1号1頁）。

(3) 確認の利益（権利保護の利益）

確認の訴えは、その請求認容判決（確認判決）が確定しても既判力しか発生しないため、確認判決の既判力により、紛争を有効・適切に解決することができる場合に限り、確認の利益を肯定することができる。このことにより無駄な訴訟を排斥することができる。確認の利益において考慮すべき要件は、即時確定の利益と他に適切な手段が存在しないこと（確認訴訟の補充性）の二つである。

第一の要件としての、即時確定の利益とは、原告が法律関係の存否や証書の真否を被告との間で即時に確定することに法律上の利益があることを意味する。これは、原告の権利または法的地位に危険または不安が存在し、この危険または不安を除去するのに、被告との間で確認判決の既判力によってその法律関係の存否を確定することが、原告の権利保護にとって有効・適切である場合に認められる。したがって、典型的には、被告が原告の主張を争っている場合には、原告被告間で原告の主張する権利関係の存否を既判力により確定すれば、原告の法律上の地位に現に生じている不安ないし危険は除去されることに

なり、当該確認の訴えには即時確定の利益がある（前掲最判平成11・1・21）。その他、被告が原告の主張を争っていなくても、時効中断の必要性がある場合や、戸籍などの公簿記載の訂正のために確定判決が必要な場合にも、即時確定の利益がある（前述の協議上の離婚無効確認の訴えについて、最判昭和31・6・26民集10巻6号748頁）。

　これに対して、ある法律行為の効果が原告被告間で争いとなっているとしても、その判決の既判力により危険または不安を除去すべき原告の権利または法的地位が不確実である場合には、即時確定の利益はない。例えば、遺言者の推定相続人が、遺言者の生存中に受遺者を被告として提起する遺言無効確認の訴えは、即時確定の利益を欠く。なぜなら、判例によれば、「遺言は遺言者の死亡により初めてその効力が生ずるものであり（民985条1項）、遺言者はいつでも既にした遺言を取り消すことができ（民1022条）、遺言者の死亡以前に受遺者が死亡したときには遺贈の効力は生じない（民994条1項）のであるから」、「受遺者とされた者は、何らかの権利を取得するものではなく、単に将来遺言が効力を生じたときは遺贈の目的物である権利を取得することができる事実上の期待を有する地位にあるにすぎない」からである（最判平成11・6・11判時1685号36頁）。すなわち、受遺者とされた者の法的地位が不確実である以上、遺言の有効・無効を既判力により確定しても、原告（遺言者の推定相続人）の法的地位に対する危険または不安を除去することにならないからである。

　同様に、判例によれば、原告が、ある法人における原告の地位（宗教法人の理事の地位）の存在確認の訴えを、それを争う当該法人の他の構成員を被告として提起した場合には、仮にそれが原告被告間で争いとなっている場合でも、即時確定の利益を欠く。なぜなら、この法的地位についての原告被告間での請求認容判決の既判力は当該法人に及ばず、同法人との間では何人もこの判決に反する法律関係を主張することを妨げられないので、当該地位をめぐる関係当事者間の紛争を根本的に解決する手段として有効適切ではないからである（最判昭和44・7・10民集23巻8号1423頁→第2章Ⅱ6(4)〔57頁〕）。

　確認の利益のもう一つの要件は、確認訴訟の補充性である。すなわち、給付の訴えが可能な場合には、原則として、給付請求権の存在確認の訴えは不適法である。なぜなら、確認判決は給付判決のように執行力を有しないので、相手

方が当該債務を任意に履行しない場合には、原告は再度給付の訴えを提起しなければならず、確認の訴えが紛争解決にとって適切でないからである。ただし、紛争解決の一回性を強調するこの考え方は絶対的なものではなく、例えば、被告が公的機関などである場合のように、被告による任意履行を期待できる場合には、給付請求権の確認の訴えを適法としてよいとする有力説も存在する。

5　形成訴訟における訴えの利益

　形成の訴えにおいては、原告が一定の形成要件の存在を主張して、裁判所に対して形成判決を求める限り、原則として、訴えの利益は認められる。なぜなら、原告は形成の訴えを提起しない限り、自己の求める法律関係の形成は実現できないからである。

　ただし、訴訟係属中の事情変更により、訴えの利益が例外的に消滅することがあり得る。判例によれば、メーデーのための皇居前広場使用不許可処分取消訴訟の係属中に5月1日が経過した場合には、請求認容判決を得ても訴えの目的を達成することができなくなったため訴えの利益が消滅する（最判昭和28・12・23民集7巻13号1561頁）。また、株式会社の設立無効または取消しの訴えの係属中に、会社が解散した場合のように、原告が形成判決によってもたらそうとしていた法律状態と同じ状態が、事実関係の変動によって実現してしまった場合も（設立の無効や取消しの効果は遡及せず、会社の解散と同一の効果しか生じない。会社839条・834条1号・19号）、訴えの利益を欠く。

　形成の効果が遡及的に生じるときに形成の対象が途中で消滅した場合にも、形成判決を得ることに原告が法的利益を有するかどうかにより、訴えの利益の有無が決まる。判例によれば、ある取締役を選任する株主総会決議取消訴訟の係属中に、任期満了により新たに取締役が選任され、取消しの対象である取締役が現存しなくなった場合には、訴えの利益が消滅する（最判昭和45・4・2民集24巻4号223頁）。これに対して、罷免された公務員がその処分取消訴訟係属中に市議会議員に立候補したために辞職したものとみなされたケースでは、「違法な免職処分さえなければ公務員として有するはずであつた給料請求権その他の権利、利益につき裁判所に救済を求めることができなくなる」から、訴

えの利益がある（最判昭和40・4・28民集19巻3号721頁）。

V　訴訟要件の審理原則および審理順序

1　職権調査事項と抗弁事項の区別

　訴訟要件とは、裁判所が原告の主張する訴訟上の請求について本案の審理・判決をするために具備していなければならないすべての要件をいう（→第1章Ⅰ5(5)〔15頁〕）。訴訟要件は、一般に公益のために存在するので、職権調査事項であるとされる。すなわち、裁判所は、訴訟要件の具備について疑いを抱く限り、当事者の態度とりわけ被告の異議の有無を問わず、職権で調査すべきである。

　これに対して、通説によれば訴訟要件に含まれるもののうち、抗弁事項と呼ばれるものがある（これを訴訟障害事由と呼び訴訟要件とは異なるとする見解もある）。これは、公益とは無関係であるため、被告の抗弁により初めて訴訟上顧慮され調査される事項である。例えば、仲裁合意の抗弁（仲裁14条）、訴訟費用の担保の不提供（75条・78条）、不起訴の合意（本章Ⅳ2〔85頁〕）がこれに当たる。

2　訴訟要件の具備の判断のために必要な資料の収集

　訴訟要件の具備の判断のために必要な資料を収集・提出する責任を誰が負うのか、という訴訟要件に関する審理原則は、本案における審理原則（→第1章Ⅰ3(1)〔8頁〕）とは異なる。通説によれば、例えば、裁判権の存在（→第2章Ⅰ1〔26頁〕）、専属管轄（→第2章Ⅰ2(3)(f)〔33頁〕）、両当事者の実在、当事者能力（→第2章Ⅱ3〔47頁〕）、訴訟能力（→第2章Ⅱ4〔50頁〕）、法定代理権・訴訟代理権の存在（→第2章Ⅱ2〔42頁〕）などのような、公益性の強い訴訟要件においては、職権探知主義が妥当する。これに対して、任意管轄（→第2章Ⅰ2(3)(f)〔33頁〕）、訴えの利益（→本章Ⅳ〔84頁〕）、訴訟追行権（当事者適格→第2章Ⅱ6〔52頁〕）のような公益性の強くない訴訟要件については、弁論主義が採られる。

ただし、これに対しては有力な反対説が存在する。これによれば、訴訟要件は一般に公益性を有するため、公益性が低い訴訟要件であっても弁論主義を採用する理由はなく、とりわけ裁判上の自白は成立しない。ただし、当事者が処分できない訴訟要件の具備について裁判所が疑問を抱くときは、釈明権を行使して当事者にその疑問を示し、かつ、事実の主張・立証を促せば足りる、と述べる。

3　訴訟要件の基準時

裁判所は、どの時点における訴訟要件の有無を判断すべきか。通説によれば、それは事実審の口頭弁論終結時であるとする。訴訟要件が本案判決の前提要件であるからである。これに対して、有力説は、その欠缺が判決を無効または取り消し得るものとするような訴訟要件（当事者の実在・被告が日本の裁判権に服すること、当事者能力・訴訟能力・法定代理権）については、上告審の口頭弁論終結時とすべきであるとする（312条2項ただし書を参照）。

なお、抗弁事項の基準時は、事実審の口頭弁論終結時であるが、抗弁は適時に提出すべきである。

4　訴訟要件と本案との審理順序

裁判所は、訴訟要件よりも先に請求に理由がないことが明らかになった場合に、本案判決すなわち請求棄却判決を出すことができないとするのが通説である。なぜなら、訴え却下判決と請求棄却判決では既判力の範囲が異なるからである。これに対して、少数説は、訴訟経済、迅速な訴訟の終了のために請求棄却判決をすることができる場合があるとする。例えば、訴えの利益は無意味な訴訟を排斥するために存在するため、この場合は請求棄却判決の方が目的を達成することができるからである。

第4章

訴訟の審理

　この章では、民事訴訟における審理の過程について概説する。当事者の一方は権利が存在すると主張し、相手方は権利が存在しないと主張して争っているとき、裁判所はどのようにして権利の存否を判断するのか、その方法および手続を具体的に説明できるようになることが、本章の目的である。また、当事者の主張および立証の規律について理解するとともに、審理の最終段階に至ってもいずれの当事者の言い分が正しいのか不明であるとき、裁判所がどのようにして判決をするべきかを理解することも本章の目的である。

　【モデルケース】を念頭に、次の例題を解けるようになることが、本章の主な課題である。
(1) 岡部が亀田に対して貸金200万円の返還を請求したのに対して、亀田が次の(a)から(d)までのいずれかの態度をとったとする。それぞれの場合について、裁判所はどのような審理をするべきか。とりわけ、証拠調べをする必要のない事実があれば、具体的に指摘しなさい。
  (a) 亀田が200万円は岡部からもらったものであって借りたものではないと述べたとき
  (b) 亀田が200万円は既に弁済したと述べたとき
  (c) 亀田が200万円の貸金については知らないと述べたとき
  (d) 亀田が答弁書を提出せず、口頭弁論期日にも出頭しないとき（必要に応じて場合分けをして解答すること）
(2) 岡部の亀田に対する貸金返還請求に対して、亀田は既に弁済したと主張

したが、その主張が認められない見通しとなったため、結審間際になって亀田が岡部に対する売買代金債権を自働債権として相殺する旨の主張を追加提出した。しかし、裁判所は、売買代金債権の存否および額の審理に時間を要し訴訟の完結を遅延させるものと判断し、亀田の上記相殺の抗弁を時機に後れた攻撃防御方法として却下した上で、岡部の請求を認容する判決をした。この判決が確定した後、亀田が別訴を提起し、岡部に対して上記売買代金債権の支払を請求したところ、岡部は、当該債権は前訴における相殺権行使によって実体法的に既に消滅していると主張して請求棄却判決を求めた。この場合に裁判所としてはどのように判断するべきか。

(3) 岡部が亀田に対して貸金200万円の返還を請求したのに対して、亀田は、200万円は岡部からもらったものであって借りたものではないと述べて請求棄却判決を求めた。裁判所は、証拠調べを尽くしたが、貸金であるのか、それとも贈与であるのか、いずれとも確信を抱くことができなかったとする。この場合において、裁判所はいかなる判決をするべきか。

I　訴訟の審理の概要

　権利そのものは、観念の所産であって、その存否を直接に知覚・認識することは不可能である。そこで、民事訴訟においては、まず権利の発生、変更または消滅を基礎づける事実の存否を確定し、そしてこれに法を適用することによって、権利の存否を判断するという方法を採る。例えば、消費貸借契約に基づく貸金返還請求訴訟においては、民法587条所定の「当事者の一方が種類、品質及び数量の同じ物をもって返還をすることを約し」たこと（返還約束）および「相手方から金銭その他の物を受け取ること」（金銭授受）という事実があれば、貸金債権が発生したということができ（ただし、これらに加えて、弁済期の合意および弁済期の到来をも請求原因事実として必要かどうか、見解の対立がある）、他方、弁済、消滅時効または相殺といった事実があれば、貸金債権は消滅したということができる。事実であれば、認識することが可能である。例えば、金銭消費貸借契約書という証拠があれば返還約束の事実を認定することができ、また、領収証という証拠があれば弁済の事実を認定することができる。

そして、権利の発生、変更または消滅を基礎づける事実の存否を確定すれば、その論理的組合せによって、現在における権利の存否を判断することができる。すなわち、①権利の発生を基礎づける事実が存在するとは認められないときは、権利は存在しない、②権利の発生を基礎づける事実は存在するが、権利の消滅を基礎づける事実もまた存在するときは、現在において権利は存在しない、③権利の発生を基礎づける事実が存在し、権利の消滅を基礎づける事実が存在するとは認められないときは、権利が存在する、と判断することができる。

　このように、まず事実を確定し、それに法を適用することによって権利の存否を判断するのであるが、通常民事訴訟事件においては、ありとあらゆる事実の存否を審理するわけではなく、当事者によって主張された事実のみを審理する。例えば、権利の消滅を基礎づける事実としては、前述の弁済、消滅時効、相殺のほかにも、代物弁済、免除、供託など、様々な事実の存在が考えられるが、それらすべてを審理するのではなくて、当事者によって主張された事実のみを審理する。この原則（当事者による事実主張の必要性）は、弁論主義の第1テーゼと呼ばれる。次に、当事者の主張する事実のうち、両当事者間に争いのない事実は、証拠調べをせずに、そのまま判決の基礎とする（179条）。この原則（裁判上の自白の拘束力）は、弁論主義の第2テーゼと呼ばれる。第三に、当事者間に争いのある事実については証拠調べをしてその存否を確定することとなるが、その際には原則として当事者の申し出た証拠によらなければならない。この原則（職権証拠調べの原則的禁止）は、弁論主義の第3テーゼと呼ばれる。弁論主義の詳細については次節（Ⅱ）で述べる。事実の主張および証拠調べは口頭弁論等の期日において行われる（口頭弁論につきⅢ、主張につきⅣ、証拠調べにつきⅤにおいて、それぞれ後述する）。

　以上を【モデルケース】に即してみてみよう。岡部が亀田に対して消費貸借契約に基づいて貸金の返還を請求したところ、亀田が、借りた200万円は既に弁済したと主張したとする。このとき、借りたこと自体（すなわち権利の発生原因事実である返還約束および金銭授受）については、亀田も認めているわけであるから、両当事者間に争いのない事実として、証拠調べをするまでもなく、当然に判決の基礎となる。そして、権利の消滅原因事実として当事者が主張してい

るのは弁済のみであるから、消滅時効、相殺、免除など、他の債務消滅原因事実については審理しない。結局、この訴訟において審理すべき事実は、弁済があったか否かということになる。そして、当事者双方が弁済の有無について証拠を提出し、これを裁判所が自由な心証によって判断する（247条）（→Ⅴ4〔148頁〕）。弁済の事実があったと認められるときは、上記②の場合に当たり、岡部の亀田に対する貸金債権は現存しないものとして、裁判所は岡部の請求を棄却する判決をすることになる。他方、弁済の事実があったとは認められないときは、上記③の場合に当たり、岡部の亀田に対する貸金債権が現存するものとして、裁判所は亀田に200万円の支払を命ずる判決（請求認容判決）をすることになる。弁済の有無について、いずれの当事者の主張が真実であるのか真偽不明の状態に陥った場合には、証明責任の所在によって判断する（→Ⅴ5〔150頁〕）。

　以上の通り、審理の内容面すなわち事実の主張および証拠の提出については基本的に当事者の権能に委ねられており、裁判所の役割は、釈明権（149条）の行使など、補完的なものにとどまる（→Ⅱ4〔104頁〕）。これに対して、審理の手続面については、職権進行主義が採用されており、基本的に裁判所の役割である（→Ⅲ3〔114頁〕参照）。例えば、口頭弁論期日を指定するのは裁判長である（93条1項）。もっとも、期日変更の申立て（93条3項ただし書）のように、当事者にも一定の役割が認められていることがある。

Ⅱ　弁論主義

1　意義および根拠

　弁論主義とは、判決の基礎をなす事実の確定に必要な資料の提出を当事者の権能かつ責任とする建前をいう。その具体的内容は、次の三つからなる。第一に、裁判所は、当事者の主張しない事実を判決の基礎とすることができない（当事者による事実主張の必要性）。第二に、裁判所は、当事者間に争いのない事実については、そのまま判決の基礎としなければならない（裁判上の自白の拘束力）。第三に、争いのある事実を認定するには、原則として当事者の申し出た

証拠によらなければならない（職権証拠調べの原則的禁止）。

　弁論主義が採られている根拠については争いがあるが、民事訴訟の審判の対象である私人間の権利関係は私的自治の原則に服するものであるから、訴訟上も当事者の意思を尊重すべきであるとする見解（本質説）が通説である。これに対して、弁論主義は当事者の利己心を利用した真実発見のための合目的的考慮の所産であるとする見解（手段説）があるが、真実発見の要請の高い人事訴訟において職権探知主義が採られていることと整合しない。また、不意打ち防止は、弁論主義の重要な機能ではあるが、その根拠となるものではない。裁判所が釈明権（→後述4〔104頁〕）を行使して不意打ちを防止したとしても、なお当事者が主張を拒む場合には、当事者の主張しない事実を判決の基礎とすることはできないからである。

2　弁論主義の具体的内容

(1)　当事者による事実主張の必要性（弁論主義の第1テーゼ）

　人事訴訟法20条前段によれば人事訴訟においては裁判所は当事者が主張しない事実を斟酌することができるのに対して、民事訴訟法にはそのような特別の規定がないため、通常民事訴訟事件においては、裁判所は当事者が主張しない事実を判決の基礎とすることができないものと解される（なお、民訴246条は、処分権主義の根拠条文であって〔最判昭和33・7・8民集12巻11号1740頁参照〕、弁論主義の根拠条文ではない）。例えば、【モデルケース】において、亀田が弁済の抗弁しか主張していない場合に、裁判所が消滅時効、免除など、他の債務消滅原因を認定し、これを理由として裁判することはできない。たとえ、証拠調べの結果、裁判所がある事実の存在を確信したとしても、その事実を当事者が主張していない限り、判決の基礎とすることができない。つまり、証拠資料（裁判所が証拠方法を取り調べることにより感得した資料）をもって訴訟資料（裁判の基礎となる事実の主張）に代替させることはできない（→後述**V 2 (2)**〔135頁〕参照）。

　このように、ある事実が主張されていないと、その事実を要件とする法律効果の発生が認められないことになる。この一方当事者の負う不利益ないし危険を主張責任という。主張責任の所在は、原則として証明責任（→**V 5**〔150頁〕）の所在と一致する。

もっとも、以上のことは、裁判所と当事者との間の役割分担の問題であって、原告と被告との間の役割分担の問題ではない。つまり、原告または被告のうち、いずれか一方の主張があれば足りる。したがって、例えば、被告に有利な事実を原告が主張している場合であっても、その事実を判決の基礎として差し支えない。これを主張共通の原則という。例えば、債権者Xが債務者Yに対して消費貸借契約に基づいて貸金の返還を請求したところ、Yが消滅時効の抗弁を主張し、これに対してXが消滅時効中断の再抗弁としてYによる一部弁済を主張した場合のように、債権者が弁済の事実を主張し債務者がこれを否認することもあり得る。証拠調べの結果、一部弁済の事実が認められれば、Yが援用していなくても、その額の限りでは債務が消滅したものとして判決することができる。つまり、相手方の援用しない自己に不利益な事実も、請求の当否を判断するにあたって斟酌される（最判昭和41・9・8民集20巻7号1314頁参照）。ただし、抗弁権の発生を基礎づける事実関係が弁論に顕れていたとしても権利者自身がその権利を行使する意思を表明しない限り裁判所が斟酌することのできない抗弁があり、これを権利抗弁という。留置権がその例である（最判昭和27・11・27民集6巻10号1062頁）。権利抗弁は主張共通の原則の例外をなす。

(2) 裁判上の自白の拘束力（弁論主義の第2テーゼ）

　179条によれば、裁判所において当事者が自白した事実は、証明することを要しない。自白とは、相手方の主張する自己に不利益な事実を認める陳述であり、口頭弁論または弁論準備手続において自白すると、裁判上の自白が成立し、当事者および裁判所を拘束することになる。

　裁判上の自白の成立要件は、①主要事実（→後述3(2)〔102頁〕）についての陳述であること、②口頭弁論または弁論準備手続における弁論としての陳述であること、③相手方の主張との一致があること、および、④自己に不利益な事実についての陳述であることである。①について、事実ではなくて権利関係を認める陳述は、自白ではなくて、権利自白である。②について、当事者尋問（→Ⅴ2(2)〔135頁〕）における陳述は、証拠資料として把握すべきものであって、弁論ではない。③について、当事者双方の主張の一致があれば足り、時期的先後関係は問わない。すなわち、まず一方当事者が自発的に自己に不利益な陳述

をし、その後に相手方当事者がこれを援用したときも、自白が成立する。この場合を、特に、先行自白という。④の不利益の意義については見解の対立があるが、通説は、相手方が証明責任を負う場合をいうものと解している。

　裁判上の自白の効果として、証明不要効（179条）のほか、裁判所に対する関係における審判排除効と当事者に対する関係における不可撤回効が生ずる。すなわち、裁判所は、自白された事実については、証拠調べをするまでもなく、当然に裁判の基礎としなければならない。また、自白した当事者は、原則として自白を撤回することができない。もっとも、これは証明責任の負担を免れた相手方の利益を保護するためであるから、その者の同意がある場合には自白の撤回が許される。また、自白内容が真実に反し、かつ錯誤に基づく場合にも撤回が許される（大判大正4・9・29民録21輯1520頁）。判例は、錯誤につき無過失であることまでは必要なく（最判昭和41・12・6判時468号40頁）、反真実の証明があれば錯誤は事実上推定される（最判昭和25・7・11民集4巻7号316頁）とする。このほか、刑事上罰すべき他人の行為によって自白がなされた場合にも撤回が許される（338条1項5号参照）。この場合には、再審における有罪判決の確定等（338条2項）の要件を具備する必要はない（最判昭和36・10・5民集15巻9号2271頁）。

権利自白

　権利自白とは、広義においては相手方の法律上の主張を認める陳述であるが、狭義においては訴訟物である権利関係の前提となる先決的権利関係についての相手方の主張を認める陳述を指す。法の解釈適用は裁判所の職責であるので、たとえ両当事者の法的見解が一致したとしても、裁判所がそれに拘束されるいわれはない。しかし、狭義の権利自白については、実務上は、これが成立した場合、相手方はその権利主張を基礎づける必要がなくなるものと解されている。単なる所有権確認請求であれば請求の認諾（266条）（→第5章Ⅲ3〔195頁〕）が可能であるので、これとの均衡から、所有権に基づく請求において前提となる所有権そのものを認めた場合についても、一定の効果を認めることは可能であろう。

　自白、権利自白および請求の認諾の三者の異同について、具体例に即してみてみよう。Xの所有する甲土地にYのために抵当権が設定されその旨の登記が

されている場合において、XがYに対して抵当権設定登記の抹消登記手続を請求したとする。Xは、所有権に基づく妨害排除請求権を行使して抹消登記手続を求めるために、(ア)Xが甲土地を所有していること、および(イ)甲土地につきY名義の抵当権設定登記が存在することを主張する必要がある。このとき、Yが上記(イ)の事実を認めると自白となる。また、Yが上記(ア)を認めると権利自白となる。ここで、仮にYが上記(ア)および(イ)の双方を認めたとしても、そのことから直ちにXの勝訴となるわけではない。例えば、YがXに対して金銭を貸し付けてその担保として甲土地につき抵当権の設定を受けたと、正当な登記保持権原を有する旨の抗弁を主張して、請求棄却判決を求めることは十分に考えられる。この場合には、裁判所は、Yに登記保持権原があるかどうか（被担保債権が現存しているかどうか）についてさらに審理を続けなければならず、これがあれば請求棄却判決、なければ請求認容判決をすることになる。以上に対して、Yが抹消登記手続請求それ自体を認めてしまうことが請求の認諾の例である。請求の認諾がなされ、これが調書に記載されると、この認諾調書の記載はXの請求を認容する旨の確定判決と同一の効力を有する（267条）。訴訟は終了し、裁判所は判決をする必要がなくなる。

　このように、裁判上の自白、権利自白および請求の認諾は、いずれも、当事者の一方が自己に不利益な相手方の言い分の少なくとも一部を認めるものである点、および、裁判所の審理を不要にするという点で共通する。しかしながら、その認める対象は大きく異なる。裁判上の自白は、事実に関する相手方の主張を認めるものである。権利自白は、法律上の主張の次元において、請求の先決的権利関係を認めるものである。請求の認諾において被告が認める対象は、主張ではなくて、請求そのものである。

(3) 職権証拠調べの原則的禁止（弁論主義の第3テーゼ）

　昭和23年法律第149号による改正前の旧民事訴訟法261条は、「裁判所は当事者の申出でたる証拠に依りて心証を得ること能はざるとき其の他必要ありと認むるときは職権を以て証拠調を為すことを得」と規定していたが、同改正によってこの規定は削除された（→第1章Ⅰ4〔13頁〕参照）。そのため、職権証拠調べは原則として禁止され、争いある事実を認定するには、当事者の申し出た証拠によらなければならないものと解される。もっとも、現行法においても、個

別例外的に職権証拠調べを許している場合がある（→Ⅴ1⑶〔131頁〕）。

3　弁論主義の適用領域

⑴　訴訟要件の審理については、前述（→第3章Ⅴ〔92頁〕）の通り、公益性の程度に応じて、職権探知主義によるべき事項と弁論主義によるべき事項に分かれる。

⑵　本案の審理については、弁論主義による。もっとも、弁論主義の適用対象となるのは主要事実に限られると解するのが判例の立場である。主要事実とは、権利の発生、変更または消滅という法律効果の判断に直接必要となる事実をいう。つまり、法規の構成要件に該当する具体的な事実である。これに対して、経験則または論理法則の助けを借りることによって主要事実の存否を推認するのに役立つ事実を間接事実といい、証拠の信用性に関する事実を補助事実という。

まず、主張の必要性（第1テーゼ）について、判例は、「被告が原告の主張する請求原因事実を否認し、または原告が被告の抗弁事実を否認している場合に、事実審裁判所が右請求原因または抗弁として主張された事実を証拠上肯認することができない事情として、右事実と両立せず、かつ、相手方に主張立証責任のない事実を認定し、もって右請求原因たる主張または抗弁の立証なしとして排斥することは、その認定にかかる事実が当事者によって主張されていない場合でも弁論主義に違反するものではない。けだし、右の場合に主張者たる当事者が不利益を受けるのはもっぱら自己の主張にかかる請求原因事実または抗弁事実の立証ができなかったためであって、別個の事実が認定されたことの直接の結果ではないからである。」（最判昭和46・6・29判時636号50頁）として、当事者によって主張されていない間接事実を裁判所が認定しても弁論主義に反しないとする。この考え方に従うと、例えば、Xが「Aから甲土地を買った」と主張して、現在甲土地を占有しているYに対して所有権に基づいて甲土地の明渡しを請求したところ、Yが「Aが甲土地をもと所有していたことは認めるが、Aから甲土地を買ったのはXではなくてBである」と主張した場合において、裁判所が、証拠調べの結果、「Aから甲土地を買ったのはXではなくてCであった」と認定してXの請求を棄却することは、弁論主義に違反しない。A

C間の売買については当事者の主張がないが、これはAX間の売買の不存在を推認させる間接事実にすぎず、Xの請求が棄却されたのはAX間の売買が証明されなかったことによるものであって、AC間の売買が認定されたことの直接の結果ではないからである。これに対して、裁判所が、証拠調べの結果、「XはAから甲土地を買った後にこれをDに売った」との事実を認定してXの請求を棄却することは弁論主義に違反する。XD間の売買は、Xの所有権喪失を基礎づける主要事実であって、弁論主義の適用対象である（最判昭和55・2・7民集34巻2号123頁参照）。

　次に、自白の拘束力（第2テーゼ）について、判例は、「間接事実についての自白は、裁判所を拘束しないのはもちろん、自白した当事者を拘束するものでもない」（最判昭和41・9・22民集20巻7号1392頁）とし、「書証の成立の真正についての自白は裁判所を拘束するものではない」（最判昭和52・4・15民集31巻3号371頁）とする。

　間接事実は主要事実の存否を推認させるものであって証拠と等質性を有するところ、もし間接事実についても主張の必要性および自白の拘束力を肯定すると、自由心証主義（→後述Ⅴ4〔148頁〕）が不当に制約され、裁判所が不自然な事実認定を強いられるおそれがある。他方、当事者の意思を尊重し、不意打ちを避けるためには、主要事実について弁論主義を適用すれば必要にして十分である。したがって、上記判例の立場には合理性があるといえよう。

　ところで、そもそも何が主要事実であるのか、とりわけ、民法709条の「過失」または借地借家法6条・28条の「正当の事由」といった不特定概念において問題となる。この場合、「過失」または「正当の事由」は、法規の構成要件として定められている抽象的類型的事実にすぎないのであって、主要事実は、これらの評価を根拠づける具体的な事実であると解すべきである。したがって、例えば、交通事故の被害者が加害者に対して損害の賠償を請求する訴訟において、当事者が前方不注意の過失を主張しているときに、裁判所が飲酒運転を認定して過失と評価することは、弁論主義に違反するというべきである。

　また、権利濫用・信義則違反、公序良俗違反といった一般条項について弁論主義が適用されるのかという問題がある。権利濫用・信義則違反は、当事者の利益保護を主たる目的とする法理であるので、その基礎たる事実については弁

論主義が適用されると解すべきである。これに対して、公序良俗違反は、極めて公益性の高い王者的規範であるので、公序良俗違反を基礎づける事実につき当事者の主張がない場合であっても裁判所はこれを裁判の基礎とすることができるとする見解が有力である。もっとも、この見解に立っても、当事者にとって不意打ちとならないように、裁判所は適切に釈明権を行使するなどして、当事者に攻撃防御を尽くさせるよう努めるべきである。判例は、「裁判所は当事者が特に民法90条による無効の主張をしなくとも同条違反に該当する事実の陳述さえあれば、その有効無効の判断をなしうる」(最判昭和36・4・27民集15巻4号901頁) としたものがあるが、事実の主張を必須とする趣旨かどうかは明確でない。

4 弁論主義の補完

(1) 釈明権

弁論主義を形式的に適用すると、当事者の主張または立証に不備があるとき、本来必要な事実を裁判所が判決の基礎とすることができないがゆえに事案の適切な解決を図ることができないことが生じ得る。そこで、法は、裁判所に釈明権を与えている。釈明権とは、事案の内容をなす事実関係および法律関係を明瞭にするために、当事者に対して事実上および法律上の事項につき問いを発しまたは立証を促す、裁判所の権能である (149条1項・2項)。なお、当事者は、相手方当事者の主張または立証を明瞭にするために裁判長に対して必要な発問を求めることができ (149条3項)、これを求問権という。

裁判所の釈明には、当事者の主張・立証に不明瞭・前後矛盾等がある場合に、これを問いただす釈明 (消極的釈明) のみならず、当事者が事案の内容上必要な申立てや主張・立証をしていない場合に、これを示唆・指摘する釈明 (積極的釈明) も含まれる。

さらに、判例は、「釈明の制度は、弁論主義の形式的な適用による不合理を修正し、訴訟関係を明らかにし、できるだけ事案の真相をきわめることによって、当事者間における紛争の真の解決をはかることを目的として設けられたものであるから、原告の申立に対応する請求原因として主張された事実関係とこれに基づく法律構成が、それ自体正当ではあるが、証拠資料によって認定され

る事実関係との間に喰い違いがあって、その請求を認容することができないと判断される場合においても、その訴訟の経過や既に明らかになった訴訟資料、証拠資料からみて、別個の法律構成に基づく事実関係が主張されるならば、原告の請求を認容することができ、当事者間における紛争の根本的な解決が期待できるにかかわらず、原告においてそのような主張をせず、かつ、そのような主張をしないことが明らかに原告の誤解または不注意と認められるようなときは、その釈明の内容が別個の請求原因にわたる結果となる場合でも、事実審裁判所としては、その権能として、原告に対しその主張の趣旨とするところを釈明することが許されるものと解すべきであり、場合によっては、発問の形式によって具体的な法律構成を示唆してその真意を確めることが適当である場合も存する」とする（最判昭和45・6・11民集24巻6号516頁）。このように訴えの変更（→第3章Ⅱ3(2)〔77頁〕）を促す釈明も許容され、釈明権は弁論主義のみならず処分権主義（→第1章Ⅰ3〔8頁〕）をも補完する役割を果たす。

(2) 釈明義務・法的観点指摘義務

釈明は、一定の場合には裁判所の義務となり、その違反は上訴理由となると解されている。例えば、当事者が本来必要な立証をしていないとしても、当事者は裁判所の心証の如何を予期することができず、立証の必要があるかどうかを知り得ないから、裁判所は当事者に立証を促す釈明をすべきである（最判昭和39・6・26民集18巻5号954頁）。いかなる場合に釈明義務が認められるかについては、学説上、勝敗転換の蓋然性、法律構成の難易、従来の訴訟資料・証拠資料の利用の可能性、当事者間の実質的公平、裁判所の釈明を待たずに適切な訴訟追行をすることを当事者に期待できた場合かどうかといった諸点を参酌すべきであるとする見解が有力に主張されている。

さらに、事実としては当事者の主張がなされている場合であったとしても、当事者の意図とは異なる法律構成を裁判所が採用するときは、不意打ちを防止するため、裁判所の釈明が義務となる場合がある（当事者が間接事実として主張した事実を裁判所が信義則違反との評価を根拠づける主要事実として用いたことについて釈明権の行使を怠った違法があるとされた事例として、最判平成22・10・14判時2098号55頁参照）。

(3) 釈明権の過剰行使

　上記(2)とは逆に、過剰な釈明権行使が違法となる場合があり得るかどうか、仮にこれがあるとして、相手方当事者はいかなる方法によって救済されるべきか、という問題がある。上記(1)において引用した判例（最判昭和45・6・11）は、裁判所が具体的な法律構成を示唆して真意を確認したのに対して当事者が単に「そのとおりである」と陳述した事案のようであるが、違法とはされなかった。一般論として、裁判官の中立性（→第2章Ⅱ2(4)〔45頁〕参照）を害する形で一方当事者にのみに肩入れする過剰な釈明権行使が忌避原因（→第2章Ⅰ3(5)(c)〔37頁〕）に該当し、裁量の範囲を逸脱した釈明権行使が上訴理由になると解することは可能であろうが、釈明に応じてなされた当事者の主張まで採り上げないとすることは困難である。是正が困難であることを踏まえて、裁判所は適切な範囲で釈明権を行使すべきである。

Ⅲ　口頭弁論およびその準備ならびに争点整理手続

1　口頭弁論

(1)　口頭弁論の意義

　口頭弁論とは、狭義においては、受訴裁判所の定めた期日において当事者双方が対立した形で本案の申立ておよび攻撃防御方法の提出その他の陳述を口頭ですることをいう。つまり、口頭で弁論をするという当事者の行為を指しており、例えば87条1項の「口頭弁論」はこの意味である。これに対して、広義においては、当事者の口頭の陳述に加え、これと結合してなされる裁判所の訴訟指揮および証拠調べをも含めた訴訟審理の手続全体を指す意味で用いられることがある。つまり、審理の方式を指しており、例えば251条1項の「口頭弁論」はこの意味である。さらに、最広義においては、判決の言渡しをも含む意味で用いられることがある（例えば160条1項・3項）。

(2)　口頭弁論の必要性

　87条1項本文は、「当事者は、訴訟について、裁判所において口頭弁論をし

なければならない。」と定めており、裁判所からすれば、原則として口頭弁論期日を開いて当事者双方に弁論の機会を与えなければならないことになる。これを必要的口頭弁論の原則という。当事者双方に攻撃防御の機会を保障する趣旨であり、口頭弁論に顕出された事実および証拠のみが判決の基礎資料となる。もっとも、形式的瑕疵に基づいて申立てを排斥する場合（例えば140条・290条・359条）または新たな裁判資料を必要とせずに判決をすることができる場合（例えば256条2項・319条）には口頭弁論を要しない。

　必要的口頭弁論の原則が妥当するのは、判決という形式で裁判すべき場合に限られる。87条1項ただし書は「決定で完結すべき事件については、裁判所が、口頭弁論をすべきか否かを定める」ものとしている（判決と決定の相違につき→第5章Ⅰ1(1)〔163頁〕）。訴訟手続上の付随的・派生的な事項に関して裁判する場合には、簡易迅速性を優先する趣旨である。なお、口頭弁論をしない場合には、裁判所は、当事者を審尋することができる（87条2項）。審尋とは、当事者または利害関係人に書面または口頭により無方式で陳述の機会を与える手続である。後述の通り（→(3)(b)〔108頁〕）、口頭弁論期日は当事者双方の対席のもとに行われるのに対して、審尋は、原則として当事者の対席を要しない（例外として、187条2項参照）。

(3) 口頭弁論の諸原則
(a) 公開主義

　訴訟の審理過程および裁判を一般公衆が傍聴し得る状態で行うべきものとする原則を公開主義といい、口頭弁論は原則として公開法廷において行われなければならない。憲法82条1項にいう「対審」とは、民事訴訟においては口頭弁論を指す。同項の趣旨について、判例は、「裁判を一般に公開して裁判が公正に行われることを制度として保障し、ひいては裁判に対する国民の信頼を確保しようとすることにある」とし、「各人が裁判所に対して傍聴することを権利として要求できることまでを認めたものでない」とする（最大判平成元・3・8民集43巻2号89頁）。公開主義に違反すると絶対的上告理由となる（312条2項5号）（→第6章Ⅰ3(1)(b)〔209頁〕）が、再審事由（338条1項）とはならない（→第6章Ⅱ1(2)(b)〔216頁〕）。

第4章　訴訟の審理

極めて例外的ではあるが、公序良俗を害するおそれがあると裁判官の全員一致で決した場合には、口頭弁論を公開しないことができる（憲82条2項本文）。例えば、人事訴訟について当事者尋問または証人尋問が行われる場合において、公開法廷においては当該当事者または証人が自己の私生活上の重大な秘密について十分な陳述をすることができず、当該陳述を欠くと適正な裁判をすることができないと認められるときは、人事訴訟法22条の定める厳格な要件のもとで、当該事項の尋問を公開しないで行うことができる（その他の例として、特許法105条の7、不正競争防止法13条参照）。

(b) 双方審尋主義

口頭弁論においては、攻撃防御方法を提出する機会が当事者双方に平等に与えられなければならない。この建前を双方審尋主義という。双方審尋主義は、裁判所と当事者との関係を規律するにとどまるものではなく、両当事者間において、互いに相手方の主張および立証を直接に聴取し、それに対応する攻撃防御方法を提出する機会を保障する趣旨をも含む。そのため、口頭弁論は当事者双方の対席のもとに行われる。もっとも、機会を保障すれば足り、当事者が欠席しても口頭弁論期日を開くことは可能である（→後述Ⅳ7(1)〔125頁〕参照）。

(c) 口頭主義

口頭主義とは、弁論および証拠調べを口頭で行い、口頭で陳述されたもののみが裁判所によって斟酌されるとする原則である。口頭主義の長所として、印象が新鮮であって事実の把握が容易である、疑問点につき即時に質問または応答することができ、臨機応変に審理することができる、傍聴人にとっても審理内容を把握しやすく公開主義に適するという点が挙げられる。しかし、他方、書面主義にも、複雑な事件において精緻な議論を展開し、反復して吟味することができる、記憶の保存および喚起に適し、上級審における審査に適するといった長所がある。現行制度は、口頭主義を基調としつつも、重要な訴訟行為については書面を要求している。例えば、訴えの提起（133条1項）、取下げ（261条3項本文）、管轄の合意（11条2項・3項）は書面が必要である。

なお、後述の通り（→(4)〔110頁〕）、口頭弁論は書面で準備しなければならない（161条1項）が、口頭主義の原則により、訴状・準備書面といった書面を裁判所に提出すれば足りるものではなく、その内容を口頭弁論期日において口頭

で陳述することによって初めて訴訟行為としての効果が生ずる。もっとも、現在の実務慣行では、例えば第1回口頭弁論期日においては、原告が「訴状の通り陳述します。」と口頭で陳述し、これに対して被告が「答弁書の通り陳述します。」と応答するだけであって、記載内容を読み上げるわけではないことが通例となっている。

(d) 直接主義

249条1項は「判決は、その基本となる口頭弁論に関与した裁判官がする。」と定める。このように、判決をする受訴裁判所の裁判官自身が弁論の聴取および証拠調べを行う原則を直接主義という。もっとも、裁判官が死亡・転勤といった事情により交替することはあり、そのような場合に最初からすべて審理をやり直さなければならないとすれば著しく訴訟経済に反することになる。そこで、同条2項は、弁論の更新を認めている。弁論の更新とは、受訴裁判所を構成する裁判官が交替した場合に、当事者が口頭弁論期日において新裁判官の面前で従前の口頭弁論の結果を報告することをいう。弁論の更新が必要であるにもかかわらずその手続を懈怠したまま交代後の裁判官が判決をした場合には、法律に従って判決裁判所を構成しなかったとして、絶対的上告理由（312条2項1号）（→第6章Ⅰ3(1)(b)〔209頁〕）となる（最判昭和33・11・4民集12巻15号3247頁）。

ところで、証人尋問については、証言の内容のみならず、証人の陳述の態度・表情なども証明力の判断の重要な要素であるところ、それらは調書だけから読み取ることはできない。そこで、単独の裁判官が代わった場合または合議体の裁判官の過半数が代わった場合において、その前に尋問をした証人について、当事者がさらに尋問の申出をしたときは、裁判所は、再度その尋問をしなければならないものとされている（249条3項）。

(e) 審理充実のための諸原則

現行民事訴訟法は、充実した審理および迅速な裁判を可能にするために、以下の諸原則を採用している。

まず、当事者は攻撃防御方法を訴訟の進行状況に応じ適切な時期に提出しなければならない（156条）。これを適時提出主義という（→Ⅳ7(2)〔127頁〕）。

次に、証人および当事者本人の尋問は、できる限り、争点および証拠の整理

が終了した後に集中して行なわなければならない（182条）。これを集中証拠調べの原則という。次項（→2〔111頁〕）で説明する争点整理手続を活用して証拠調べによって証明されるべき事実を明確にした後に、証人尋問（→Ⅴ2(1)〔133頁〕）および当事者尋問（→Ⅴ2(2)〔135頁〕）を1回の期日または近接した期日において実施することによって、事案の真相の把握を容易にし、迅速な裁判を可能にしようとするものである。

さらに、裁判所および当事者は、適正かつ迅速な審理の実現のため、訴訟手続の計画的な進行を図らなければならない（147条の2）。これを計画審理主義という。とりわけ、争点が多岐にわたるなど複雑な事件については、適正かつ迅速な審理の実現のため、裁判所は当事者双方と協議して審理計画を定めなければならない（147条の3第1項）。この審理計画においては、争点および証拠の整理を行う期間、証人および当事者本人の尋問を行う期間ならびに口頭弁論終結および判決言渡しの予定時期を定めなければならない（同条2項）。そのほか、特定の事項についての攻撃防御方法を提出すべき期間その他の訴訟手続の計画的な進行上必要な事項を定めることができる（同条3項）（この場合における攻撃防御方法の却下につき、Ⅳ7(2)〔128頁〕参照）。

(4) 準備書面

口頭弁論期日に複雑なまたは予期しない攻撃防御方法が提出されると、相手方当事者および裁判所は即座に応答することができず、期日において実質的な審理をすることができないおそれがある。そこで、161条は「口頭弁論は、書面で準備しなければならない。」と規定し、当事者に弁論を予め書面で準備させ、これを裁判所および相手方当事者に予告させることによって、訴訟の遅延を防止し、充実した審理が可能になるようにしている。このように、当事者が口頭弁論において陳述しようとする事項を予告的に記載して、裁判所および相手方当事者に提出および送付する書面を準備書面という。なお、訴状に攻撃防御方法を記載すると、それは最初の期日のための準備書面としての意味を持つ（規53条3項）。また、訴状の送達（→第3章Ⅰ2(4)〔67頁〕）を受けた被告が最初に提出する準備書面を答弁書という。答弁書には、請求の趣旨に対する答弁（例えば「原告の請求を棄却する」との判決を求めるとの答弁）を記載するほか、訴

状に記載された事実に対する認否および抗弁事実（→Ⅳ 2 (2)(b)〔119頁〕）を具体的に記載し、かつ、立証を要する事由ごとに、当該事実に関連する事実で重要なもの（間接事実につきⅡ 3 (2)〔102頁〕参照）および証拠を記載しなければならない（規80条）。

準備書面には、攻撃防御方法ならびに相手方の請求および攻撃防御方法に対する陳述を記載し（161条 2 項）、これに記載した事項について相手方が準備するのに必要な期間をおいて、裁判所に提出する（規79条 1 項）とともに相手方当事者に直送する（規83条 1 項）。ファクシミリを利用して送信することもできる（規 3 条・47条）。

準備書面に記載していない事実は、相手方が在廷していない口頭弁論においては主張することができない（161条 3 項）。不意打ちを防止するためである。相手方が在廷していれば準備書面に記載していない事実でも主張することは可能であるが、相手方が即座に対応することができず続行期日を開く必要が生じれば、訴訟費用（→第 3 章Ⅰ 2 コラム〔68頁〕）の負担の裁判の際に斟酌される可能性はある（63条）。

2　争点整理手続

前述の通り、民事訴訟においては弁論主義が採られており、当事者間に争いのない事実については証拠調べをする必要がない（→Ⅱ 2 (2)〔99頁〕）。そこで、迅速な審理を可能にするためには、まずは両当事者の主張を整理して、証拠調べによって証明されるべき事実を明確にする必要がある。

そのための手続として、旧民事訴訟法には準備手続（旧民訴249条以下）という制度があったが、失権効が強過ぎるという問題点があり、あまり利用されなかった。争点が明確にならないまま五月雨式に口頭弁論期日が開かれ、審理は長期化していた。これを改善すべく、「弁論兼和解」という実務慣行が行われるようになった。弁論兼和解とは、当事者の了解を得た上で、法廷ではなく、和解室・準備室等で、裁判官・当事者本人・代理人、場合によってはその他の関係人がラウンドテーブルを囲み、口頭による質疑応答を通じて、主張と証拠を対照しながら争点の整理を行うとともに、これと並行して、機が熟せば和解を勧試するという審理方式である。この方式は、充実した審理を可能にし、相

当の成果をおさめた。しかし、他方で、公開主義に反するのではないか、和解期日という名目で交互面接方式で実施される手続の中で実質的な心証形成が行われているのではないか、という問題があった。

そこで、現行民事訴訟法は、争点および証拠の整理手続についての規定を整備した。準備的口頭弁論（164条以下）、弁論準備手続（168条以下）および書面による準備手続（175条以下）の3種類がある。また、以上の争点整理手続とは別に、進行協議期日という期日がある（規95条以下）。

(1) 準備的口頭弁論

準備的口頭弁論（164条）とは、争点および証拠の整理を主たる目的として行われる口頭弁論である。準備的とはいえ口頭弁論にほかならないため、公開法廷において当事者双方の対席のもとに実施され、なし得る訴訟行為についても、争点整理目的であれば、制限がない。そのため、次項で述べる弁論準備手続（168条）と異なり、準備的口頭弁論を行うにあたって裁判所が当事者の意見を聴く必要はない。準備的口頭弁論は、社会の耳目を集める事件や当事者間の対立が激しい事件のように手続の透明性が必要とされる場合の争点整理に適している。準備的口頭弁論を終了するにあたっては、裁判所は、その後の証拠調べにより証明すべき事実を当事者との間で確認するものとされている（165条1項）。裁判長は、相当と認めるときは、準備的口頭弁論を終了するにあたり、当事者に準備的口頭弁論における争点および証拠の整理の結果を要約した書面（要約準備書面）を提出させることができる（同条2項）。準備的口頭弁論の終了後に新たな攻撃防御方法を提出することそれ自体は直接には禁止されないが、相手方の求めがあるときは準備的口頭弁論の終了前に提出することができなかった理由を説明しなければならず（167条）、これができなければ、当該攻撃防御方法は故意または重過失により時機に後れて提出されたものとして却下されることがあり得る（157条1項→後述Ⅳ7(2)〔126頁〕）。

(2) 弁論準備手続

弁論準備手続（168条以下）は、口頭弁論期日外の期日において、受訴裁判所または受命裁判官が主宰し、当事者双方が立ち会って行われる争点整理手続で

ある。弁論準備手続は、口頭弁論ではないので公開法廷で行う必要はないが、当事者双方が立ち会うことができる期日において行うこととされている（169条1項）。また、裁判所は、相当と認める者の傍聴を許すことができる。ただし、当事者が申し出た者については、手続を行うのに支障を生ずるおそれがあると認める場合を除き、その傍聴を許さなければならない（169条2項）。

弁論準備手続においては、例えば、文書の証拠調べをすることはできる（170条2項）が、証人尋問をすることはできない。このように弁論準備手続においてなし得る訴訟行為には制限があって当事者の利害に影響を及ぼすため、裁判所は、事件を弁論準備手続に付するにあたって、当事者の意見を聴く必要がある（168条）。なお、訴えの取下げまたは請求の放棄もしくは認諾（→第5章Ⅲ〔194頁〕）は、弁論準備手続期日においてもすることができる（261条3項・266条1項）。

弁論準備手続は、いわゆる電話会議システムを利用して行うことができる。すなわち、当事者が遠隔の地に居住しているときその他裁判所が相当と認めるときは、裁判所および当事者双方が音声の送受信により同時に通話をすることができる方法によって弁論準備手続期日における手続を行うことができる。ただし、当事者の一方がその期日に出頭した場合に限る（170条3項）。当事者双方とも出頭することができない場合には、書面による準備手続（→後述(3)）を利用すべきである。

弁論準備手続を終結するにあたって、裁判所は、その後の証拠調べにより証明すべき事実を当事者との間で確認すべきこと、要約準備書面を提出させることができること（170条5項・165条）および弁論準備手続終結後の新たな攻撃防御方法の提出の規律（174条・167条）については、準備的口頭弁論の終了の際と同様である。なお、弁論準備手続は口頭弁論ではないので、口頭主義および直接主義の要請を満たすため、弁論準備手続の結果を口頭弁論において陳述することが必要である（173条）。

(3) 書面による準備手続

書面による準備手続とは、当事者の出頭なしに準備書面の提出等により争点および証拠の整理をする手続をいう（175条）。当事者が遠隔の地に居住してい

るときなどに用いられる。

　手続の主宰者は、裁判長である（176条1項本文）。当事者の出頭なしに行われる手続であって、適切な運用には裁判官としての豊富な経験が必要とされるため、地方裁判所においては受命裁判官が主宰することはできない。高等裁判所においては、陪席裁判官であっても豊富な経験を有するから、受命裁判官が主宰することもできる（176条1項ただし書）。

　手続は、準備書面の交換によって行われるため、その提出期間（162条）は必ず定めなければならない（176条2項）。なお、必要があると認めるときは、いわゆる電話会議システムを利用することができる（176条3項・規91条）。

　書面による準備手続を終結するにあたって要約準備書面を提出させることができることは準備的口頭弁論・弁論準備手続と同様である（176条4項・165条2項）が、証拠調べによって証明すべき事実の確認は、書面による準備手続においてではなく、その終結後の口頭弁論の期日においてなされる（177条）。この確認の後または口頭弁論期日における要約準備書面の陳述の後の新たな攻撃防御方法の提出については理由説明義務が課される（178条）。

(4) 進行協議期日

　進行協議期日とは、裁判所および当事者双方が、口頭弁論期日外において、口頭弁論期日における審理を充実させることを目的として、審理の進行や証拠調べの対象・範囲等について協議する期日である（規95条1項）。争点整理目的ではなくて、訴訟の進行に関する協議を実施するための期日であるので、この期日において新たな訴訟資料が提出されることは予定されていない。もっとも、進行協議期日における手続を裁判所外で行うことも可能である（規97条）ことを活用して、例えば建築瑕疵を理由とする損害賠償請求訴訟の進行協議を、当該建築物の現場において行うことがある。

3　口頭弁論の実施等

(1) 裁判所の訴訟指揮権

　期日を指定し（93条）、口頭弁論を指揮し（148条）、審理を整序するために弁論の制限、分離または併合をする（152条1項）といった裁判所または裁判長が

有する審理の主宰権限を総称して訴訟指揮権という。

(2) 期日および期間

期日（93条）とは、裁判所および当事者その他の訴訟関係人が集合して訴訟行為をなすための時間であり、口頭弁論期日、弁論準備手続期日、証拠調べ期日、和解期日、判決言渡期日などがある。

期間（96条）には、いくつかの種類があり、大別して、法定期間と裁定期間がある。法定期間は、裁判所による伸縮が可能な通常期間（96条1項本文）と、裁判所が伸縮することのできない不変期間（96条1項ただし書）とに分かれる。なお、不変期間についても遠隔地居住者のため付加期間を定めることはできる（96条2項）。裁定期間は、裁判機関によって長さが定められる期間である。裁判所が定める場合の例として訴訟費用の担保を立てるべき期間（75条5項）、裁判長が定める場合の例として訴状の不備を補正すべき期間（137条1項）、受命裁判官が定める場合の例として高等裁判所における書面による準備手続における準備書面等の提出期間（176条2項）などがある。

期間の計算は民法の期間に関する規定に従う（95条）。したがって、原則として初日は算入しない（民140条本文）。期間の末日が土曜日、日曜日、国民の祝日に関する法律に規定する休日または12月29日から1月3日までの日に当るときは、期間は、その翌日に満了する（95条3項）。

実際上重要な期間制限の一つとして上訴期間があり、控訴は判決書（またはこれに代わる調書）の送達を受けた日から2週間の不変期間内に提起しなければならないとされている（285条。313条によって上告に準用される）（→第6章Ⅰ2(1)〔205頁〕・3(3)〔210頁〕）。起算点は、判決言渡日ではなくて、判決書の送達を受けた日である。

当事者がその責めに帰することができない事由により不変期間を遵守することができなかった場合には、その事由が消滅した後1週間（外国に在る当事者については2ヵ月）以内に限り、不変期間内にすべき訴訟行為の追完をすることができる（97条）。

(3) 弁論の併合、分離または制限（152条1項）

弁論の併合とは、司法官署（→第2章 I 2(2)〔30頁〕）としての同一の裁判所に係属している数個の訴訟を同一訴訟手続内で審判することを命ずる訴訟指揮上の措置である。司法官署として異なる裁判所（例えば東京地裁と横浜地裁）に係属している場合、直接には弁論の併合をすることができないので、まずは移送（→第2章 I 2(4)〔33頁〕）する必要がある。

弁論の分離とは、同一訴訟手続において数個の請求が存する場合に、そのうちのある請求を別個の訴訟として審判すべきことを命ずる訴訟指揮上の措置である。例えば、債権者が主債務者と保証人を共同被告として訴えたところ、主債務者は争わず、保証人のみが争ったとき、裁判所は弁論を分離して主債務者との関係でのみ迅速に請求認容判決をすることが考えられる。

弁論の制限とは、訴訟において複数の事項が争点となる場合に、ある事項だけに限定して弁論をさせる訴訟指揮上の措置である。例えば、渉外事件について国際裁判管轄（→第1章 II 3 コラム〔21頁〕、第2章 I 1(4)〔27頁〕）の有無が問題となったとき、もとより本案についてあわせて審理することは可能であるが、もし国際裁判管轄がないという結論に達すると本案の審理は無意味になってしまうので、まずは国際裁判管轄の有無に限定して弁論をさせることが考えられる（これがあると判断されれば中間判決が可能であることにつき、→第5章 I 1(2)(a)〔164頁〕参照）。

IV 口頭弁論における当事者の訴訟行為

1 訴訟行為の意義および種類

訴訟法上の法律効果を生じさせる行為を訴訟行為という。訴訟法上の効果と実体法上の効果の双方を生じさせる行為は、前者が主要な効果であれば、訴訟行為である。例えば、訴訟係属と時効中断の双方の効果を生じさせる「訴えの提起」という行為は、前者が主要な効果であるので、訴訟行為である。

訴訟行為は、裁判所に応答（特定の裁判）をなすように働きかける当事者の行う訴訟行為（取効的訴訟行為）と、裁判所の応答がなくてもそれ自体として直

接に訴訟法上の効果を生ずる訴訟行為（与効的訴訟行為）とに分けられる。取効的訴訟行為は、申立てならびにこれを基礎づけるために資料を提出する行為（主張および立証）とに分けられる。主張および立証をあわせて攻撃防御方法といい、原告が提出するものを攻撃方法、被告が提出するものを防御方法という。与効的訴訟行為は、単独行為と訴訟契約とに分けられる。

2　取効的訴訟行為

(1)　申立て

申立てとは、裁判所に対して一定の行為を求める当事者の訴訟行為であり、通常は、終局判決を求める本案の申立てを指す。「被告は原告に200万円を支払え、との判決を求める」という原告の裁判所に対する審判要求が本案の申立ての一例である（訴状の記載事項につき、→第3章Ⅰ2〔64頁〕参照）。請求の趣旨に対する答弁（規80条）として、被告が「原告の請求を棄却する、との判決を求める」と裁判所に対して要求したとすれば、これも本案の申立ての一例である。

(2)　主　張

主張は、法律上の主張と事実上の主張とに分けられる。

(a)　法律上の主張

法律上の主張という概念は多義的に用いられるが、狭義においては、具体的な権利関係の存否または法律効果の発生の有無に関する当事者の認識または判断の表明をいう。例えば、（物権的請求権を基礎づけるための）自己に所有権がある、との主張である。相手方がこれを認めると権利自白となる（権利自白については→前述Ⅱ2(2)コラム〔100頁〕）。

(b)　事実上の主張

事実上の主張とは、要件事実に該当しまたは関連する事実を裁判所に報告する当事者の行為をいう。事実に関する主張という意味である。【モデルケース】において、「岡部は、亀田に対し、2014年9月29日、弁済期を2016年5月30日として、200万円を貸し付けた。」と裁判所に報告する行為が、事実上の主張の例である。

前述の通り、民事訴訟においては弁論主義の原則が採られており、当事者間に争いのない事実は証拠調べをする必要がない。そこで、裁判所としては、まず、被告に、原告が訴状に記載した事実を認めるのか否かを問うことになり、被告は答弁書に「訴状に記載された事実に対する認否」を記載しなければならない（規80条）。相手方の主張に対する認否としては、自白、沈黙、不知または否認の4種類の対応がある。また、相手方の主張する法律効果を覆滅させるために別の事実を主張する抗弁という防御方法もある。

(i) 自　白

　自白とは、相手方の主張する自己に不利益な事実を認める旨の陳述である。裁判上の自白が成立した事実は、裁判所を拘束し、証拠調べをすることなく、そのまま判決の基礎としなければならない（弁論主義の第2テーゼにつき→II 2(2)〔99頁〕）。

(ii) 沈　黙

　沈黙とは、相手方の主張する事実について明確な態度を示さないことをいう。弁論の全趣旨によりその事実を否認したものと認められない限り、自白したものとみなされる（159条1項）。これを、擬制自白という。当事者が口頭弁論期日に出頭しない場合についても擬制自白が成立する（同条3項本文）。ただし、その当事者が公示送達による呼出しを受けたものであるときはこの限りでない（同項ただし書）。公示送達（→第3章I 2(4)〔68頁〕）においては、受送達者が現実には書類を受領しておらず、したがってその内容を了知していないのが通常である。不出頭であるとしても相手方の主張を認めたものとして扱う基礎に欠けるため、擬制自白の成立を否定したものである。

(iii) 不　知

　不知とは、相手方の主張する事実を知らないという陳述である。不知の陳述は、否認と推定される（159条2項）。

(iv) 否　認

　否認とは、相手方の主張する事実を否定する旨の陳述である。否認されると、証明の必要が生じる。単に相手方の主張を否定する陳述を単純否認というのに対して、相手方の主張事実と両立しない別個の事実を主張してする否認を積極否認（または理由付き否認）という。民事訴訟規則79条3項は、準備書面に

おいて相手方の主張する事実を否認する場合にはその理由を記載しなければならないと定め、積極否認を励行すべきものとしている。

なお、159条1項には「事実を争う」との表現がある。しかし、「争う」との語は相手方の法律上の主張を認めない場合に用いるべきであって、相手方の主張する事実を否定する場合には「否認する」との語を用いるべきであるとして、両者を区別するのが実務の扱いである。

(v) 抗弁

原告が請求原因として主張する事実を前提としながらも、それに基づく法律効果の発生を妨げまたはこれを消滅させる目的で、自己が証明責任を負う別の事実を被告が主張することがあり、これを抗弁という。例えば、【モデルケース】において、亀田が、200万円は既に弁済したと主張することが抗弁の一例である。

否認または抗弁のいずれに当たるかは、証明責任の所在によって定まる（証明責任の分配については、→後述V5〔150頁〕参照）。否認と抗弁は、いずれも相手方の請求を理由なからしめるための事実上の主張である点で共通するが、抗弁は、自己が証明責任を負う事実の積極的主張である点および相手方の主張する事実と両立し得る事実の主張である点において、否認と異なる。例えば、【モデルケース】において、亀田が「その200万円は、借りたものではなくて、もらったものである」と主張したとすれば、それは、返還約束の否認である（金銭授受については自白である）。返還約束は権利の発生を基礎づける事実であって、その証明責任は債権者にあり、債務者が贈与の事実を証明する必要はないからである（亀田の贈与の主張は、とりもなおさず返還約束がなかったという主張であって、岡部の主張する事実とは両立しないことに留意すべきである）。これに対して、亀田が「その200万円は既に弁済した」と主張したとすれば、それは抗弁である（金銭授受および返還約束については自白である）。弁済は、権利の消滅を基礎づける事実であって、その証明責任は債務者にあるからである（亀田の弁済の主張は、金銭授受および返還約束があったという岡部の主張する事実と両立することに留意すべきである）。

(vi) 再抗弁

被告が抗弁事実を主張した場合には、裁判所は、原告にその認否を問うこと

になり、原告は、答弁書に記載された事実に対する認否を記載した準備書面を提出しなければならない（規81条）。例えば、【モデルケース】において、亀田が弁済したと主張したのに対して、岡部がいまだ弁済を受けていないと反論したとすれば、それは、抗弁の否認である。これに対して、被告が主張する抗弁事実と相両立しつつも原告が証明責任を負う別の事実を主張することによって、抗弁事実に基づく法律効果を妨げ、もって請求原因事実に基づく法律効果を復活させる主張をすることがあり、これを再抗弁という。例えば、消費貸借契約に基づく貸金返還請求に対して、被告が消滅時効の抗弁を主張し、これに対して、原告が時効中断の主張をすることが再抗弁の例である（期間の経過および消滅時効援用の意思表示があったという事実とは両立し、抗弁の否認ではない）。

(3) 立証（証拠の申出）

裁判上の自白（擬制自白を含む）が成立した事実については証明の必要がないが、その他の事実は証明の必要が生ずる。ある事実につき裁判官に確信を得させるために証拠を提出し、その取調べを求める当事者の行為が立証である（→後述Ⅴ〔129頁〕）。

(4) 取効的訴訟行為の特徴

以上の、申立て、主張および立証という取効的訴訟行為は、次のような特徴を有する。まず、行為の相手方は裁判所である。訴訟能力（→第2章Ⅱ4〔50頁〕）を必要とし、これを欠くと、取り消し得るのではなくて、無効となる。瑕疵ある行為も無効であるが、責問権の放棄または喪失（90条）によって治癒される余地はある（→後述6〔124頁〕）。取効的訴訟行為は全体として一定の裁判の取得を目指すのであって、それと離れて独自の意義を有することは少ないので、原則として撤回は自由である。もっとも、自白は、相手方に証明不要という利益が生じており、これを一方的に奪うことはできないので、その撤回は制限を受ける（→Ⅱ2(2)〔100頁〕）。

(5) 条件付き行為の許否等

手続安定の要請から、原則として、訴訟行為に条件を付することはできな

い。しかし、手続を不安定にするおそれがなく、合理的必要性が認められる場合には、条件付き行為も許される。例えば、売主が買主に対して、売買契約が有効であることを前提として主位的に代金の支払を請求をするとともに、当該契約が無効と判断されることを慮って予備的に既に引渡し済みの売買目的物の返還を請求をするという場合は、主位的請求の認容を解除条件として予備的請求について審判要求がなされているものであるが、このような条件付きの申立ても許容されており、裁判所は当事者の付した順位に拘束されて主位的請求について先に判断しなければならない（請求の併合形態につき→第3章Ⅱ3〔77頁〕参照）。

　ところで、主張についても、当事者が順位付けをした上で複数のものを提出することがある。例えば、【モデルケース】（ただし、貸付の日を2004年9月29日、弁済期を2006年5月30日と読み替える）において、亀田が、①借りた200万円は既に弁済したと主張するとともに、②仮に弁済が認められないとしても消滅時効が完成しているのでこれを援用する、と主張したとしよう。亀田が①弁済の主張について先に審理してほしいと希望したとしても、裁判所はこれに拘束されず、審理しやすい②消滅時効について先に審理し、これを認めて岡部の請求を棄却することができる。上記①または②のいずれの主張が認められようと、請求棄却判決が下されるが、既判力は判決主文中の判断についてしか生じない（114条1項）ので、判決の効力には変わりがないからである。逆にいえば、審理しやすい主張から審理すればよいという柔軟で迅速な審理を可能にするために、法は既判力を判決主文中の判断に限定したものである（→第5章Ⅱ3(2)〔174頁〕）。このように、当事者の付した順位が裁判所を拘束しない場合における後順位の主張は、予備的主張と呼ぶべきではなく、仮定的主張と呼ぶべきである。以上と異なり、亀田が、①弁済を主張するとともに、②'仮に弁済が認められないのであれば亀田が岡部に対して有する別の債権を自働債権として相殺すると主張した場合について考えてみよう。相殺の抗弁についての判断は、判決理由中の判断ではあるが、例外的に既判力が生じ（114条2項）、被告としては主文において請求棄却判決を得たとしても自働債権を失うに等しい結果となるので、裁判所としては、①の弁済の主張が認められない場合に初めて②'の相殺の主張について判断すべきである。つまり、この場合には、裁判所は当

事者の付した順位に拘束される（詳細につき→第 5 章 II 3 (2)(b)〔175頁〕）。予備的主張という語は、このように当事者の付した順位が裁判所を拘束する場合に限定して用いるべきである。

3 与効的訴訟行為

前述の通り、裁判所の応答（特定の裁判）がなくても、それ自体として直接に訴訟法上の効果を生ずる訴訟行為を与効的訴訟行為といい、単独行為と訴訟契約とに分けられる。

(1) 単独行為

単独行為である与効的訴訟行為の例として、訴えの取下げ（261条）（→第 5 章 III 2〔194頁〕）ならびに請求の放棄および認諾（267条）（→第 5 章 III 3〔195頁〕）がある。

(2) 訴訟契約

現在または将来の民事訴訟に関し、何らかの訴訟法上の効果を発生させることを直接の目的とする合意を、訴訟契約という。

明文規定のあるものとして、管轄の合意（11条）（→第 2 章 I 2 (3)(e)〔32頁〕）、期日変更の合意（93条 3 項ただし書）、飛越上告（飛躍上告）の合意（281条 1 項ただし書・311条 2 項）（→第 6 章 I 1 (2)〔202頁〕）などがある。

明文規定のない場合における訴訟契約の有効性については、次のように考えられる。まず、裁判所は大量の事件を公平かつ迅速に審理および裁判する必要があるので、訴訟手続は画一的かつ定型的に定められており、当事者の個別的合意によって訴訟手続を変更することはできないのが原則である。これを便宜訴訟（または任意訴訟）禁止の原則という。しかしながら、処分権主義または弁論主義の妥当する領域においては、当事者の合意の効力を認めても差し支えない。もっとも、合理的な範囲を越え、公序良俗に反する合意は無効とすべきである。例えば、特定の権利関係についてなされた不起訴の合意は有効として差し支えないが、今後一切の訴えを提起しないという合意は無効と解すべきである。

有効な訴訟契約が締結された場合の効果については見解が対立する。判例は、訴訟外で訴え取下げの合意が成立したにもかかわらず原告が訴えを取り下げなかった事例について、訴えの利益（→第3章Ⅳ〔84頁〕）を喪失したものとして、訴え却下判決（→第5章Ⅰ1(2)(b)(ⅱ)〔165頁〕）をすべきものとした（最判昭和44・10・17民集23巻10号1825頁。なお、最決平成23・3・9民集65巻2号723頁参照）。これに対して、学説上は、端的に訴訟法上の合意の効果を認めて訴訟終了宣言判決（→第5章Ⅰ1(2)(b)(ⅲ)〔165頁〕）をすべきであるとする見解も主張されている。

4　訴訟行為と実体法規定

　ここでは、訴訟行為に民法をはじめとする実体法規定の適用があるかどうかという問題を検討する。なお、訴訟における形成権の行使については、後述する（→8〔128頁〕）。

　伝統的には、取引行為と異なる訴訟行為には実体法規定の適用または類推適用はないと考えられてきた。例えば、商業登記簿上、法人の代表者として登記されている者が真実は代表者でなかった場合に、実体法上の表見法理の規定が適用または類推適用されることはないとするのが判例の立場である（→第2章Ⅱ2(3)〔44頁〕）。

　しかしながら、判例の中にも、訴訟手続の安定を害しない場合には、訴訟行為に実体法規定の適用を認めたものがある。最判昭和44・9・18（民集23巻9号1675頁）は、一般に訴訟行為に意思の欠缺その他意思表示の瑕疵に関する規定の適用がないと解されているのは、訴訟手続を組成する個々の行為について意思表示の瑕疵に関する主張を許すと訴訟手続の安定を害するからであるが、公正証書上の執行受諾の意思表示（民執22条5号参照）（→第1章Ⅰ1(2)(a)**コラム**〔5頁〕）は、訴訟手続を組成する一連の訴訟行為の一環として行われるものではなく、訴訟手続を安定させるための表示主義・外観主義の要請を考慮する必要がないので、これについて民法95条の錯誤の規定を適用することは妨げないとした。

　学説においても、訴訟を終了させる行為（訴えの取下げ、請求の放棄・認諾、訴訟上の和解）については、その後に手続が積み重ねられてゆくわけではなく、

その効力を否定したとしても手続を覆滅させることにはならないので、当事者の利益保護を重視して、実体法規定の類推適用を認める見解が有力である（例えば、訴訟上の和解に瑕疵がある場合につき、→後述第5章III4(5)〔198頁〕参照）。

もっとも、判例は、刑事上罰すべき他人の行為によって訴えの取下げがなされるに至った場合につき、民法の強迫の規定によるのではなくて、再審事由の規定（338条1項5号参照）の法意に照らして、その取下げを無効とした（最判昭和46・6・25民集25巻4号640頁→第5章III2(2)〔194頁〕参照）。

5　訴訟行為と信義則

訴訟行為に信義則の適用があるかどうかについて、旧民事訴訟法には規定がなかったが、現行民事訴訟法2条後段は「当事者は、信義に従い誠実に民事訴訟を追行しなければならない。」と明確に規定した。

訴訟行為が信義則違反と評価される類型としては、①訴訟上の権能の失効、②禁反言（矛盾挙動の禁止）（以上につき→第5章II3(2)(d)〔178頁〕）、③訴訟上の権能の濫用（上告を上告権の濫用に当たるとして却下した例として、最判平成6・4・19判時1504号119頁参照）および④訴訟状態の不当形成がある。④の例として、併合請求の裁判籍（7条ただし書）（→第2章I2(3)(c)〔32頁〕、第7章I1〔221頁〕参照）を利用して自己に便利な裁判所に管轄を生じさせるためだけの目的で、本来管轄のない者に対する訴えに併合して管轄のある者に対する訴えを提起することが挙げられる（札幌高決昭和41・9・19高民集19巻5号428頁）。この場合は、訴訟上の権能それ自体の濫用ではなく、その基礎となる事実を不当な目的で作出しているものであって、上記③とは区別される。

6　訴訟行為の瑕疵の治癒

訴訟行為に瑕疵があった場合は、瑕疵ある訴訟行為を撤回し、改めて瑕疵のない訴訟行為をすることにより、治癒される。訴訟能力または代理権を欠く者による訴訟行為は、追認によって治癒される（34条2項・59条）。

また、瑕疵の存在を主張できなくなることにより、結果的に治癒される場合がある。訴訟手続規定の違反があり、そのことを当事者が知りまたは知ることができたにもかかわらず、遅滞なく異議を述べないときは、これを述べる権利

を失う（90条本文）。裁判所または相手方の訴訟手続法規違反の行為に対して異議を述べ、その効力を争うことができる当事者の権能を、講学上、責問権と呼ぶが、遅滞なくこれを行使しないと、責問権を喪失し、瑕疵は治癒される。訴訟手続の安定を図る趣旨である。例えば、請求の変更は書面でしなければならない（143条2項）という規定に違反して口頭でなされた場合、相手方当事者が遅滞なく異議を述べなければ、責問権の喪失によって瑕疵は治癒される（最判昭和31・6・19民集10巻6号665頁）。もっとも、当事者が放棄することができないものについてはこの限りでない（90条ただし書）。例えば、口頭弁論公開の規定に違反したことは、責問権喪失の対象とはならず、絶対的上告理由となる（312条2項5号）（→第6章 I 3(1)(b)〔209頁〕）。しかし、そのような場合であっても、判決が確定すれば（116条）、再審事由に該当しない限り、瑕疵は治癒される（口頭弁論公開の規定に違反したことが338条1項に掲げられていないことにつき、→第6章 II 1(2)(b)〔216頁〕参照）。

7 口頭弁論の懈怠

本項では、口頭弁論期日に当事者の一方または双方が欠席した場合および当事者が攻撃防御方法を時機に後れて提出した場合の取扱いについて説明する。

(1) 口頭弁論期日における当事者の欠席
(a) 当事者の一方の欠席
（i）最初にすべき口頭弁論の期日における欠席

最初にすべき口頭弁論の期日に原告が欠席した場合（出席したが本案の弁論をしない場合を含む）、もし口頭主義（→前述 III 1(3)(c)〔108頁〕）の原則を貫くと、単に訴状という書面に記載があるだけでは請求が定立されたことにならず審判の対象が定まらないので、出席した被告に弁論をさせる前提を欠くことになる。しかし、期日を空転させてしまうのでは訴訟不経済である。そこで、原告が訴状・準備書面に記載した事実を陳述したものと擬制し（158条）、被告の弁論を可能にした。このこととの均衡上、原告のみが出席し被告が欠席した場合においても同様に扱うのが公平であるので、被告が答弁書・準備書面に記載した事実を陳述したものと擬制することとした（158条）。

(ⅱ) 続行期日における欠席

　口頭主義を骨抜きにしないため、続行期日においては陳述擬制は認められない（ただし、簡易裁判所については277条の例外がある）。裁判所は、出席した当事者に弁論させる（ただし、161条3項の制限がある）。出席した当事者の申出があれば、審理の現状に基づく判決（244条）（→第5章Ⅰ1(2)(a)〔164頁〕）をすることもできる。なお、請求の放棄または認諾をする旨の書面を提出した当事者が欠席した場合には、その旨の陳述を擬制することができる（266条2項）。

(b) 当事者双方の欠席

　当事者双方が欠席したとしても期日を開くことができる場合がある。まず、証拠調べは、当事者双方が欠席した場合であっても、することができる（183条）。例えば、証人尋問は、当事者双方が欠席していたとしても、証人さえ出廷していれば、裁判所がこれを尋問することは可能である。また、判決言渡期日も同様である（251条2項）。この期日に当事者が訴訟行為をするわけではなく、その出席を要しないからである。

　以上のような特定の期日は別として、通常の口頭弁論期日に当事者双方が欠席した場合には、当該期日は終了させるよりほかない。もし既に訴訟が裁判をするのに熟しているとき（243条）は、口頭弁論を終結する。また、審理の現状に基づく判決（244条本文）も可能である。そのように判決をなし得る状態にまで至っていなければ、審理を続行することになるが、当事者が1カ月以内に期日指定の申立て（93条1項）をしないときには、訴えの取下げがあったものと擬制される（263条前段）。また、たとえ当事者が期日指定の申立てをしたとしても、連続して2回欠席すれば、同様に訴えの取下げが擬制される（263条後段）。当事者が期日指定申立てと欠席とを繰り返して審理を遅延させることに対応するため、現行民事訴訟法において新設された規定である。

(2) 時機に後れた攻撃防御方法の却下

　口頭弁論は、複数期日にわたって開かれたとしても一体のものであり、訴訟行為がどの期日に行われても等価値である。これを口頭弁論の一体性という。これを当事者の側から見れば、口頭弁論の終結に至るまで、いつでも攻撃防御方法を提出することができるということを意味する。旧民事訴訟法137条は、

「攻撃又は防禦の方法は別段の規定ある場合を除くの外口頭弁論の終結に至る迄之を提出することを得」と規定し、その旨を明らかにしていた（随時提出主義）。もっとも、旧民事訴訟法下においても、攻撃防御方法の提出時期は完全に無制約というわけではなく、裁判所は時機に後れた攻撃防御方法を却下することができるものとされていた（旧民訴139条）。しかし、随時提出主義の原則のもと、攻撃防御方法が小刻みに提出され、その結果、争点の把握が困難となり、焦点の定まらないまま審理が漂流し、訴訟が長期化する一因ともなっていた。また訴訟の引延しに利用されるおそれもあった。そこで、現行民事訴訟法156条は、「攻撃又は防御の方法は、訴訟の進行状況に応じ適切な時期に提出しなければならない。」と規定し、適時提出主義を採ることを明確にした。現行民事訴訟法のもとにおいても、口頭弁論の一体性の原則が維持されていることに変わりはない。

旧民事訴訟法139条と同様に、現行民事訴訟法157条は、時機に後れた攻撃防御方法を却下することができるものとしている。その要件は、①当該攻撃防御方法が時機に後れて提出されたものであること、②当事者に故意または重過失があること、および、③これにより訴訟の完結を遅延させることとなることであって、これら三つの要件をすべて満たすことが必要である。したがって、たとえ当事者の故意または重過失により時機に後れて提出された攻撃防御方法であったとしても、訴訟の完結を遅延させることにならないときは、却下することができない。例えば、建物収去土地明渡請求に対する防御方法として建物買取請求権が行使された場合、これによる建物所有権の移転は法律上当然に発生する効果であって特段の証拠調べを要するものではなく、訴訟の完結を遅延させることにならないから、却下することができない（最判昭和30・4・5民集9巻4号439頁）。もっとも、建物代金の支払を受けるまで明渡しを拒絶する旨の同時履行の抗弁権と不可分一体として建物買取請求権が行使された場合であって、建物の時価に関する証拠調べになお相当の期間を要するときは、訴訟の完結を遅延させるものとして、却下されることがあり得る（最判昭和46・4・23判時631号55頁）。

なお、争点整理手続が終了または終結した後に新たな攻撃防御方法を提出するには理由説明義務が課される（167条・174条・178条）（→前述Ⅲ2〔112～114

頁〕）が、合理的な理由を説明することができなければ、時機に後れた攻撃防御方法として却下されることがあり得る。

　また、審理計画において特定の事項についての攻撃防御方法の提出期間が定められた場合（→Ⅲ1(3)(e)〔110頁〕）（審理計画を前提として裁判長により提出期間が裁定された場合〔156条の2〕を含む）には、より緩和された要件のもとで却下が可能となる。すなわち、上記期間経過後に提出された攻撃防御方法は、審理計画に従った訴訟手続の進行に著しい支障を生ずるおそれがあると認めたときは、裁判所はこれを却下することができるのが原則であって、却下を免れるためには当事者が上記期間内に当該攻撃防御方法を提出することができなかったことについて相当の理由を疎明（→Ⅴ1(1)(a)〔129頁〕）しなければならない（157条の2）。

8　訴訟における形成権の行使

　訴訟における攻撃防御のために形成権が行使されたが、時機に後れた攻撃防御方法として却下され、または訴えが取り下げられたなどの事情により、当該攻撃防御方法が裁判所によって審理・判断されなかった場合に、形成権行使の実体法上の効果が残るのかどうかという問題がある。形成権とは、権利者の一方的な意思表示によって法律関係の変動を生じさせることのできる権利であり、取消権、相殺権、解除権、建物買取請求権（借地借家13条・14条）、賃料増減請求権（同法32条1項）、白地手形補充権など種々のものがある（→第5章Ⅱ3(3)(c)〔182頁〕参照）。

　相殺権について考えると、訴訟における相殺権行使は、外観上は1個の行為に見えるが、それは、実体法上の意思表示としての相殺権行使と、その裁判所に対する陳述という訴訟行為という二つの行為が併存したものである。ただし、相殺権行使が訴訟において審理・判断されずに訴訟行為として意味を失った場合には、私法行為としての実体法上の効果もなくなると解される。その理論的説明として、「訴訟上の相殺の意思表示は、相殺の意思表示がされたことにより確定的にその効果を生ずるものではなく、当該訴訟において裁判所により相殺の判断がされることを条件として実体法上の相殺の効果が生ずるものである」（最判平成10・4・30民集52巻3号930頁）とするのが条件説である。しか

し、民法506条1項後段が相殺の意思表示に条件を付することができないとしていることとの整合性をどのように解するのかという問題が生ずる。そのため、撤回説（相殺の抗弁の目的が達成されなかったときには、意思表示の撤回を許すべきであるとする見解）または無効説（法律行為の一部が無効である場合には、その無効部分がなくても法律行為をしたであろうというときを除き、全部が無効となると解する見解）も提唱されている。

　他の形成権についても同様に扱うべきであろうか。例えば、建物買取請求権について、和解により形成権行使の意思表示について裁判所の判断を受けることなく訴訟が終了するに至った場合には一旦発生した実体的効果は初めに遡って消滅するとした下級審裁判例がある（東京地判昭和45・10・31判時622号92頁）。しかし、別訴により建物代金の支払を請求することができるから、その実体法上の効果を残しておいた方がよいとの考え方もあり得る。

V　証　明

1　総　説

(1)　概念の説明

(a)　証明・疎明・証拠

　証明とは、ある事項について裁判官が確信を得た状態、または、裁判官にこの確信を得させるために証拠を提出する当事者の行為をいう。裁判官の心証形成を指す場合と当事者の立証活動を指す場合とがある。

　これに対して、例えば、補助参加（→第7章Ⅱ3〔230頁〕）の理由（44条1項後段）、除斥または忌避（→第2章Ⅰ3(5)〔36頁〕）の原因（規10条3項）のように、疎明で足りるとされている場合がある。疎明とは、裁判官の心証が確信の程度にまでは達しないが一応の確からしさの程度にまで達した状態、または、裁判官にこの程度の心証を得させるために証拠を提出する当事者の行為をいう。疎明で足りるとされているのは、付随的・派生的な手続事項について迅速性を優先する趣旨である。疎明は、即時に取り調べることができる証拠によってしなければならない（188条）。在廷証人であれば証人尋問も可能である。

証拠とは、裁判官の五官の作用による取調べの対象となる有形物であり、より正確には証拠方法という。なお、証拠という概念は多義的に用いられ、証拠資料（証拠方法の取調べによって感得された内容）または証拠原因（裁判官の心証形成の基礎となった資料）の意味で用いられることがある。

(b) 証明度・解明度

裁判官がいかなる程度の心証を形成すれば証明がなされたといえるかの問題を証明度といい、判例は、「訴訟上の因果関係の立証は、一点の疑義も許されない自然科学的証明ではなく、経験則に照らして全証拠を総合検討し、特定の事実が特定の結果発生を招来した関係を是認し得る高度の蓋然性を証明することであり、その判定は、通常人が疑いを差し挟まない程度に真実性の確信を持ち得るものであることを必要とし、かつ、それで足りる」（最判昭和50・10・24民集29巻9号1417頁、最判平成18・6・16民集60巻5号1997頁）とする。これに対して、そのような高度の蓋然性を要求すると誤判率が高まる（権利者が泣き寝入りせざるを得なくなる）と批判して、証明度は証拠の優越で足りるとする少数説がある。

通説によれば、証明と疎明との区別は証明度の相違であり、証明においては裁判官の確信（高度の蓋然性）が要求されるのに対して、疎明は裁判官の心証が一応の確からしさの程度にまで達すれば足りるとする。これに対して、少数説は、疎明においては証拠方法が限定されており、審理結果の確実性（解明度）が低くても足りる点が証明との相違であるとする。

(c) 本証と反証

証明責任（→後述5〔150頁〕）を負担している者が裁判官の確信を形成するために行う立証活動を本証という。これに対して、相手方当事者に証明責任のある事実を否定するために行う立証活動を反証という。反証では、その事実について真偽不明の状態に持ち込めば足りる。

なお、間接反証という概念が用いられることがある。間接反証とは、ある主要事実について証明責任を負う者が経験則に照らして主要事実を推認させるのに十分な間接事実を一応証明した場合に、相手方が、その間接事実とは別個の、しかもそれと両立し得る間接事実を証明することによって主要事実への推認を妨げ、真偽不明に持ち込む証明活動をいう。間接反証は、主要事実との関

係からいえば反証であるが、当該間接事実については裁判官の確信を生じさせる程度（本証の程度）にまで証明しなければならないとされる。例えば、背信行為と認めるに足りない特段の事情（→後述 5 **コラム**〔154頁〕参照）を間接反証事実と捉える見解がある。しかし、背信行為という規範的評価を主要事実として捉えることに無理がある（→ II 3 (2)〔103頁〕参照）と批判され、そもそも間接反証という概念自体不要であるとの見解も有力である。

(d) 厳格な証明と自由な証明

厳格な証明とは、法定の証拠調べ手続に則って行われる証明であり、請求の当否を基礎づける事実については厳格な証明が必要である。これに対して、法定の証拠調べ手続によらないで行われる証明を自由な証明という。

(2) 証明の対象および必要性

裁判は、証拠を経験則に照らし評価して事実を認定し、事実に法を適用することによってなされる。これらのうち、当事者による証明の対象となるのは、原則として事実である。法の適用は裁判所の職責であって、原則として当事者が法を証明する必要はない。もっとも、外国法または地方慣習法のように特殊な場合については当事者に証明させることができるが、この場合には、自由な証明で足りると解されている。経験則については、日常的経験則の証明は必要ないが、専門的経験則は証明が必要となる。

事実のうち、裁判所において当事者が自白した事実（→前述 II 2 (2)〔99頁〕）および顕著な事実は証明することを要しない（179条）。顕著な事実には、公知の事実と裁判所が職務上知り得た事実とがある。例えば、原告が訴状送達の日の翌日から起算した遅延損害金の支払を請求した場合における訴状送達の日は、裁判所が職務上知り得る事実であるので、証明を要しない。口頭弁論期日において裁判所の面前でなされた形成権行使の意思表示も同様である。

(3) 証拠調べの手続

弁論主義の第3テーゼとして前述した通り（→ II 2 (3)〔101頁〕）、証拠調べは、原則として当事者の申出に基づいて行われる。もっとも、例外的に裁判所の職権による証拠調べが許される場合がある（例えば、当事者尋問につき207条1項、

調査嘱託につき186条、鑑定嘱託につき218条参照）。

　当事者による証拠の申出は、証明すべき事実を特定し（180条1項）、これと証拠との関係すなわち立証趣旨を具体的に明示してしなければならない（規99条1項）。証拠申出の撤回は、証拠調べの開始前であれば可能であるが、その開始後は、証拠共通の原則（→後述4(2)(c)〔149頁〕）によりその証拠が相手方に有利な事実の認定に用いられる可能性があるため、相手方の同意が必要となる。なお、証拠調べの終了後は、既に裁判所の心証に影響を与えているから、当事者による証拠申出の撤回は許されない。

　適法な証拠の申出があったとしても、裁判所が必要でないと認めるものは、取り調べることを要しない（181条1項）。もっとも、ある要証事実についてなされた証拠の申出が、その申出当事者にとって唯一の証拠方法である場合には、特段の事情がない限り、裁判所はこれを取り調べることを要する（最判昭和53・3・23判時885号118頁参照）。

　証拠調べをする場合、その期日および場所は当事者に告知される（94条1項参照）が、当事者が期日に出頭しない場合でも証拠調べをすることは可能である（183条）。例えば、証人さえ出頭していれば、たとえ当事者双方が欠席したとしても、裁判所は証人尋問を実施することができる。証拠調べは、裁判所が相当と認めるときは、裁判所外においてすることができる（185条1項前段）。この場合には、受命裁判官または受託裁判官に証拠調べをさせることができる（同項後段）。ただし、証人尋問および当事者尋問については、裁判所外で受命裁判官または受託裁判官にさせることができるのは一定の場合に限られている（195条・210条）（→2(1)(c)〔134頁〕）。

2　各種の証拠調べ

　民事訴訟法は、証拠調べの手続として、証人尋問（190条以下）、当事者尋問（207条以下）、鑑定（212条以下）、書証（219条以下）および検証（232条以下）の5種類を用意している。

(1) 証人尋問

(a) 意　義

証人尋問とは、当事者およびその法定代理人以外の者に自らが経験した事実認識を報告させ、その陳述内容（証言）を証拠資料とする証拠調べである。

(b) 証人義務と証言拒絶権

わが国の裁判権（→第2章Ⅰ1〔26頁〕）が及ぶ者は証人となる義務を負う（190条）。証人義務の具体的内容は、出頭、宣誓および供述の義務である。正当な理由のない不出頭の場合には、過料（192条）、罰金または拘留（193条）の制裁があるほか、勾引（194条）も可能である。証人は、原則として尋問の前に、「良心に従って真実を述べ、何事も隠さず、また、何事も付け加えない」旨を宣誓する（201条1項、規112条）。宣誓した証人が虚偽の陳述をしたときは、偽証罪（刑法169条）の制裁を受ける。弁論主義を採る民事訴訟においてもできる限り真実に適った正しい裁判をすべきであり、そのことに国民は原則として協力する必要があるとして、以上の通り、立法者は証人義務を一般的義務として規定したものと考えられる。

もっとも、例外的に、民事訴訟における真実発見の要請よりも、より優先すべき他の利益がある場合には、証人義務が制限される。具体的には、次のいずれかの場合には、証人は証言を拒むことができる（証言拒絶権）。

まず、証人自身または証人の親族等、証人と一定の関係を有する者が刑事訴追または有罪判決を受けるおそれがある事項に関する証言は拒むことができる。証言が名誉を害すべき事項に関するときも同様である（196条）。

次に、公務員（過去に公務員であった者を含む）が職務上の秘密について尋問を受ける場合（197条1項1号・191条1項）、医師・弁護士・祈祷師等（過去にこれらの職にあった者を含む）が職務上知り得た事実で黙秘すべきものについて尋問を受ける場合（197条1項2号）、「技術又は職業の秘密」に関する事項について尋問を受ける場合（同項3号）には、証人は証言を拒絶することができる。もっとも、証人が黙秘の義務を免除された場合はこの限りでない（同条2項）。判例によれば、上記の「黙秘すべきもの」とは、「一般に知られていない事実のうち、弁護士等に事務を行うこと等を依頼した本人が、これを秘匿することについて、単に主観的利益だけではなく、客観的にみて保護に値するような利

益を有するもの」をいう（最決平成16・11・26民集58巻8号2393頁）。また、上記の「技術又は職業の秘密」とは、「その事項が公開されると、当該技術の有する社会的価値が下落しこれによる活動が困難になるもの又は当該職業に深刻な影響を与え以後その遂行が困難になるもの」（最決平成12・3・10民集54巻3号1073頁）をいう。もっとも、「ある秘密が上記の意味での職業の秘密に当たる場合においても、そのことから直ちに証言拒絶が認められるものではなく、そのうち保護に値する秘密についてのみ証言拒絶が認められると解すべきである。そして、保護に値する秘密であるかどうかは、秘密の公表によって生ずる不利益と証言の拒絶によって犠牲になる真実発見及び裁判の公正との比較衡量により決せられるというべきである」（最決平成18・10・3民集60巻8号2647頁）とされる。

(c) 証人尋問の実施

証人の尋問は、原則として、その尋問の申出をした当事者による主尋問、相手方当事者による反対尋問、尋問の申出をした当事者による再主尋問の順に行われ（交互尋問の原則）、最後に裁判長による補充尋問がなされる（202条1項、規113条1項）。もっとも、裁判長は、適当と認めるときは、当事者の意見を聴いて、尋問の順序を変更することができ（202条2項）、また、必要があると認めるときは、いつでも、自ら介入尋問をすることができる（規113条3項）。陪席裁判官は、裁判長に告げて、証人を尋問することができる（同条4項）。

同一期日において複数の証人を尋問する場合には、後に尋問すべき証人が前の証人の証言の影響を受けることを防止するため、証人相互を隔離するのが原則である。もっとも、裁判長は、必要があると認めるときは、後に尋問すべき証人に在廷を許すことができる（規120条）。さらに、裁判長は、必要があると認めるときは、証人と他の証人との対質を命ずることができる（規118条1項）。対質とは、法廷において複数の証人を対席させた上で、それらの証人に対して尋問を実施することをいう。尋問の主体はあくまでも当事者または裁判所であり、証人が主体となって証人相互間で尋問し合うことを意味するものではない。対質を行うときは、まず裁判長が尋問することができる（規118条3項）。

裁判所外において受命裁判官または受託裁判官に証人尋問をさせることができるのは、①証人に出頭義務がないとき、または正当な理由により出頭するこ

とができないとき、②証人の出頭に不相当な費用または時間を要するとき、③現場において証人を尋問することが真実発見のために必要であるとき、④当事者に異議がないときのいずれかに該当する場合に限られる（195条）。証人の陳述の態度、表情、振舞い等も証明力の重要な判断要素であるところ、それらは調書だけからは必ずしも読み取ることができないので、直接主義（→Ⅲ1(3)(d)〔109頁〕）の要請に配慮して、一般の場合（185条）よりも要件を加重したものである。なお、大規模訴訟については特則があり、当事者に異議がないときは、裁判所内で受命裁判官に証人尋問をさせることができる（268条）。

(2) 当事者尋問

当事者尋問とは、当事者本人またはその法定代理人に自らが経験した事実認識を報告させ、その供述内容を証拠資料とする証拠調べである。弁論としての「主張」とは峻別され（→Ⅱ2(1)〔98頁〕参照）、「証拠」として主張の真否についての判断資料を提供するものである。当事者尋問における陳述は証拠であって主張ではないので、訴訟能力を要しない。例えば、未成年者であっても被尋問者となり得る。

当事者尋問は、証人尋問と次の点において異なる。第一に、当事者は勾引されない。第二に、正当な理由のない不出頭・不宣誓・不供述に対する制裁は、尋問事項に関する相手方の主張事実の真実擬制である（208条）。第三に、宣誓した場合でも虚偽陳述に対する制裁は過料（209条）であって、偽証罪（刑法169条）ではない。

裁判所外における受命裁判官または受託裁判官による当事者尋問が許される場合については、証人尋問と同様である（210条による195条の準用）。大規模訴訟の特則についても同様である（268条）。

証人尋問と当事者尋問の双方を実施すべき場合について、旧民事訴訟法336条前段は「裁判所が証拠調に依りて心証を得ること能はざるときは申立に因り又は職権を以て当事者本人を訊問することを得」と規定していた（当事者尋問の補充性）。当事者は訴訟の結果につき深い利害関係を有しているので、その陳述は信用性に乏しく、まずは第三者である証人の尋問を当事者尋問に先立って実施すべきであるとの考え方による。しかし、他方で、当事者は事実関係を最

もよく知っている者でもある。そこで、現行民事訴訟法は、裁判所が適当と認めるときは、当事者の意見を聴いて、当事者尋問を先行させることもできることとした（207条2項ただし書）。

(3) 鑑　定

鑑定とは、裁判所の命令により、裁判所の指示する事項について、特別の学識経験のある者に専門的な経験法則またはこれを適用して新たに経験した事実認識を報告させ、その陳述内容（鑑定意見）を証拠資料とする証拠調べであり、裁判所の判断に必要な専門的知見の補充を目的とする。

鑑定に必要な学識経験を有する者は鑑定をする義務を負い（212条1項）、虚偽鑑定に対しては刑法171条の制裁がある。出頭義務もあるが、専門家は複数いて鑑定人には代替性があるため、勾引までされることはない（216条は194条を準用から除外している）。

鑑定人による意見陳述の手続について、かつては証人尋問の規定が準用されていたが、一問一答形式では鑑定人が必ずしも十分に意見を述べることができず、また、交互尋問において鑑定人に対して必要以上に敵対的な質問がされることがあるとの問題点が指摘されたため、平成15年の民事訴訟法改正により、次のように改められた。まず、鑑定人が鑑定書を提出するなどして意見を述べた場合において、当該意見の内容を明瞭にし、またはその根拠を確認するために必要があると認めるときは、裁判所は鑑定人にさらに意見を述べさせることができる（215条2項）。鑑定人の意見陳述の後、鑑定人に対し質問をすることができるが（215条の2第1項）、その順序は、裁判長、その鑑定の申出をした当事者、相手方当事者の順とするのが原則である（同条2項）。裁判所の判断能力の補充という鑑定の性質から、まずは裁判長から質問することにしたものである。

以上に対して、特別の学識経験を有していたがゆえに知ることのできた過去の具体的事実を陳述する者は、鑑定証人といい、証人として扱われる（217条）。鑑定証人は勾引されることもあり得る。

(4) 書　証
(a) 書証・文書の意義および種類

　書証（219条）とは、文書を証拠方法とし、その記載内容である思想または意味を証拠資料とする証拠調べであって、裁判官が文書を閲読する方法によって行われる。文書とは、人の思想内容が文字またはこれに代わる可読的符号によって記載されている有体物である。図面、写真、録音テープ、ビデオテープその他の情報を表すために作成された物件であって文書でないものを準文書といい、書証に関する規定は準文書に準用される（231条）。なお、上述の通り、法文上は、書証とは証拠調べの手続を指しているが、実務上は、証拠資料となった文書そのものを指して書証と呼ぶことも多い。

　文書には、以下の種類がある。

(i) 処分証書・報告証書

　処分証書とは、意思表示その他の法律行為が記載されている文書であり、契約書・遺言書・手形などがその例である。これに対して報告証書とは、作成者の経験した事実認識を記載した文書であり、商業帳簿・診断書・日記などがその例である。処分証書は、真正に成立したものと認められれば（形式的証拠力について→(b)(i)〔138頁〕）、その内容たる法律行為がなされたものと認められる。これに対して、報告証書は、たとえ真正に成立したものであっても、その実質的証拠力の判断は裁判所の自由心証に委ねられる。

(ii) 原本、謄本・抄本、正本・副本

　原本とは、文書の作成者が一定の内容を表すために確定的なものとして作成した原文書である。謄本とは、原本の内容を原本と同一の文字符号によってその全部を写した書面であって、原本の存在および内容の同一性について作成者が証明を与えたものである。抄本は、原本の内容の一部を写した書面である点が謄本と異なる。正本は、謄本の一種であるが、権限ある公務員によって作成されるもので、法によって原本と同一の効力を与えられている書面である。副本は、謄本のように原本の存在を前提としてこれを写したものではなく、当初から原本と同一内容で同一の効力を有するものとして作成された文書、特に数通の原本のうち送達に用いられるものをいう。

　例えば、判決の言渡しは、裁判官の署名押印のある判決書の原本に基づいて

なされる（252条、規157条1項）が、当事者に送達されるのは、裁判所書記官が作成した判決書の正本である（255条、規33条）。副本の具体例は、相手方当事者に送達されるべき訴状である（規58条1項）。

(b) 文書の証拠力
(i) 形式的証拠力

文書の記載内容を証拠資料とする前提として、その文書の成立が真正でなければならない。すなわち、文書の記載内容が挙証者の主張する特定の作成者の思想の表現であると認められることが必要である。これを形式的証拠力という。相手方が文書の成立の真正を争うと、証明の必要が生ずるが、法定証拠法則によって立証の困難が緩和されている（228条）。判例によれば、私文書の成立の真正を推定する228条4項にいう「本人又はその代理人の署名または押印があるとき」とは、当該署名または捺印が本人またはその代理人の意思に基づいて真正に成立したときという意味であるが、文書中の印影が本人または代理人の印章によって顕出されたとの事実が確定されれば、当該印影は本人または代理人の意思に基づいて成立したものと事実上推定され、その結果、228条4項の要件を満たし、文書全体が真正に成立したものと推定されることになる（最判昭和39・5・12民集18巻4号597頁）。これを二段の推定という。例えば、債権者Ｘが保証人Ｙに対して保証債務履行請求訴訟を提起し、ＸＹ間の保証契約書を証拠として提出したとしよう。もし当該印影がいわゆる実印によるものであってＹの印章によって顕出されたと認められれば、当該印影はＹの意思に基づいて成立したものと事実上推定され、その結果、228条4項の要件を満たし、保証契約書全体の成立の真正が推定される。これに対して、Ｙは、①他の目的のためにＡに印章を預託していたところ、Ａがこれを冒用して捺印したこと、または、②Ｙ自身が捺印したが、その後に主債務についての記載事項がＡによって改竄されたことなどを反証して防御していくことになろう。なお、判例によれば、私文書の作成名義人の印章は、印鑑登録をされている実印のみを指すものではないが、当該名義人の印章であることを要し、名義人が他の者と共有、共用している印章はこれに含まれないとされる（最判昭和50・6・12判時783号106頁）。

(ii) 実質的証拠力

文書の記載内容が要証事実の真否について影響を及ぼす程度を実質的証拠力といい、報告証書については、その判断は裁判所の自由心証に委ねられる。例えば、本人の書いた日記である（偽造文書ではない）として形式的証拠力が認められたとしても、その日記に書かれている内容は空想かもしれず、真実であるとは限らない。記載内容が真実であるかどうかは、裁判所が自由心証により判断することになる。

(c)　書証の手続

　書証の申出には、(i)文書の提出（219条前段）、(ii)文書送付嘱託の申立て（226条）および(iii)文書提出命令の申立て（219条後段）の三つの方法がある。(i)挙証者自らが原本またはこれと同一の効力を有する文書（規143条1項）を所持していれば、これを提出すれば足りる。(ii)自らが所持していない文書であっても、例えば官公署の保管文書のように任意の提出を期待できるときは、文書送付嘱託の申立てによることが考えられる。ただし、当事者が法令により文書の正本または謄本の交付を求めることができる場合は、文書送付嘱託の方法によることはできない（226条ただし書）。上記(i)または(ii)のいずれの方法にもよることができない場合に、いわば最後の手段として、(iii)文書提出命令の申立てをすることになる。

(d)　文書提出命令

(i)　文書提出義務

　文書の所持者は、以下のいずれかに該当する場合には、その提出を拒むことができない（220条）。

①　引用文書

　まず、当事者が訴訟において引用した文書を自ら所持するとき（220条1号）である。引用者は文書の秘密保持の利益を放棄したものと解されるとともに、当該文書に起因して裁判所が一方的な心証を形成する危険を回避するためこれを相手方の批判にさらすことが公平と考えられるからである。

②　引渡し・閲覧文書

　次に、挙証者が文書の所持者に対しその引渡しまたは閲覧を求めることができるとき（220条2号）である。例えば、株主および株式会社の債権者は株主総会議事録の閲覧または謄写を請求することができ（会社318条4項）、会社はそ

の提出を拒むことができない。文書の引渡しを別途請求させることは迂遠であるので、端的に文書提出義務を認めたものである。

③ 利益文書・法律関係文書

第三の類型は、文書が挙証者の利益のために作成され、または挙証者と文書の所持者との間の法律関係について作成されたとき（220条3号）である。前者すなわち利益文書の例として、領収書、挙証者を受遺者とする遺言書などが挙げられる。後者すなわち法律関係文書の例として、契約書、契約解除通知書などが挙げられるが、ここにいう法律関係は、私法上のものに限られず、公法上の法律関係も含まれる。刑事手続記録は、後述の通り、包括的に一般義務文書から除外されている（220条4号ホ）ため、法律関係文書（220条3号後段）として提出を求めることになる。判例によれば、刑事訴訟法47条の「訴訟に関する書類」であっても、当該文書が法律関係文書に該当する場合であって、その保管者による提出拒否が、民事訴訟における当該文書を取り調べる必要性の有無、程度、当該文書が開示されることによる被告人、被疑者および関係者の名誉、プライバシーの侵害等の弊害発生のおそれの有無等の諸般の事情に照らし、保管者の裁量権の範囲を逸脱し、または濫用するものであると認められるときは、裁判所は、当該文書の提出を命ずることができる（最決平成16・5・25民集58巻5号1135頁。なお、捜索差押許可状および捜索差押令状請求書が法律関係文書に当たるとされた事例として、最決平成17・7・22民集59巻6号1837頁、被疑者の勾留請求の資料とされた告訴状および被害者の供述調書が法律関係文書に該当するとされた事例として、最決平成19・12・12民集61巻9号3400頁参照）。

④ 一般義務文書

上記①から③までの場合のほか、文書が後述する(イ)から(ホ)までのいずれにも該当しないときは、文書の所持者はその提出を拒むことはできない（220条4号）。旧民事訴訟法312条（現行民訴220条1号から3号までに相当）は、上記①から③までの各文書についてのみ、限定的に提出義務を認めていたが、このような限定的な義務では、証拠が一方の当事者に偏在している事件において当事者の実質的対等を確保するための証拠収集の手段としては必ずしも十分ではなかったため、現行民事訴訟法は、証人義務と同様に、文書提出義務も一般義務化したものである。平成8年の現行民事訴訟法制定時には公務文書が除外されて

いたが、平成13年改正（平成13年法律第96号）によって公務文書についても提出義務が認められるに至った。なお、220条4号を文書提出義務の原因とする文書提出命令の申立ては、書証の申出を文書提出命令の申立てによってする必要がある場合でなければ、することができないので（221条2項）、文書送付嘱託（226条）など他の方法が可能であればそれによるべきである。

　提出義務の対象から除外されるのは、次の(イ)から(ホ)までのいずれかに該当する文書に限られる。

　(イ)　文書の所持者または文書の所持者と196条各号に掲げる関係を有する者についての同条に規定する事項が記載されている文書（220条4号イ）

　自己または親族等が刑事訴追もしくは有罪判決を受けるおそれがある事項、またはこれらの者の名誉を害すべき事項が記載されている文書は、提出義務を負わない。

　(ロ)　公務員の職務上の秘密に関する文書でその提出により公共の利益を害し、または公務の遂行に著しい支障を生ずるおそれがあるもの（220条4号ロ）

　判例によれば、「公務員の職務上の秘密」には、公務員の所掌事務に属する秘密だけでなく、公務員が職務を遂行する上で知ることができた私人の秘密であって、それが本案事件において公にされることにより、私人との信頼関係が損なわれ、公務の公正かつ円滑な運営に支障を来すこととなるものも含まれる。また、「その提出により公共の利益を害し、又は公務の遂行に著しい支障を生ずるおそれがある」とは、単に文書の性格から公共の利益を害し、または公務の遂行に著しい支障を生ずる抽象的なおそれがあることが認められるだけでは足りず、その文書の記載内容からみてそのおそれの存在することが具体的に認められることが必要である（最決平成17・10・14民集59巻8号2265頁）。

　なお、220条4号ロに該当する文書については、証言拒絶権に関する191条、197条1項1号の各規定の趣旨に照らし、その提出を拒むことができるものというべきであるから、220条3号（前記③）に基づいて提出義務を認めることもできないとされる（最決平成16・2・20判時1862号154頁）。

　(ハ)　197条1項2号に規定する事実または同項3号に規定する事項で、黙秘の義務が免除されていないものが記載されている文書（220条4号ハ）

　まず、医師・弁護士等の専門職（過去にこれらの職にあった者を含む）が職務上

知り得た事実で黙秘すべきもの（黙秘の義務が免除されていないものに限る）が記載されている文書は、提出義務を負わない。証言拒絶権について前述した通り（→V 2(1)(b)〔133頁〕）、ここにいう「黙秘すべきもの」とは、判例によれば、一般に知られていない事実のうち、弁護士等に事務を行うこと等を依頼した本人が、これを秘匿することについて、単に主観的利益だけではなく、客観的にみて保護に値するような利益を有するものをいい、破綻した保険会社の保険管理人が金融監督庁長官の命令を受けて設置した弁護士および公認会計士を委員とする調査委員会の作成した調査報告書は、客観的にみてこれを秘匿することについて保護に値するような利益を有するものとはいえず、220条4号ハの文書に当たらないとされた（最決平成16・11・26民集58巻8号2393頁）。

次に、「技術又は職業の秘密」に関する事項で黙秘の義務が免除されていないものが記載されている文書も、提出義務を負わない。判例によれば、「技術又は職業の秘密」とは、「その事項が公開されると、当該技術の有する社会的価値が下落しこれによる活動が困難になるもの又は当該職業に深刻な影響を与え以後その遂行が困難になるもの」をいうとされ、情報の種類、性質および開示することによる不利益の具体的内容が主張されていなかった事案につき、文書（電話機器の回路図および信号流れ図）にメーカーが有する技術上の情報が記載されているとしても、そのことから直ちに「技術又は職業の秘密」を記載した文書に当たるということはできないとされた（最決平成12・3・10民集54巻3号1073頁）。さらに、文書提出命令の対象文書に職業の秘密に当たる情報が記載されていても、所持者が文書の提出を拒絶することができるのは、対象文書に記載された職業の秘密が保護に値する秘密に当たる場合に限られ、当該情報が保護に値する秘密であるかどうかは、その情報の内容、性質、その情報が開示されることにより所持者に与える不利益の内容、程度等と、当該民事事件の内容、性質、当該民事事件の証拠として当該文書を必要とする程度等の諸事情を比較衡量して決すべきものとされた（最決平成20・11・25民集62巻10号2507頁）。金融機関の顧客情報については、金融機関に商慣習上または契約上の守秘義務があるとしても、それは個々の顧客との関係において認められるにすぎないから、もし当該顧客自身が文書を所持しているとすれば開示義務を負う場合には、金融機関が保護に値する独自の利益を有するときは別として、職業の秘密

として保護されるべき情報が記載された文書とはいえず、金融機関はその提出を拒否することはできないとされた（最決平成19・12・11民集61巻9号3364頁）。

(二)　専ら文書の所持者の利用に供するための文書（国又は地方公共団体が所持する文書にあっては、公務員が組織的に用いるものを除く）（220条4号ニ）

　最高裁判例においてまず最初に問題となったのは銀行の貸出稟議書である。判例は、「専ら文書の所持者の利用に供するための文書」に該当するというためには、第一に「作成目的、記載内容、これを現在の所持者が所持するに至るまでの経緯、その他の事情から判断して、専ら内部の者の利用に供する目的で作成され、外部の者に開示することが予定されていない文書」であること（内部文書性）、第二に「開示されると個人のプライバシーが侵害されたり個人ないし団体の自由な意思形成が阻害されたりするなど、開示によって所持者の側に看過し難い不利益が生ずるおそれがあると認められる場合」であること、および、第三に「特段の事情がない」ことという3要件を基準として掲げた上で、銀行の貸出稟議書は、銀行内部において、融資案件についての意思形成を円滑・適切に行うために作成される文書であって、法令によってその作成が義務づけられたものでもなく、融資の是非の審査にあたって作成されるという文書の性質上、忌たんのない評価や意見も記載されることが予定されているものであるので、特段の事情がない限り、「専ら文書の所持者の利用に供するための文書」に当たるとされた（最決平成11・11・12民集53巻8号1787頁）。特段の事情があるとされたものとして、経営破綻した信用組合から営業の全部を譲り受けたことに伴い貸出稟議書を所持するに至った株式会社整理回収機構の事例がある。当該信用組合は清算中であって将来においても自ら貸付業務を行うことはないこと、整理回収機構は預金保険法に基づき債権回収に当たっており、貸出稟議書の提出を命じられることにより自由な意思の表明に支障を来しその自由な意思形成が阻害されるおそれがあるものとは考えられないことから、特段の事情があり、文書提出義務があるとされた（最決平成13・12・7民集55巻7号1411頁）。

　その他の種類の文書についても、判例は上記の3要件に照らして提出義務の有無を判断している。地方議会の議員が政務調査費〔現行法では政務活動費〕により費用を支弁して行った調査研究の内容を記載した報告書、収支報告書、

領収書、会計帳簿等については、条例上、専ら各会派の内部にとどめて利用すべき文書であることが予定されており、開示されると執行機関や他の会派等の干渉によって会派および議員の調査研究が阻害されるおそれがあり、特段の事情も窺われないとして「専ら文書の所持者の利用に供するための文書」に当たるとされた事例（最決平成17・11・10民集59巻9号2503頁、最決平成22・4・12判時2078号3頁）と、条例により政務調査費の交付を受けた議員は領収書の写し等を添付した収支報告書を議長に提出しなければならず、何人も議長に対して当該領収書の写し等の閲覧を請求することができるとされていて、調査研究活動の自由をある程度犠牲にしても政務調査費の使途の透明性の確保を優先させるという政策判断がなされたと解される場合について、内部文書性を否定し、「専ら文書の所持者の利用に供するための文書」に当たらないとされた事例（最決平成26・10・29判時2247号3頁）とがある。

　なお、「専ら文書の所持者の利用に供するための文書」に当たる文書は、法律関係文書（220条3号後段）に該当しない（前掲最決平成11・11・12、最決平成12・3・10判時1711号55頁、最決平成23・10・11判時2136号9頁）。

　㈩　刑事事件に係る訴訟に関する書類もしくは少年の保護事件の記録またはこれらの事件において押収されている文書（220条4号ホ）

　刑事手続記録は一般義務文書からは除外されている。もっとも、前述の通り、法律関係文書（220条3号後段）として提出を求めることは可能である。

　(ii)　文書提出命令の申立て、審理および裁判

　文書提出命令の申立てをするには、文書の表示（221条1項1号）および文書の趣旨（同項2号）を明らかにして文書を特定することが必要であるが、文書の特定が著しく困難であるときは、申立人は、文書の所持者がその申立てに係る文書を識別することができる事項を明らかにすれば足りる（222条1項前段）。

　裁判所は、申立てに係る文書が220条4号イからニまでのいずれかに該当するかどうかの判断をするため必要があると認めるときは、所持者に文書を提示させることができる。この場合においては何人もその提示された文書の開示を求めることができない（223条6項）。このように裁判所だけが文書を直接見分する方法により行われる非公開の審理は、イン・カメラ手続と呼ばれる。

　裁判所は、文書提出命令の申立てを理由があると認めるときは、決定（→第

5章Ⅰ1⑴〔163頁〕）という形式の裁判で文書の所持者に対してその提出を命ずる（223条1項）。一通の文書の記載中に提出の義務があると認めることができない部分があるときは、特段の事情のない限り、当該部分を除いて提出を命ずることができる（最決平成13・2・22判時1742号89頁）。

文書提出命令の申立てについての決定に対しては即時抗告（→第6章Ⅰ4⑵(a)〔213頁〕）をすることができる（223条7項）が、この不服申立てをすることができるのは、文書の提出を命じられた所持者および申立てを却下された申立人に限られる。これ以外の者は、たとえ本案事件の当事者であっても、不服申立てをすることができない（最決平成12・12・14民集54巻9号2743頁）。

(iii) 文書不提出の効果

文書不提出の効果は、文書提出命令に従わないのが訴訟の当事者であるのか、第三者であるのかによって異なる。

まず、訴訟の当事者が文書提出命令に従わない場合または相手方（文書提出命令の申立人）の使用を妨げる目的で提出の義務がある文書を滅失させ、その他これを使用することができないようにした場合は、裁判所は、当該文書の記載に関する相手方の主張を真実と認めることができる（224条1項・2項）（最判昭和31・9・28裁判集民事23号281頁は、文書の記載内容についての相手方の主張〔賃貸借証書に一時使用の趣旨の記載がないこと〕を真実と認め得るにすぎないのであって、証明しようとする事実〔一時使用のためでない通常の賃貸借であるとの事実〕まで真実と認められるものではなく、一時使用のための賃貸借かどうかはさらに裁判所の自由心証による判断に委ねられていることは当該文書が現実に提出された場合と変わりがないとした）。現行民事訴訟法は、さらに進んで、相手方が当該文書の記載に関して具体的な主張をすることおよび当該文書により証明すべき事実を他の証拠により証明することが著しく困難であるときは、裁判所は、その事実（すなわち当該文書により証明すべき事実）に関する相手方の主張を真実と認めることができる（224条3項）こととして、当事者が文書提出命令に従わない場合の効果を強化した。

第三者が文書提出命令に従わない場合の制裁は、20万円以下の過料である（225条）。旧民事訴訟法318条は10万円以下の過料としていたが、この程度の制裁では履行確保のために必ずしも十分ではなく、過料額の上限を引き上げたも

のである。

(5) 検 証

検証（232条）とは、裁判官が五官の作用によって直接に人体または事物の形状または性質を認識し、その結果を証拠資料とする証拠調べである。例えば、ある文書につき、その思想内容を証拠とするのではなくて、偽造された文書であるとしてその筆跡を対象とする証拠調べは、書証ではなくて、検証となる。

3 証拠の保全および収集

(1) 証拠保全

訴訟において証拠調べの対象となることが予定される証拠方法について、その証拠調べが不可能または困難になるおそれがある場合に、証拠資料を保全するために、訴訟係属の有無を問わず、予め証拠調べを行うことができる。これが証拠保全（234条）である。例えば、証人となるべき者が重病で死期が迫っているとき、予め臨床尋問をすることができる。

(2) 当事者照会・訴え提起前における証拠収集の処分等

(a) 当事者照会

当事者は、訴訟の係属中、相手方に対し主張または立証を準備するために必要な事項について相当の期間を定めて書面で回答するよう書面で照会をすることができる。これが当事者照会（163条）である。当事者が相手方の支配領域内にある情報であって主張または立証に必要なものを収集できるようにするための制度である。例えば、医療過誤訴訟において証人申請の前提として手術に関与した看護師の氏名を明らかにすることを求めるためにこの制度を利用することが考えられる。求問権（149条3項）と異なり、訴訟関係を明瞭ならしめるために限られず、また、裁判所を介しない点に特徴がある。濫用防止のため、相手方を侮辱または困惑させる照会など163条各号所定の照会は許されない。相手方の回答義務は信義則（2条）に基礎を置く。回答しないことに対する直接の制裁は規定されていないが、回答しなかったということを口頭弁論で指摘することによって、弁論の全趣旨（247条）として裁判所に斟酌され、正当な理由

のない回答拒絶が裁判所の心証に不利に働く可能性はある。

当事者照会をすることができるのは「訴訟の係属中」に限られるが、訴訟手続の計画的進行を図り民事裁判の充実・迅速化を実現するため、平成15年改正により、以下の通り、訴え提起前の段階における証拠および情報の収集のための手続が導入された。

(b) 訴え提起前における照会（132条の2・132条の3）

書面により提訴予告通知をした予告通知者は、被予告通知者に対して、予告通知をした日から4カ月以内に限り、訴えの提起前に、訴えを提起した場合の主張または立証を準備するために必要であることが明らかな事項について、相当の期間を定めて、書面で回答するよう、書面で照会をすることができる（132条の2第1項本文）。被予告通知者が答弁要旨書により返答したときも同様である（132条の3）。提訴予告通知があったからといって実際に提訴されるとは限らないので、照会を受ける者の利益に配慮して、163条の当事者照会よりも限定されている。

(c) 訴え提起前における証拠収集の処分（132条の4から132条の9）

書面により提訴予告通知をした予告通知者および答弁要旨書により返答した被予告通知者は、裁判所に対する関係において、証拠収集の処分（文書送付嘱託、調査嘱託、専門的意見陳述の嘱託および現況調査）の申立てをすることができる（132条の4第1項）。その要件として、①当該予告通知に係る訴えが提起された場合の立証に必要であることが明らかな証拠となるべきものであること（証拠としての明白な必要性）、②申立人がこれを自ら収集することが困難であると認められること（自身による証拠収集の困難性）および③収集に要すべき時間または嘱託を受けるべき者の負担が不相当なものとなることその他の事情により相当でないと認めるときでないこと（不相当性の不存在）が必要である（132条の4第1項・4項）。さらに、手続的要件として、提訴予告通知から原則として4カ月以内に申立てがされたこと（132条の4第2項）および相手方の意見を聴くこと（132条の4第1項）を要する。期間制限の潜脱防止のため、既にした予告通知と重複する予告通知またはこれに対する返答に基づいて証拠収集の処分の申立てをすることはできない（132条の4第3項）。

(3) 弁護士法に基づく照会

弁護士は受任している事件について所属弁護士会に対し公務所または公私の団体に照会して必要な事項の報告を求めることを申し出ることができ（弁護士法23条の2第1項前段）、この申出に基づいて、弁護士会は公務所または公私の団体に照会して必要な事項の報告を求めることができる（同条2項）。もっとも、照会先が任意に報告してくれるとは限らず、報告しないことに対する直接の制裁規定もない。そのため、場合によっては裁判所を通じた調査嘱託・文書送付嘱託または文書提出命令の申立て（→ 2(4)(d)〔139頁〕）によらざるを得ないこともあり得る。

4 自由心証主義

(1) 意 義

247条は、「裁判所は、判決をするに当たり、口頭弁論の全趣旨及び証拠調べの結果をしん酌して、自由な心証により、事実についての主張を真実と認めるべきか否かを判断する。」と規定する。このように、裁判所が判決の基礎となる事実を認定するにあたり口頭弁論に顕れた一切の資料に基づいて自由な判断により心証形成を行うことを承認する建前を自由心証主義という。なお、口頭弁論の全趣旨とは、証拠資料を除き、口頭弁論に顕れた一切の資料・状況であり、例えば、当事者による攻撃防御方法提出の時期・態様、釈明処分（151条）によって得られた資料などが含まれる。

(2) 内 容

自由心証主義の具体的な内容は、以下の通りである。

(a) 証拠方法の無制限

裁判所が心証形成過程において用いることのできる証拠方法の種類には、原則として制限がない。もっとも、口頭弁論の方式遵守は調書によってのみ証明することができる（160条3項）、代理人の権限は書面で証明しなければならない（規15条・23条1項）といった例外がある。

(b) 証拠能力の無制限

証拠能力とは、証拠資料を事実認定のために用いることのできる資格をい

う。民事訴訟においては証拠能力についても原則として制限がなく、伝聞証拠であっても事実認定のための資料として用いることができる（最判昭和27・12・5民集6巻11号1117頁）。判例は、単に反対尋問の機会がなかったというだけの理由で本人尋問の結果を事実認定の資料とすることができないと解すべきではなく、合理的な自由心証によりその証拠力を決し得るとする（最判昭和32・2・8民集11巻2号258頁）。

　これに対して、例えば、無断録音テープ（東京高判昭和52・7・15判時867号60頁）または窃取された文書（神戸地判昭和59・5・18判時1135号140頁）のような違法収集証拠については、その証拠能力を否定すべきかどうか、また、いかなる要件のもとにおいて証拠能力を否定すべきか、見解が分かれている。刑事訴訟において、判例は、「証拠物の押収等の手続に、憲法35条及びこれを受けた刑訴法218条1項等の所期する令状主義の精神を没却するような重大な違法があり、これを証拠として許容することが、将来における違法な捜査の抑制の見地からして相当でないと認められる場合においては、その証拠能力は否定される」とする（最判昭和53・9・7刑集32巻6号1672頁）。そうすると、捜査当局の権力濫用ということを重視する必要のない民事訴訟においては、違法収集証拠であっても原則として証拠能力を肯定して差し支えない、というのが一つの考え方である。これに対して、司法の廉潔性に対する国民の信頼を確保すべきであるという点を重視すると、違法収集証拠の証拠能力は原則として否定すべきことになる。

　(c)　証拠力の自由評価・証拠共通の原則

　自由心証主義により、いかなる証拠にどの程度の証拠力を認めるかについては、裁判所の自由な判断に委ねられる。そうすると、裁判所は、ある証拠を、それを申請した当事者にとって有利にも不利にも評価することができる。このことから、一方当事者の提出した証拠を相手方当事者にとって有利な事実の認定に用いることもできることになる。これを証拠共通の原則という（最判昭和28・5・14民集7巻5号565頁参照）。

　(d)　間接事実からの主要事実の推認

　自由心証主義は、証拠に基づく事実の認定に限定されるものではなく、間接事実から主要事実を推認することも、裁判所の自由な判断に委ねられる。

5　証明責任

　前項までにみた通り、当事者間に争いのある事実については、裁判所が、証拠調べの結果および口頭弁論の全趣旨を斟酌し、自由な心証によって、いずれの当事者の主張を真実と認めるべきかを判断する。しかし、自由な心証によっても、いずれの当事者の主張が真実であるのか判断することのできない場合が残ることがある。例えば、【モデルケース】において、岡部と亀田という友人間における貸借であったため、金銭消費貸借契約書や領収証などの書面が一切作成されておらず、証拠が岡部および亀田の各当事者尋問の結果しか存在しないような場合である。このような真偽不明の場合においても裁判を可能にするための法技術が証明責任である。証明責任とは、訴訟において裁判所がある事実の存否につきそのいずれとも確定できない場合に、その事実を要件とする自己に有利な法律効果の発生が認められないこととなる一方当事者の不利益ないし危険をいう。

　証明責任の分配基準については、法規不適用説を前提とした法律要件分類説という考え方が通説的見解であり、実務上もこの見解によっているものと解される。法規不適用説とは、ある実体法規において「A事実が存在すれば、法律効果Rが発生する」と定められている場合に、この法規を発動するためにはA事実の存在が証明されなければならないのであって、A事実の不存在が証明された場合はもとより、A事実の存否が不明である場合にも、この法規を適用することはできず、したがって法律効果Rの発生を認めることはできない、とする考え方である。そうすると、当事者は、自己に有利な法律効果の発生を定めている法規の構成要件に該当する事実について証明責任を負担する。ある法規がいずれの当事者にとって有利であるかは、その法規の実体法上の性質によって分類して考える。すなわち、法規を、①権利の発生要件を定めた権利根拠規定、②上記①に基づく効果の発生を当初から妨げる要件を定めた権利障害規定、③一旦発生した権利の消滅要件を定めた権利消滅規定に分け、①については権利を主張する者が、②および③については権利を争う者が、それぞれ証明責任を負担するとする。これが法律要件分類説である（さらに、例えば同時履行の抗弁権のように、①に基づいて発生した権利の行使を一時的に阻止する要件を定めた

規定として④権利阻止規定という類型を掲げる見解もある）。例えば、XがYに対して貸金200万円の返還を請求したケースにおいて、(ｱ)Yがその200万円は贈与を受けたものであって借りたものではないと主張した場合と、(ｲ)Yがその200万円は既に弁済したと主張したが、Xはまだ弁済を受けていないと主張した場合について考えてみよう。XはYに対して消費貸借契約に基づく貸金債権を行使しているが、この権利の発生要件は、民法587条によれば、返還約束（「当事者の一方が種類、品質及び数量の同じ物をもって返還をすることを約し」たこと）および金銭授受（「相手方から金銭その他の物を受け取ること」）であり、これら①に該当する事実については権利者たるXが証明責任を負担する。したがって、(ｱ)の場合において、貸金であるのか贈与であるのか、いずれとも確定できない真偽不明の状態に陥ったときは、権利者たるXの不利益に判断され、返還約束が存在しなかったときと同様に扱われる、すなわち、裁判所はXの請求を棄却する判決をする。これに対して、③に該当する事実については権利を争っているYが証明責任を負担する。したがって、(ｲ)の場合において、弁済の有無について真偽不明に陥ったときは、Yの不利益に判断され、弁済がなされていないときと同様に扱われる、すなわち、裁判所はXの請求を認容し、Yに200万円の支払を命ずる判決をする。ある規定が権利根拠規定または権利障害規定のいずれであるかは、まずは法規の条文の形式的構造に依拠して識別される。すなわち、条文が本文とただし書とに分けて規定されていれば、本文が権利根拠規定であり、ただし書が本文の法律効果を妨げる権利障害規定と解釈される（例えば、自動車損害賠償保障法3条参照→後述6(1)〔154頁〕）。もっとも、実体法規定の形式および文言だけで証明責任を分配しようとすると、条文相互間に抵触が生じたり当事者間の不公平を招いたりすることがあるので、そのような場合には、立法趣旨や立証の難易等を考慮して、権利根拠規定か権利障害規定かを判断する（→後述**コラム**〔153頁〕）。

　証明責任は主要事実についてのみ観念すれば足りる。また、一つの事実につき当事者の一方のみが負担するものであって、同一の事実について原告および被告の双方が証明責任を負担するということはない。例えば、上記(ｱ)の例において、「貸金であることにつきXが証明責任を負い、かつ、贈与であることにつきYが証明責任を負う」ということはない。前者は返還約束の存在につきX

が証明責任を負っているということ、後者は返還約束の不存在につきYが証明責任を負っているということにほかならず、もしそのように解したのでは返還約束の存否について真偽不明の場合に裁判が不可能となってしまうであろう。つまり、上記(ア)においてYの主張する贈与の事実は、返還約束を否認しつつ、その理由として主張されている間接事実にすぎないのであって、抗弁ではないことに留意すべきである（→前述Ⅳ2(2)(b)(v)〔119頁〕）。このように、ある主張が否認または抗弁のいずれに当たるのかは証明責任の所在によって定まる。証明責任は、自由心証の働きの尽きたところから働くものではあるが、審理の最終段階でしか意味をもたないということではなく、当事者の訴訟活動および裁判所の訴訟指揮の指標となる。そのため、証明責任は「民事訴訟のバックボーン」といわれることがある。もっとも、請求が異なれば、同一の事実であったとしても証明責任の所在が異なることはあり得る。例えば、売買契約においては、民法555条が「売買は、当事者の一方がある財産権を相手方に移転することを約し、相手方がこれに対してその代金を支払うことを約することによって、その効力を生ずる。」と規定していることから読み取れる通り、財産権移転約束および代金支払約束が権利の発生を基礎づける事実であるが、これらの事実については、売主Xと買主Yの間の売買契約に基づいて、XがYに対して代金請求をするときはXが証明責任を負担し、YがXに対して目的物引渡請求をするときはYが証明責任を負担することになる。

　証明責任の所在は一定である。一方当事者の立証活動によって裁判官が確信を形成しつつあるとき、他方当事者にはそれを妨げるための証明活動をする必要が生ずるが、これは、証明の必要性という事実上の負担の問題であって、証明責任が移転したわけではない。証明責任とはあくまでも結果責任であり、このことを明確にするため客観的証明責任と呼ばれることがある。

　証明責任の負担は実体法関係的に定まるものであって、訴訟上原告と被告とが入れ替わったとしても証明責任の所在が変わるものではない。例えば、弁済の事実は、上記③権利消滅規定に該当する事実であるから、債務者が証明責任を負担する。すなわち、貸金返還請求訴訟であれば被告が、債務不存在確認請求訴訟であれば原告が、証明責任を負担することになる。

証明責任の分配が問題となる例

証明責任の分配を実体法規定の形式および文言のみによって決しようとすると、条文相互間に抵触が生じたり、当事者間の不公平を招いたりすることがある。このような場合には、立法趣旨や立証の難易等を考慮して修正を加える見解が有力である（「修正された法律要件分類説」と呼ばれる）。問題が生ずる例として、(a)履行不能の帰責事由、(b)準消費貸借契約における旧債務の存在、(c)背信行為と認めるに足りない特段の事情などがある。

(a) 履行不能の帰責事由

現行の民法415条後段の文言からすれば、債務不履行責任を問うには、債権者の側で債務者の「責めに帰すべき事由」を証明しなければならないように読める。しかし他方、同法419条3項によれば、非金銭債務の不履行による損害賠償債務については不可抗力をもって抗弁とすることができる（帰責事由のないことを証明して責任を免れることができる）と読むことも可能である。債務者は本来一定の給付をなすことを義務づけられていることに鑑みれば、同法415条後段の文言にかかわらず、免責を主張する債務者の側で、履行不能が債務者の責めに帰すべからざる事由によって生じたことを証明しなければならないと解すべきである（最判昭和34・9・17民集13巻11号1412頁参照）。なお、民法の一部を改正する法律案（第189回国会・閣法63）は、民法415条を「債務者がその債務の本旨に従った履行をしないとき又は債務の履行が不能であるときは、債権者は、これによって生じた損害の賠償を請求することができる。ただし、その債務の不履行が契約その他の債務の発生原因及び取引上の社会通念に照らして債務者の責めに帰することができない事由によるものであるときは、この限りでない。〔2項省略〕」と改めることを提案している。これによれば、「債務者の責めに帰することができない事由によるものである」ことが、ただし書に置かれ、債務者が証明責任を負担することが明確になる。

(b) 準消費貸借契約における旧債務の存在

民法588条の文言からしても、準消費貸借契約における旧債務の存在が通常の消費貸借契約における目的物の交付（金銭授受）に相当することからしても、旧債務の存在は準消費貸借契約の成立要件として債権者に証明責任があるとする見解がある。しかしながら、準消費貸借契約の締結の際、旧債務に関する証書を新債務に関する証書に書き換えるにあたっては、新証書に旧債務を表

示しないで新たな貸借がなされたように記載されることがある。この場合、旧証書は既に返還または破棄されてしまっているので、債権者が旧債務の存在を証明するのは困難である。これを考慮して、債務者に旧債務の不存在の証明責任があるとする見解がある。判例（最判昭和43・2・16民集22巻2号217頁）は、後者すなわち債務者に旧債務不存在の証明責任があるとする見解に立つ。

(c) 背信行為と認めるに足りない特段の事情

賃貸人に対する背信行為と認めるに足りない特段の事情があれば、民法612条2項によって賃貸借契約を解除することはできない。この解釈上付加された要件の証明責任は誰にあるか。判例（最判昭和41・1・27民集20巻1号136頁）は、賃借人に証明責任があるとする。

6　証明責任分配の修正・証明の負担の軽減

(1)　証明責任の転換

政策的配慮により法律が一般の場合とは異なる定めをして、相手方に反対事実の証明責任を負担させることがあり、これを証明責任の転換と呼ぶ。例えば、不法行為に基づいて損害賠償請求をする一般の場合には、民法709条から読み取れる通り、①（加害者の）故意または過失、②権利侵害または違法性、③損害の発生および④因果関係が権利の発生を基礎づける事実となり、これらの事実については被害者が証明責任を負担する。これに対して、自動車損害賠償保障法3条に基づいて運行供用者責任を追及する場合には、被害者は同条本文の要件さえ主張・立証すれば足り、上記①について証明する必要はない。むしろ、同条ただし書に規定されている通り、運行供用者が自己の無過失を証明して初めて責任を免れるとされている。人損の場合における被害者救済の実効性確保のため、法律が過失の証明責任を転換したものである。

(2)　推　定

事実認定の主体が、ある事実（前提事実）に基づいて別の事実（推定事実）について確信を形成することを推定という。もっとも、法文上「推定」との語が用いられていても、以下の通り、いくつかの種類に分けられ、必ずしも上記の

意味における推定とはいえないものも含まれている。

　ア　法律上の事実推定

　「一定の要件事実（B）があれば、法律効果（R）が発生する」との私法法規がある場合において、これとは別に、「A事実（前提事実）があればB事実（推定事実）があるものと推定する」との規定（推定規定）を用いることによって、前提事実（A事実）の認定から、直接（B事実を認定することなく）、法律効果（R）の発生を認めること、またはこのような立法技術を、法律上の事実推定という。

　例えば、民法186条2項は「前後の両時点において占有をした証拠があるときは、占有は、その間継続したものと推定する。」と規定し、前後の両時点における占有（いわゆる「ポイント占有」）（A事実）を証明すれば、その間の全期間にわたる占有の継続（B事実）を推定するものとしている。この推定規定を用いれば、民法162条1項の取得時効（法律効果R）を主張しようとする者は、前後の両時点における占有（A事実）を証明すれば足り、20年間ずっと占有を継続していたという事実（B事実）を証明する必要がない。

　このような推定規定があると、法律効果Rの発生を主張する当事者は、証明困難なB事実の証明に代えて、A事実を証明すれば足りる（証明主題の選択）。これに対して法律効果Rの発生を妨げたい相手方当事者は、A事実を真偽不明に追い込むことができればよいが、もしそれができなければ、B事実の不存在について裁判官に確信を抱かしめるよりほかない。この証明は、真偽不明に持ち込む程度（反証）では足りない。この意味において、証明責任が転換されているといえる。

　イ　暫定真実

　特定の法律効果の基礎となる要件事実が複数存在するときに、法がある要件事実の証明に基づいて無条件に他の要件事実の存在を推定するものが暫定真実である。前提事実と推定事実とが同一の法律効果の要件事実を構成しているため、前提事実が存しないように見える点に特徴がある。例えば、民法162条1項は、取得時効の要件として、①所有の意思をもって②平穏にかつ③公然と④20年間、他人の物を占有したことを定めているが、民法186条1項によれば、占有者は所有の意思をもって善意で平穏にかつ公然と占有をするものと推定さ

れ、上記④の要件さえ具備されていれば上記①、②および③は推定されることになるから、結局のところ、民法162条1項は「20年間他人の物を占有した者は、その所有権を取得する。ただし、所有の意思なく又は強暴若しくは隠秘による占有についてはこの限りでない。」と規定したことと同じ意味になる。

 ウ 法定証拠法則

 推定事実（B事実）が特定の実体法上の要件事実ではなく、裁判所の事実認定に対する一定の拘束としての証拠法則を法定する意味において推定の語が用いられることがある。「私文書は、本人又はその代理人の署名又は押印があるときは、真正に成立したものと推定する。」と定める228条4項がその例である。自由心証主義の例外をなす。

 エ 法律上の権利推定

 上記アと異なって、前提事実（A）から法律上推定されるものが、事実（B）ではなくて、権利または法律効果（R）である場合があり、これを法律上の権利推定という。「占有者が占有物について行使する権利は、適法に有するものと推定する。」と定める民法188条がその例である。

 オ 意思表示の解釈規定

 一定の法律行為に関する当事者の合理的意思を解釈して、所定の法律効果を付与する法技術が意思表示の解釈規定である。「期限は、債務者の利益のために定めたものと推定する。」と定める民法136条1項がその例である。

 カ 事実上の推定

 上記各推定規定は立法者が定めたものであるのに対して、裁判所が経験則に基づいて自由心証の範囲内において、ある前提事実（A）から別の事実（B）を推認することを事実上の推定という。例えば、民法94条2項の第三者の善意については、第三者が自らの善意について証明責任を負担するが（最判昭和35・2・2民集14巻1号36頁参照）、登記を信頼した第三者の善意は事実上推定されるとの議論がなされる。もっとも、事実上の推定は証明責任の転換をもたらすものではなく、B事実の存否につき真偽不明に陥れば原則通り証明責任を負担する者が敗訴することになる。

(3) 損害額の認定

　248条は、「損害が生じたことが認められる場合において、損害の性質上その額を立証することが極めて困難であるときは、裁判所は、口頭弁論の全趣旨及び証拠調べの結果に基づき、相当な損害額を認定することができる。」と定める。旧民事訴訟法には存在せず、現行民事訴訟法において新たに導入された規定である。立案担当者は、慰謝料や幼児の逸失利益の算定に関する判例（最判昭和39・6・24民集18巻5号874頁）の考え方を明文化したものと説明するが、学説による理解は対立しており、損害額について証明度を軽減したものとみる見解、損害額について裁判所の裁量による評価を許容したものとみる見解、それら双方を認めたものとみる見解（折衷説）に分かれている。判例上、248条を適用すべきものとされた例として、特許庁職員の過失により特許権（最終的には事業化に成功せず特許料不払により消滅するに至ったもの）を目的とする質権を取得することができなかった場合における損害額（最判平成18・1・24判時1926号65頁）、採石権侵害を理由とする不法行為に基づく損害賠償請求事件において違法な行為による採石量と適法な行為による採石量とを明確に区別することができない場合における損害額（最判平成20・6・10判時2042号5頁）、有価証券報告書に虚偽記載がされている上場株式を取引所市場において取得した投資者に生じた損害額（最判平成23・9・13民集65巻6号2511頁）がある。248条の文言としては「することができる」と規定されているが、これらの判例の趣旨によれば、同条の適用は裁判所の義務であると解される。すなわち、損害の発生が認められ、かつ損害の性質上その額を立証することが極めて困難であるにもかかわらず、248条を適用せずに損害額算定不能を理由として請求を棄却することは、違法である。

(4) 過失の択一的・概括的認定、一応の推定

　判例によれば、医師YがXに麻酔注射した際に注射部位にブドウ状球菌が侵入したために脊髄硬膜外膿瘍に罹患したとしてXがYに対して損害賠償を請求した事例において、裁判所が、注射器具、施術者の手指または患者の注射部位のいずれについて消毒が不完全であったかを特定せずに、消毒の不完全を理由としてYに過失があると判断してXの請求を認容することは違法でないとされ

た。「これらの消毒の不完全は、いずれも、診療行為である麻酔注射にさいしての過失とするに足るものであり、かつ、医師診療行為としての特殊性にかんがみれば、具体的にそのいずれの消毒が不完全であったかを確定しなくても、過失の認定事実として不完全とはいえない」からである（最判昭和39・7・28民集18巻6号1241頁）。

また、判例によれば、一般に、被保全権利が当初から存在しないことを理由として仮処分命令（民事保全法23条参照）が異議もしくは上訴手続において取り消され、または本案訴訟において原告（仮処分申請人）敗訴の判決が言い渡され、その判決が確定した場合には、他に特段の事情のない限り、仮処分申請人において過失があったものと推認するのが相当であるとされた（最判昭和43・12・24民集22巻13号3428頁。ただし、当該事例においては仮処分の相手方を取締役個人とすべきであるにもかかわらず会社と誤認したことに無理からぬ事情があったとして、過失は否定された）。

これらの判例およびドイツの学説を踏まえ、高度の蓋然性を持つ経験則（定型的事象経過）がある場合には、具体的な事象経過の証明がなくても、客観的事情から過失および因果関係の存在を推認するという考え方（表見証明）が提唱されている。これによれば、例えば、開腹手術時に腹腔内に縫合針が遺留されたことが証明されれば医師の過失が推認されることになる。

(5) 証明責任を負わない当事者の事案解明義務、具体的事実陳述＝証拠提出義務

判例は、行政庁のなした原子炉設置許可処分に対して建設予定地周辺住民が提起した取消訴訟において、「原子炉施設の安全性に関する判断の適否が争われる原子炉設置許可処分の取消訴訟における裁判所の審理、判断は、原子力委員会若しくは原子炉安全専門審査会の専門技術的な調査審議及び判断を基にしてされた被告行政庁の判断に不合理な点があるか否かという観点から行われるべきであって、現在の科学技術水準に照らし、右調査審議において用いられた具体的審査基準に不合理な点があり、あるいは当該原子炉施設が右の具体的審査基準に適合するとした原子力委員会若しくは原子炉安全専門審査会の調査審議及び判断の過程に看過し難い過誤、欠落があり、被告行政庁の判断がこれに

依拠してされたと認められる場合には、被告行政庁の右判断に不合理な点があるものとして、右判断に基づく原子炉設置許可処分は違法と解すべきである。」との判断を前提として、「原子炉設置許可処分についての右取消訴訟においては、右処分が前記のような性質を有することにかんがみると、被告行政庁がした右判断に不合理な点があることの主張、立証責任は、本来、原告が負うべきものと解されるが、当該原子炉施設の安全審査に関する資料をすべて被告行政庁の側が保持していることなどの点を考慮すると、被告行政庁の側において、まず、その依拠した前記の具体的審査基準並びに調査審議及び判断の過程等、被告行政庁の判断に不合理な点のないことを相当の根拠、資料に基づき主張、立証する必要があり、被告行政庁が右主張、立証を尽くさない場合には、被告行政庁がした右判断に不合理な点があることが事実上推認されるものというべきである。」とした（最判平成4・10・29民集46巻7号1174頁）。つまり、構造的に証拠が偏在している場合においては、証明への非協力が事実上の推定の根拠となり得るとした。

　これに対して、学説は、当事者が事実の主張および証拠の提出を拒んだ場合にその者に不利な事実が存在するという経験則は必ずしも存在しないとして上記判例を批判しつつも、その結論を正当化する理論構成を模索している。

　一つの見解は、事案解明義務を指定する考え方である。①証明責任を負う当事者が事件の事実関係から隔絶されていること、②これにより事実関係を知ることができず、そのことについて非難可能性のないこと、③自己の主張が抽象的ではなく、主張を裏づける具体的な手がかりを提示していること、および④証明責任を負わない相手方に事案解明（事実の主張または証拠の提出）に協力することを期待することが可能であること、という四つの要件が具備される場合には、相手方に事案解明義務が生じ、これに違反すると、その効果（制裁）として、証明責任を負う当事者の主張する事実の真実擬制が可能となるとする。この見解に対しては、間接的とはいえ証明責任に影響を与える、訴訟当事者が単なる情報提供者に堕し主体的地位を失うおそれがある、といった批判がある。

　別の見解として、上記判例は信義則に基づく具体的事実陳述＝証拠提出義務を認めたものであると解する立場がある。①証明責任を負う当事者が事象経過

の外におり、②事実を自ら解明する可能性を有していないが、③相手方（証明責任を負わない当事者）は難なく必要な解明を与えることができ、かつ、④具体的事件の事情から見て解明を相手方に期待することができる、という四つの要件が具備される場合には、相手方は具体的事実陳述＝証拠提出義務を負い、相手方が事案の解明に協力しないことは信義則に反するとする。具体的事実陳述をせず、単に証明責任を負う当事者の事実主張を否認するにとどまる場合には、有効な否認と認めることができず、自白を擬制すべきであるとする。

(6) 証明妨害

　前述の通り、当事者尋問において正当な理由なく当事者が出頭せず、または宣誓もしくは陳述を拒んだときは、裁判所は尋問事項に関する相手方の主張を真実と認めることができる（208条）（→2(2)〔135頁〕）。また、訴訟の当事者が文書提出命令に従わない場合または相手方（文書提出命令の申立人）の使用を妨げる目的で提出の義務がある文書を滅失させ、その他これを使用することができないようにした場合は、裁判所は、当該文書の記載に関する相手方の主張を真実と認めることができ（224条1項・2項）、さらに、相手方が当該文書の記載に関して具体的な主張をすることおよび当該文書により証明すべき事実を他の証拠により証明することが著しく困難であるときは、裁判所は、要証事実に関する相手方の主張を真実と認めることができる（224条3項）（→2(4)(d)(ⅲ)〔145頁〕）。これらの規定の基礎にある考え方をより一般化し、相手方の故意または過失により証拠が隠滅されるなどして証明責任を負担する当事者による証拠の提出が妨害された場合に、何らかの制裁的効果を認めることができないかが議論される。下級審裁判例の傍論においてではあるが、日時の記載のない保険料弁済受領書が交付された事案につき、「保険金〔正確には「保険料」〕を支払おうとする保険契約者の無知に乗じて保険の効力の及ぶ期間を曖昧にする等の故意で、あるいは、それと同視し得る程度の重大な過失によって、遅滞分割保険料等を受領した日時を記載しない弁済受領書を交付した場合には、保険者は、遅滞分割保険料等の支払日時について、被保険者の証明妨害をしたこととなるものと解すべきである。このような証明妨害があった場合、裁判所は、要証事実の内容、妨害された証拠の内容や形態、他の証拠の確保の難易性、当該事案に

おける妨害された証拠の重要性、経験則などを総合考慮して、事案に応じて、①挙証者の主張事実を事実上推定するか、②証明妨害の程度等に応じ裁量的に挙証者の主張事実を真実として擬制するか、③挙証者の主張事実について証明度の軽減を認めるか、④立証責任の転換をし、挙証者の主張の反対事実の立証責任を相手方に負わせるかを決すべきである。」としたものがある（東京高判平成3・1・30判時1381号49頁）。

第5章

訴訟の終了

　この章では、訴訟の終了を取り扱う。訴訟の終了には、大別して、裁判所の判決による場合と、当事者の意思に基づく場合とがある。訴訟の終了では、特に紛争の蒸し返しを禁止するための制度的効力である既判力が理論上重要な役割を担っている。

　【モデルケース】を念頭に、次の例題を解けるようになることが、本章の主な課題である。
(1) 次の確定判決は、それぞれどのような効力を持つか。
　①「別紙目録記載の甲土地につき、原告の所有権を確認する」
　②「被告は原告に対して200万円支払え」
　③「原告の請求を棄却する」
(2) 岡部の亀田に対する請求を棄却する判決がされて確定した。岡部はこの判決は間違っていると主張して、もう一度亀田に対して同じ訴えを提起した。裁判所は、もう一度始めから審理をしなければならないか。また、このような訴えに対して、どのような判決をすべきか。
(3) 裁判所は、「200万円は岡部から借りたのではなくもらったものだ」という亀田の主張を認めて、岡部の請求を棄却した。
　①「200万円は岡部から亀田への贈与であった」との判断に拘束力は生じるか。
　②亀田が「岡部の主張する貸金債権を亀田の岡部に対する売買代金債権200万で相殺する」と主張し、裁判所がこの主張を認めて、岡部の請求

を棄却した場合はどうか。
(4) 岡部の請求を認容する判決が確定した後に、岡部から川野に、岡部の亀田に対する貸金債権が譲渡され、川野が亀田に対して同債権の履行を求めた場合、亀田は、岡部の亀田に対する貸金債権が不存在であると主張して、その履行を拒むことができるか。
(5) 岡部に対して債権を有していた赤山は、岡部に代位して（岡部は無資力であったとする）、亀田を相手方として、岡部の亀田に対する貸金返還請求権を訴訟物とする訴えを提起した。審理の結果、赤山の請求は棄却された。この判決が確定した後に、岡部が亀田に対して、同一の貸金返還請求権を訴訟物とする訴えを提起した場合、裁判所はどのように判断するか。
(6) 岡部が次のような理由で訴訟を終了したいと望む場合、どのような方法で訴訟を終了することになるか。また、それぞれどのような効力が生じるか。
①裁判外で亀田との間で和解が成立したので、訴訟をなかったことにしたい。
②自己の主張に理由がないことを認める。
③裁判所のすすめた和解案にのることにしたい。

I　判決による訴訟の終了

1　判決とは何か

(1)　裁判の種類

　判決は、裁判の一つの種類である。裁判とは、裁判機関の示す判断行為ないし意思表示であり、判決のほかに、決定と命令がある。
　決定および命令は、訴訟指揮上の措置や本案審理の付随事項について行う裁判である。決定と命令の違いは裁判をする主体にある。決定は裁判所、命令は裁判官が（〔合議体をとる場合〕裁判長、受命裁判官、受託裁判官などの資格で）行う。決定には、移送（16条以下）、裁判官の除斥・忌避（23条以下）、訴訟手続の続行命令（129条）、証言拒絶についての裁判（199条）、文書提出命令（223条1項

(「命令」であるが決定に分類される〕）などがあり、命令には、訴状補正・却下命令（137条）、弁論準備手続における書証の申出および文書送付嘱託についての裁判（171条3項）などがある。決定・命令の手続では、口頭弁論を開くかどうかは裁判所や裁判官の裁量に委ねられており（87条1項ただし書・2項）、当事者への告知は、原本に基づく言渡しではなく、相当な方法による（119条）。これに対する不服申立方法は、抗告である。

他方、判決は、裁判所が、原則として口頭弁論に基づき（87条1項本文）、訴訟物である権利関係について行う裁判である。原則として判決原本に基づき言い渡すことになっており（252条。例外として254条・374条2項）、これに対する不服申立方法は、控訴、上告である。本案の判断をする判決手続は、決定・命令のそれと比較して、当事者の主張立証の機会を確保するため、より慎重に組み立てられている。

(2) 判決の種類
(a) 終局判決と中間判決

判決には、終局判決と中間判決がある。より重要な役割を担っているのは、終局判決である。これは、訴訟の全部または一部をその審級につき終了させる効力を持つ判決であり、「訴訟が裁判をするのに熟したとき」にされる（243条1項）。「裁判をするのに熟したとき」とは、当事者の主張立証が十分に尽くされ、裁判所の心証がそれ以上覆らない状態になったときを指す。この状態に至らない場合でも、当事者の双方または一方が口頭弁論の期日に出頭せず、または弁論をしないで退廷をした場合において、審理の現状および当事者の訴訟追行を考慮して相当と認めるときは、裁判所は、終局判決をすることができる（244条→第4章Ⅳ7(1)〔125頁〕）。

これに対し、中間判決は、ある審級の手続を終結させる効果を持たない。訴訟係属中に当事者間で争われた事項や訴訟上の先決事項について裁判所が示す判断をいい、審理を整理し、終局判決を容易にすることを目的とする。中間判決ができるのは、①独立の攻撃防御方法、②中間の争い、③請求原因および数額について争いがある場合におけるその原因についてである（245条）。①は、実体法上の争いに関する当事者の主張や抗弁で他と切り離して裁判所が判断で

きるものをいい（例：所有権に基づく土地引渡請求訴訟において原告が所有権の取得原因として売買と時効取得を主張した場合の各主張）、②は、本案よりも先に決定すべき訴訟法上の争いのうち、口頭弁論に基づき判断すべきものをいう（例：国際裁判管轄が争われている場合の日本の裁判所の管轄の存否）。③は、不法行為に基づく損害賠償請求訴訟において原告の請求権の有無と金額について争いがある場合の請求の原因（過失、因果関係など）をいう（これについての判決を原因判決という）。中間判決はあくまで終局判決を容易にするためのものだから、既判力はなく、独立して不服を申し立てることはできない。不服があるときは、終局判決に対して上訴することによって上級審の判断を受ける（283条本文）。

(b) 終局判決の種類

(i) 全部判決と一部判決

終局判決のうち、同一訴訟手続で審判される事件の全部を同時に完結する判決を全部判決といい、その事件の一部のみを完結する判決を一部判決（243条2項・3項）、残りの部分についての判決を残部判決という。例えば、単純併合された複数の請求の一部について、他の請求よりも先に裁判をするのに熟した場合には一部判決ができる。裁判所が、請求の一部について裁判をしなかった場合（裁判の脱漏）には、その請求の部分はなお裁判所に係属する（258条1項）。

(ii) 本案判決と訴訟判決

終局判決の内容についてみると、①原告の提示した請求（本案）の当否についての判断を示すもの（本案判決）と、②訴訟要件がないと判断して本案に立ち入らないもの（訴訟判決）とがある。①は、さらに、原告の請求を認める請求認容判決とこれを認めない請求棄却判決とに分かれる。②は、訴え却下判決である。本案に立ち入らないという意味でいわば門前払いの判決である。

(iii) 訴訟終了宣言判決

訴訟判決の特殊な形態として、訴訟終了宣言判決がある。これは、既に訴訟が終了していることを裁判の形式をとって手続上明確にするものであり、訴訟が終了したことだけを既判力をもって確定する訴訟判決である。例えば、二当事者対立構造が消滅した場合、訴えの取下げについて争いがあり、弁論が再開された結果、訴えの取下げが有効にされたと判断された場合や、訴訟上の和解の効力を争って再開された訴訟において、和解が有効に成立したことを認めた

場合（最判平成27・11・30裁時1641号3頁）に訴訟終了宣言判決がされる。

2　申立事項と判決事項

　裁判所は、判決の形で、訴訟物である権利関係についての判断を示す。このとき、当事者が申し立てていない事項については、判決することができない（246条）。これは、民事訴訟において、処分権主義が採用されているためである（→第1章Ⅰ3(1)〔8頁〕）。裁判所に後見的な役割が期待されている非訟事件とは異なり、民事訴訟では、審判対象の範囲の決定は当事者に委ねられているから、裁判所は当事者の申立事項を超えて判決することはできない。申立てを超える判決は、当事者自治への不当な介入になるし、当事者からみて予想外の判決になるおそれがある。したがって、原告が設定する審判の範囲は、請求が棄却された場合に原告がどれだけ不利益を負うかの上限と、請求が認容された場合に被告がどれだけ不利益を負うかの上限を示す機能を持っている。

　裁判所は、判決事項が原告の申立ての範囲内かどうかを検討しなければならない。その際、基準となるのは、①訴訟物、②判決形式、③申立ての質的・量的範囲である。裁判所は、原告の提示した訴訟物でない権利関係について判断することはできず、原告が求めた判決形式と異なる判決をすることも許されない（例えば、権利関係の確認を求める申立てに対して、給付判決をすることはできない）。また、原告の提示した申立ての範囲を超える判決をすることはできない。例えば、【モデルケース】においては、原告の提示した200万円を超えて300万円支払えという判決をすることはできない。他方、裁判所が100万円の支払を命ずる判決（一部認容判決）をすることは許される。審判を求めた原告の意思は、200万円を上限としてその範囲での支払を求めていると考えるのが合理的であり、このように解しても、被告に不意打ちは生じないからである。このように申立ての質的・量的範囲について、裁判所は、当事者が何を望んで申し立てたかを合理的に解釈して、その範囲内で判決する。一部認容判決として認められたものとして、①「立退料300万円と引換えに建物を明け渡せ」という訴え（借地借家28条参照）に対し、「立退料500万円と引換えに建物を明け渡せ」とする判決（最判昭和46・11・25民集25巻8号1343頁。逆に、無条件の建物明渡しを命ずる判決をすることは、原告の申立てを超えるから許されない）、②「特定の債務につ

いて150万円を超えては存在しない」という債務不存在確認の訴えに対して、「300万円を超えては存在しないことを確認する」といった残債務額を確定する判決（最判昭和40・9・17民集19巻6号1533頁）、③相続人を被告として債務の支払を求める訴えに対して、被告の限定承認（民922条）の抗弁を認めて「相続財産の限度で支払え」とする判決（最判昭和49・4・26民集28巻3号503頁）などがある。現在給付の訴えに対して将来給付判決ができるか（逆に、将来給付の訴えに対する現在給付判決は申立事項を超えるから許されない）、あるいは、一時金による損害賠償請求に対して定期金による支払が認められるかどうかといった問題について、学説は分かれる。なお、形式的形成訴訟の場合には、裁判所には後見的立場からの訴訟関与が求められているから、例外的に、当事者の申立てには拘束されない（→第3章Ⅰ1(3)〔63頁〕）。

3　判決の成立・確定

(1)　判決書の様式

　判決するときには、原則として判決書が作成される。判決書の必要的記載事項は253条1項に規定されている。そのうち、重要なものを確認しておく。
　「主文」（1号）は、訴状における「請求の趣旨」に対応する。訴訟要件が欠けているなどの理由で訴えが不適法な場合には「原告の訴えを却下する」（「請求」ではなく「訴え」である点に注意）、原告の請求に理由がない場合には、「原告の請求を棄却する」、原告の請求に理由がある場合には、請求の趣旨に対応して、これが金銭給付を求めるものであれば「被告は原告に対して〇〇円を支払え」といった文言になる。「事実」（2号）には、裁判所が認定した事実が示され、「理由」（3号）には、主文の結論を導くに至った根拠が示される。また、「口頭弁論の終結の日」（4号）は、既判力が生じる基準時となり重要な意味を持つ。

(2)　判決の言渡し

　判決は、言渡しによってその効力を生じる（250条）。判決の言渡しは、原則として、口頭弁論終結の日から2カ月以内に、判決書の原本に基づいてされる（251条・252条）。ただし、被告が口頭弁論において原告の主張した事実を争わ

ず、その他何も防御方法を提出しない場合や、被告が公示送達による呼出しを受けたにもかかわらず口頭弁論期日に出頭しない場合において、原告の請求を認容するときは、判決書の作成に代えて、裁判所書記官が調書を作成し、これによって判決が言い渡される（調書判決〔254条〕、なお少額訴訟の場合について374条）。判決書またはこれに代わる調書は当事者に送達され（255条1項）、当事者が送達を受けた日から控訴・上告期間が起算される（285条・313条）。

II　判決の効力

1　判決の成立により生じる効力

(1)　自己拘束力

判決が効力を生じると、判決をした裁判所自身も拘束され、判決を自由に取り消すことができなくなる。これを自己拘束力ないし自縛力という。もっとも、これには例外もある。まず、裁判所は、判決に法令の違反があることを発見したときは、その言渡し後1週間以内に限り、変更判決をすることができる（256条）。これは、法令違背を理由とする上訴を防止することで上訴審の軽減を図ったものである。また、判決に計算違い、誤記その他これらに類する明白な誤りがあるときは、裁判所は、申立てによりまたは職権で、いつでも更正決定をすることができる（257条）。他方、決定・命令の多くは訴訟指揮の裁判（120条）に当たり、いつでも取り消すことができる（個別に取り消すことができる旨の規定がある場合もある〔172条など〕）。即時抗告に服する決定・命令については、即時抗告がされると、原裁判をした裁判所または裁判長がその裁判を更正することができる（再度の考案。333条）。

(2)　羈束力

同一の手続の中で、ある裁判所がした判断が他の裁判所を拘束する力を羈束力という。「羈束」とはつなぎしばること、拘束することを意味する。例えば、確定した移送の裁判は、移送を受けた裁判所がさらに別の裁判所に移送するなどのたらい回しを防ぐため、移送を受けた裁判所を拘束する（22条）。そのほ

かの例として、原判決の確定した事実に上告裁判所が拘束されること（321条）、上告裁判所が原判決破棄の理由とした判断に差戻し等を受けた下級審裁判所が拘束されること（325条3項）がある。

2　判決の確定により生じる効力

(1)　形式的確定力

判決に対して不服がある場合、当事者は上級審に上訴することができる（→第6章 I〔200頁〕。同級審への不服〔異議〕申立てとして、357条・367条2項・378条）。民事訴訟では処分権主義が採用されており、職権での上訴は認められていない。したがって、当事者が上訴期間内に上訴しなければ、判決に対して不服申立てができなくなる。通常の不服申立方法が尽きたときに判決は確定したといい（116条2項参照）、上訴によって取り消される可能性がなくなった判決を確定判決という。形式的確定力とは、もはや通常の手続では判決を取り消すことができなくなるという確定判決の効力を意味する。

(2)　内容上の効力

確定した判決には一定の内容上の効力（本来的効力）が生じる。判決の内容上の効力には、既判力、執行力、形成力がある。これらの効力は当事者の求める訴えの内容に対応して生じ、これによって訴訟物をめぐる紛争の解決が期待される。それぞれの効力と訴えの類型との関係については、前述した（→第3章 I 1 (2)〔61頁〕）。

(a)　既判力

既判力とは、確定判決に示された裁判所の判断内容の通用性をいう。通用性とは、後の訴訟の裁判所と当事者がこの判断内容に拘束されることを意味する。民事訴訟は、公権的強制的な紛争解決手段であるから、紛争の蒸し返しを封じて当事者に法的安定性を保障するための制度的効力が必要となる。それが既判力である（→第1章 I 1 (2)(b)〔6頁〕）。既判力は、蒸し返しを防ぐための効力であるから、前訴と同じような、あるいは一定の関係がある後訴が提起された場合に初めて問題となる。これについては、後に II 3〔171頁〕で詳しく述べる。

第5章　訴訟の終了

(b) 執行力

　執行力は、債務名義に示された一定の給付内容を民事執行手続によって実現させる効力である。先に述べたように（→第1章Ⅰ1コラム〔5頁〕）、確定した給付判決は債務名義となる（民執22条1号）。既判力が、常に後訴との関係で問題になるのに対し、執行力は、執行の場面で、確定判決を債務名義として強制執行するときに問題となる（判決確定後に訴訟物である貸金債権を原告Xから譲渡されたZが、Xを名宛人とする確定判決を債務名義として被告Yに対して強制執行することができるか、など）。

　また、判決確定前でも、財産権上の請求に関する判決には、仮執行宣言を付すことができる（259条）。これも債務名義となる（民執22条2号）。訴訟には一定の時間がかかるが、仮執行宣言付判決に執行力を認めることで、原告は早い段階で権利の救済を受けることができる。もっとも、仮執行宣言は、あくまで確定前の判決に付されるものであるから、上級審で判決が変更されることもある。そのような場合には、仮執行宣言は、変更の限度で効力を失い（260条1項）、原告は、仮執行宣言に基づき被告が給付したものの返還や仮執行等により被告が受けた損害の賠償をしなければならない（同条2項）。

(c) 形成力

　確定判決によって当事者間の法律関係について新しい状態を発生させ、または既存の状態を変更または消滅させる効力を形成力という。形成力は、会社関係訴訟や身分関係訴訟など、多数人が関係する権利関係や、生活の基礎となる身分法律関係について判断する形成判決に生じる。これらの権利・法律関係は、法的確実性の要請が高いため、必ず裁判所に審理判断させた上で裁判によりその変動を宣言することになっており、裁判が確定しない限り何人も形成の効果を主張できない。例えば、離婚を求める訴えでは、請求認容判決の確定により、原告と被告の婚姻関係が解消される。形成力も、執行力同様に、これによりどのような権利関係の変動が起きるかが論じられるのであり、後訴は意識されない。形成力の具体的な内容やその主体的範囲は、形成の訴えに関する個別の実体法の規定によって定まる。多くの形成判決には対世効（→Ⅱ3(6)〔192頁〕）を定める規定がある（人訴24条1項など）。

(3) その他の効力

　以上の効力以外にも、一定の場合には、確定判決に特定の効力が認められることがある。確定判決の存在が実体法上の要件とされる場合（民157条2項・174条の2・459条1項など）を法律要件的効力という。また、補助参加に係る訴訟の裁判において、被参加人が敗訴した場合には、補助参加人は参加的効力（46条）を受ける（→第7章 II 3 (4)〔232頁〕）。そのほか、争点効（→II 3 (2)(c)〔176頁〕）、反射効（→II 3 (5)コラム〔191頁〕）など解釈論上主張されている効力もあるし、これらの効力が作用しない場合でも、信義則（2条）によって後訴が排斥されることもある。

(4) 判決の不存在、無効

　裁判官でない者がした判決や言い渡されていない判決など、判決としての成立の外観すら有していない判決を判決の不存在ないし非判決という。これについては、上訴の対象にならないとする説と、上訴の対象としてよい場合もあり得るという説がある。

　また、判決が成立していても、既判力など内容上の効力が生じない場合もある。例えば、存在しない当事者に対してなされた判決、訴訟追行権がない者が当事者として訴訟追行した結果得た形成判決が挙げられる。これらは、内容上無効な判決と呼ばれる。無効な判決も、外形上は成立しており、当該訴訟手続を終了させる効力はあり、上訴の対象となり得る。また、無効な判決であっても、外形的に存在する判決を取り消しておくため再審の対象になり得ると解される。再審は既判力を取り消すための制度であるが、この場合には例外が認められることになる。

3　既判力

(1) 総　論

(a) 既判力の意義

　判決が確定すると、形式的確定力が生じ、その判決を取り消すことはできなくなる。しかし、その判決とは別に、敗訴者が再び自由に民事訴訟を利用でき、前訴裁判所の判断は後の裁判所や当事者を何ら拘束せず、裁判所が何度で

も同じ紛争について改めて判断をすることができるとすれば、結局、当事者間の紛争はいっこうに解決せず、判決による紛争解決の実効性は保障されない。そこで、形式的確定力に加えて、実質的にも紛争の蒸し返しを封じるための制度的効力（既判力）が必要になる。既判力は、内容上の拘束力であり、実質的確定力または実体的確定力とも呼ばれる。前訴と同じような後訴が提起された場合には、後訴の裁判所は、前訴確定判決の既判力により、前訴裁判所がした判断を「決まったこと」だとしてこれと同一の判断をしなければならないし、当事者は、その判断と矛盾抵触するような事実の主張ができなくなる。例えば、XのYに対する甲土地の所有権確認訴訟で、請求認容判決が確定すると、基準時において、甲土地についてXの所有権が存在するという判断に既判力が生じる。その後、XがYに対して所有権に基づく甲土地の引渡請求訴訟を提起した場合、後訴裁判所は、前訴確定判決の既判力により、基準時において、Xに甲土地の所有権があるという判断に拘束され、これを前提として後訴請求を判断しなければならない。

(b) 既判力の根拠

既判力は、紛争の公権的強行的解決という民事訴訟の制度目的を達成するために必要不可欠な効力として認められている。現在の通説的な考え方は、既判力が制度的効力であることに加え、訴訟において当事者が主張立証する機会を与えられたこと（手続保障）が、当事者が裁判所の判断内容に拘束されることを正当化する（手続保障に伴う自己責任）と考える（二元論）。後訴において、既判力が作用すると、前訴でその事実を知っていたかどうか、あるいは主張しなかったことに過失があるかどうかとは無関係に、当事者は一定の事実を主張できなくなる。

既判力の正当化根拠を手続保障に求めると、例外的に既判力を否定する余地が生まれる。例えば、前訴において当事者に事実を主張する機会が全く保障されていなかったような場合には、主張を期待することができないから、既判力による拘束を正当化する根拠に欠け、例外的に既判力は作用しない。もっとも、この例外の余地をどれだけ認めるかは、論者により異なる。既判力が蒸し返しを封ずるための制度的効力であることからすれば、既判力が作用するか否かは画一的に決められることが望ましく、前訴の手続経過に踏み込んだ審理判

断をすることは望ましくない。また、再審制度（→第6章Ⅱ〔215頁〕）との関係も問題になる。期待可能性による既判力の調整は極めて例外的なものとして位置づけるべきものであろう。

> **既判力本質論――実体法との関係**
> ある権利が本当は存在するとしても、訴訟のなりゆきによっては、その権利は存在しないと判断されて確定することがあり得る。この場合、実体法上は権利があるのに、訴訟法上は権利がないという判断に既判力が生じることになり、両者の間にズレが生じる。それにもかかわらず、既判力により拘束されることをどのように説明するかが、既判力本質論の問題である。
> これについては、大きく分けて実体法説と訴訟法説の対立がある。実体法説は、判決確定を和解契約（民695条）が締結されたことと同視する見解であり、既判力により、実体法上の権利の存否が判決の内容通りに定まると考える。これに対して、訴訟法説は、既判力を「同じ判断をせよ」という前訴裁判所の後訴裁判所に対する命令として捉えるものであり、実体法の世界とは別に考える。既判力の相対効（115条1項1号）などを無理なく説明できる点から、訴訟法説が通説になっているが、実体法説を再評価する動きもみられる。もっとも、どちらの見解によるかで個別の解釈問題の結論が直ちに変わるというわけではない（ただし、反射効論では言及される場合もある）。

(c) 職権調査事項

既判力の存在は職権調査事項である。したがって、当事者からの指摘（援用）がなくても、裁判所は自ら既判力の存在や作用を審理判断しなければならない。なお、判決が既に確定した判決と抵触することがわかった場合には、再審事由となる（338条1項10号）。

(d) 既判力の範囲

既判力について考えるとき、①何についての判断に生じるのか、②どの時点の判断について生じ、どのように作用するのか、③誰と誰との間で生じるのか、という3つの点が明らかにされなければならない。①は既判力が生じる客体（→既判力の客体的範囲）、②は既判力の働き方（→既判力の時的限界と既判力の

作用)、③は既判力が及ぶ主体(→既判力の主体的範囲)の問題である。

(2) 既判力の客体的範囲
(a) 原則——判決理由中の判断に既判力は生じない
　既判力は、確定判決の「主文に包含するもの」についての裁判所の判断に生じる(114条1項)。判決主文には、原告が主張する訴訟物たる権利関係についての裁判所の判断、または、原告の本案判決要求に対する裁判所の応答が示される。したがって、既判力は、本案判決の場合には、訴訟物たる権利関係の存否の判断に生じ、訴訟判決の場合には、ある訴訟要件が欠けているという判断に生じる。もっとも、主文に示されたものでも既判力が生じない場合もある。例えば、被告が主張する同時履行の抗弁権(民533条)が認められて「売買目的物の引渡しと引換えに、被告は原告に金200万円支払え」という判決がされた場合、引換給付を示す部分は訴訟物ではないから、引渡請求権が存在するという判断に既判力は生じない。

　判決理由中には、訴訟物である権利関係の存否を判断するための基礎になった事実の判断や法的判断が示されるが(253条1項3号)、これについては、既判力は生じない。例えば、【モデルケース】において、請求棄却判決が確定した場合、基準時において貸金返還請求権が存在しないという判断に既判力が生じるが、その理由となった判断(例えば貸金ではなく贈与であった)には既判力は生じない。なぜ、判決理由中の判断に既判力は生じないのだろうか。当事者の一番の関心事は、訴訟物である権利関係についての判断である。判決理由中の判断として示される事項は、これを導くための手段にすぎない。それにもかかわらず、もし判決理由中の判断にも既判力が生じるとすれば、当事者は、後のことを考えて争点を決めなければならないし、裁判所も実体法上の理論的順序に配慮して判断しなければならなくなる。そうすると、裁判は複雑になり、判決を得るまでに時間がかかるおそれがある。訴訟物についての判断を機動的かつ迅速に行うためには、主文中の判断だけに既判力を生じさせて、理由中の判断には既判力を生じさせないあり方の方が合理的であるといえる。そのため、判決理由中の判断には既判力は生じないのである。例えば、【モデルケース】で、亀田が貸金の事実を争うとともに予備的に消滅時効の抗弁を主張した

場合、裁判所は貸金の事実について判断しなくても、消滅時効の完成を理由として岡部の請求を棄却することができる。

(b) 例外：相殺の抗弁

判決理由中の判断であっても、相殺の抗弁については、法律上の唯一の例外として既判力が認められる。114条2項は「相殺のために主張した請求の成立又は不成立の判断は、相殺をもって対抗した額について既判力を有する」と規定する。相殺の抗弁は、訴訟物たる債権を消滅させるために主張される防御方法であり、それについての判断は判決理由中に示される。

相殺の抗弁の判断に既判力が認められる理由は、その特殊性にある。相殺は自己の債権を犠牲にして相手方の債権を消滅させるものであり、本来、反訴（146条）でも主張できる。もし、被告が反訴の形で自己の債権を主張するのであれば、反訴の訴訟物である当該債権の存否の判断に既判力が生じる（114条1項）。しかし、相殺の抗弁として主張する場合は、訴えではなく、抗弁として主張するのであるから、弁済の抗弁と同様に既判力は生じないことになりそうである。それにもかかわらず、相殺の抗弁の場合にだけ例外的扱いを認めるのは、被告の反対債権の二重行使を防止するためである。原則通り、相殺の抗弁についての判断に既判力を認めないとすると、被告は、前訴で原告の請求を棄却するために自己の債権を相殺の抗弁として用いて請求棄却判決を得た後で、別の新たな訴訟で相殺に供した同一の債権を訴求することができることになってしまう。このような二重行使を封じるためには、相殺の抗弁についての判断に拘束力を認める必要がある。

反対債権の二重行使を封じるのが制度趣旨であるから、既判力が生じるのは、「相殺をもって対抗した額」に限られる。もし、**【モデルケース】**において、亀田が自己の岡部に対する300万円の債権を自働債権として相殺したら、既判力が生じるのは相殺をもって対抗した200万円の範囲に限られる。残額100万円について既判力は生じないから改めて訴求できる。また、相殺に供した債権（反対債権）の判断に既判力が生じるのは、請求の当否を判断するためにその存否を判断した場合に限られる。例えば、訴訟物である訴求債権が相殺以外の理由で消滅したと判断された場合、反対債権が存在することが明らかになっていても、反対債権が存在するという判断に既判力は生じない。まとめると、

相殺の抗弁の判断に既判力が生じるのは、①訴求債権および反対債権がどちらも存在するとして相殺が認められた場合、②訴求債権は存在するが反対債権は存在しないとして相殺が認められなかった場合である。なお、相殺の抗弁が時機に後れた攻撃防御方法として却下された場合（157条）には、相殺の判断がされていないから既判力は生じない。

相殺の抗弁で勝訴することは、相殺の抗弁に供した債権の不存在にも既判力が生じることを意味し、犠牲も大きい。そこで、相殺の抗弁に関する判断は、訴求債権の発生の否認、弁済の抗弁など相殺以外の防御方法が成り立たない場合に限ってされるべきことになる（判断順序の強制。審理の順序の強制ではない）。

(c) 争点効

相殺の抗弁の場合を除いて判決理由中の判断に既判力は生じない。しかし、そのように考えると不都合が生じる場合がある。例えば、XのYに対する所有権に基づく甲土地の明渡請求訴訟（前訴）で敗訴したXが、Yに対して同一の土地の所有権確認請求訴訟（後訴）を提起する例を考えてみよう。前訴の訴訟物は、XのYに対する土地明渡請求権で、後訴の訴訟物は、Xの同一土地の所有権であるから、既判力が作用する関係にはない。また、前訴では、訴訟物を判断する前提として、Xの甲土地の所有権の存否が争点となるが、この点についての判断は判決理由中の判断となるから既判力が生じない。そうすると、前訴で当事者が争った結果Xの甲土地の所有権が存在しないと判断されたとしても、Xは後訴で再び甲土地の所有権について主張することができることになる。しかし、このような場合には、むしろ、所有権の存否についての判断を通用させることが、ＸＹ間の公平に適うとはいえないだろうか。この疑問から主張されるのが、争点効論である。

争点効とは、前訴で当事者が主要な争点として争い、かつ、裁判所がこれを審理して下したその争点についての判断に生ずる通用力で、同一の争点を主要な先決問題とした異別の後訴請求の審理において、その判断に反する主張立証を許さず、これと矛盾する判断を禁止する効力である。その根拠は、当事者間の公平、禁反言、そして攻撃防御の機会を利用したことに伴う自己責任にある。争点効が発生するための要件は、①前訴と後訴の双方で主要な争点であること、②裁判所がその争点について実質的に判断したこと、③前訴と後訴の係

争利益がほぼ同じであるか、前訴のそれの方が大きいこと、④後訴で当事者が援用すること、である。先の例で、これらの要件を満たせば、Xの甲土地の所有権は存在しないという判断に争点効が生じることになる。争点効論に対しては、発生要件が曖昧である、判決理由中の判断に拘束力を生じさせたいのであれば中間確認の訴え（145条）を用いればよい、理由中の判断の拘束力を否定する114条1項と整合するかどうか疑わしい、といった批判が加えられている。判例も争点効を否定している（最判昭和44・6・24判時569号48頁など）。

> ### 既判力に準ずる効力
> 　例えば、【モデルケース】で亀田が死亡し、岡部が、亀田に対する貸金の返還を求める訴えを亀田の相続人鶴川を被告として提起したところ、鶴川が、貸金の事実を争うとともに限定承認（民922条）を主張したとしよう。裁判所は、審理の結果、貸金の事実と限定承認の主張を認め、相続財産の限度で支払を命じる判決をし、判決が確定した。その後、岡部が相続財産の一部が鶴川により隠匿されていたと主張して（民921条3号）、鶴川に対して、相続財産の限度にかかわらず、貸金全額の支払を求める訴えを提起した場合、岡部の主張は認められるだろうか。
> 　限定承認がされると、相続人は、相続財産の限度においてのみ被相続人の債務について責任を負う（民922条）。これは、債務を消滅させるものではなく、強制執行の対象となる責任財産を限定するものであるから、相続債務の履行を求める訴訟において、債務の存在および限定承認の主張が認められると、「相続財産の限度で」履行を命じる判決がされる。もし、この点にも既判力が生じるとすると、後訴において責任限定のない無留保の給付判決を求めることは既判力に抵触する。既判力は訴訟物である権利についての判断に生じるが、責任は訴訟物そのものではない。しかし、限定承認の存在・効力も、訴訟物に準ずるものとして審理判断されており、限定承認が認められる場合には、その重要性から、そのことが判決主文に明記される。判例は、限定承認の存在・効力について既判力に準ずる効力が認められるとする（最判昭和49・4・26民集28巻3号503頁）。これによると、後訴で岡部が限定承認の効力を否定する事実を主張することは既判力に準ずる効力に反して許されない。
> 　判例は、このように訴訟物ではない事項について「既判力に準ずる効力」を認め、また、信義則による蒸し返し禁止も認める一方で、判決理由中の判断に

について「争点効」を否定する。両者の整合性や、責任限定が付された判決を、責任限定が付された状態での債務が存在する（質的一部認容判決）と理解して、既判力を考えることができないかも検討する必要があろう。

(d) 信義則による蒸し返し禁止

前訴判決の既判力が作用しない関係にある後訴において、当事者が判決理由中の判断と矛盾抵触する事実や先決的権利の主張をすることは既判力によっては封じられない。しかし、両当事者が、前訴において、訴訟物である権利関係についての判断に至る上で重要な争点について、攻撃防御する機会を保障され、主張立証を行った（あるいは行わなかった）結果、裁判所の判決がされた場合には、通常、この点について決着がついたことについて合理的な信頼が生じる。このような訴訟手続過程における当事者の一連の行為を評価した結果、既判力ではなく、信義則によって、一定の主張が遮断されることがある。

判例が争点効論を否定したこともあり、学説では、信義則の具体的な内容として、訴訟上の権能の失効（理由中で判断された事項について、前訴で勝訴した当事者にその訴訟で決着がついたという正当な信頼ないし合理的な期待が生じており、その事項について再度の応訴や弁論を強制することが法的に許されないと解される場合には、理由中の判断に拘束力を認めて、敗訴した当事者はそれに抵触する攻撃防御方法を提出できないという考え方）や、訴訟上の禁反言ないし矛盾挙動禁止の原則（前訴で勝訴した当事者は、勝訴の結果を導く不可欠の前提となった前訴判決の理由中の判断に拘束され、後訴において、それと矛盾抵触する主張は許されないという考え方）を用いて、争点効による主張の遮断と同様の結果を導くことができないかが検討された。

他方、争点効を否定した判例は、前訴と形式的に訴訟物は異なっても、実質的には同一事件の蒸し返しであり、後訴の提起によって相手方当事者を不当に不安定な状態にするようなときは、信義則を根拠として、後訴を却下することを認める（最判昭和51・9・30民集30巻8号799頁）。その要件は、①後訴が前訴の実質的な蒸し返しであること、②前訴において後訴と同じ請求をすることが可能であったこと、③後訴の提起により相手方が不当に不安定な地位に置かれた

ことなどである。後述する一部請求論でも信義則による遮断の方向性が明確に示されており、信義則による後訴の遮断は判例法理として定着してきているといえる。

判例の信義則論は、前訴判決によって当事者に生じた紛争解決済みとの合理的な信頼や期待を保護しようとする点で、学説の信義則論と共通するが、前訴の判決理由中の判断自体に拘束力を認めるのではなく、主張すべきであったのに主張しなかったことについても遮断を認めることや、攻撃防御方法レベルではなく、訴えや請求のレベルで蒸し返しを封じる点で異なる。既判力＝訴訟物という枠組みを維持した上で、信義則により後訴を遮断することについて、根本的には、判決理由中の判断に拘束力を認めることと114条1項との関係を改めて検討する必要があろう。

(e) 一部請求

処分権主義のもとでは、当事者は、訴訟の対象を選択・決定することができる。例えば、【モデルケース】において、岡部は200万円のうち50万円だけを請求することもできる。訴訟物のうち一部を請求するものを一部請求という。実体法上、債権者は自由に債権の分割行使ができる。一部請求をする背景は様々である（訴訟費用を節約するためにまずは少額で請求し判決の結果をみて勝訴した場合に限って残部を訴求したい〔いわゆる試験訴訟〕、不法行為損害の全体のうちとりあえず判明している一部について賠償を受けたい、被告の資力不足等からまずは支払が見込まれる一部について請求したいなど）。

一部請求が認められること自体は問題がない。問題は、一部請求訴訟において、とりわけ、原告が敗訴した後に残部を訴求できるかである。残部請求を無条件に認めると、紛争が1回の訴訟で解決することを期待した被告にとって不意打ちになる可能性があり、裁判所の審理も重複する可能性がある。そこで、学説では、残部請求を全面的に否定する見解がある（残部については、訴訟係属中に請求の拡張等によって対応すればよいとする）。しかし、実体法上分割請求が認められており、当事者が一部のみを分割訴求しているにもかかわらず、主張していない残部についても既判力が生じるというのは難しい。判例は、一部であることを明示している場合は、一部請求の前訴と残部請求の後訴の訴訟物は別であり、前訴判決の既判力は及ばないから、残部訴求は認められるとする（明

示説。最判昭和37・8・10民集16巻8号1720頁。また、前訴基準時後に発生した後遺症に対する損害賠償請求について、最判昭和42・7・18民集21巻6号1559頁)。これは、一部請求であることの明示があれば、被告としては残部の存在を認識して残部について債務不存在確認を求める反訴（146条）を提起するなどの対応がとれるし、残部について再訴されても予測の範囲内であるという考慮によると思われる。

しかし、もう少し考えてみると、裁判所が質的に不可分な一部請求訴訟において請求を棄却する場合には、訴訟物になっていない訴求債権の全部の存否を判断しなければならないのだから、債権の全部について紛争は解決済みであるとの期待が被告に生じるともいえる。そこで、判例は、前訴一部請求で、裁判所が債権全体について審理を尽くした結果請求が棄却されたのに、原告が残部を請求する訴えを提起して前訴で認められなかった請求および主張を蒸し返すのは、被告の合理的期待に反し、二重の応訴負担を強いるものであるから、信義則により、許されないとする（最判平成10・6・12民集52巻4号1147頁）。

(f) 一部請求と相殺の抗弁

原告の一部請求に対して被告が相殺の抗弁を提出し、これが認められる場合、判例は、まず債権の総額を確定し、そこから自働債権の額を控除して、原告の一部請求の額が残っていればこれを認めるという見解（外側説）を採用する（最判平成6・11・22民集48巻7号1355頁）。当事者の主張しない債権の総額を出発点とする点で、訴訟物と実質的な審判対象との関係や、当事者の明示した額に訴訟物を限定する明示説との整合性が問われよう。

(3) 既判力の時的限界

(a) 既判力の基準時（標準時）

私法上の権利は、時間の経過とともに変更したり消滅したりするため、どの時点の判断に既判力が生じるかが問題となる。弁論主義を採用する民事訴訟法では、裁判所は、当事者が主張した事実や提出した証拠に基づいて判決するから、主張や証拠の提出が可能な最後の時点における訴訟物の存否の判断が判決に示される。また、口頭弁論の一体性から、すべての事実主張や証拠提出は口頭弁論終結時にされたと評価することができる。したがって、事実主張ができ

る事実審の最終口頭弁論終結時が既判力の基準時になる。すなわち、第一審判決が確定した場合には、第一審の口頭弁論終結時、控訴・上告がされて判決が確定した場合には、控訴審の口頭弁論終結時が基準時となる。

(b) 既判力の時的限界

既判力が確定するのは、基準時における訴訟物である権利関係の存否である。基準時の前または後における権利関係の存否は確定されない。その意味で既判力には限界がある。これを既判力の時的限界という。既判力の時的限界について直接定めた規定は民事訴訟法にはないが、民事執行法35条2項は、確定判決についての請求異議事由は給付訴訟の口頭弁論の終結後に生じたものに限られる旨を規定している。

> **請求異議の訴え**
>
> 請求異議の訴え（民執35条）とは、債務者が、債務名義に表示された請求権の存在または内容についての異議を主張して、その債務名義による強制執行の不許を宣言する判決を求める訴えである。例えば、【モデルケース】において、給付判決が確定した後に、亀田が岡部に自主的に弁済すれば、岡部の請求権は消滅する。しかし、基準時後に、請求権が実体法的に消滅しても、そのことを執行手続に反映させる行為がない限り、当該債務名義の執行力は失われない。このような場合に、執行力を消滅させるための手続が請求異議の訴えである。請求異議の訴えは、①前訴給付訴訟の訴訟物である請求権が現時点においては存在しないことの確認と、②請求権が存在しないことを理由として確定給付判決の執行力を消滅させるという二重の性質を持つ（請求異議訴訟の法的性質については議論があるが、ここではこの2つの面があることの指摘にとどめる）。
>
> 債務名義に示された請求権を消滅させる事由を異議事由という。確定判決についての異議事由は、給付訴訟の口頭弁論終結後に生じたものに限られる（同条2項）。これは、既判力の消極的作用から、確定判決後の強制執行に係る請求異議訴訟においては、裁判所は前訴給付訴訟の基準時における判断に拘束され、当事者は基準時前に生じていた当該請求権を消滅させるような事実の主張は許されず、基準時後に生じた事実の主張のみが許されることを確認したものである。既判力の作用する後訴において前訴基準時前の権利消滅事実や権利障害事実の主張が許されないことを述べる際に「民執法35条2項参照」と書かれ

ることがある。これは、同規定があるから基準時前の事実主張が許されなくなるのではなく、理論上、同規定が既判力の消極的作用から導かれる事柄を確認的に規定したものであるというニュアンスを示している。

(c) 形成権の基準時後の行使
(i) 形成権とは

実体法上、取消権（民96条）、相殺権（民505条）、解除権（民541条）、建物買取請求権（借地借家13条）などの形成権は、これを行使することによって初めて形成の効果が生じる。形成権を行使するかどうかは形成権者の意思に委ねられており、期間制限（民126条など）や消滅時効（民167条など）にかからない限り、その行使には時間的制約がない。これらの形成権は、訴訟法上は、相手方の権利主張や抗弁を斥けるための抗弁や再抗弁として用いられる（→第4章Ⅳ8〔128頁〕）。例えば、XがYに対して売買代金を求める訴えを提起してきたときに、Yが詐欺の事実があったとして取消権を主張したとする。これが認められると、取消しには遡及効があるから（民121条）、売買契約は遡って無効になり、売買代金請求権（民555条）は発生しなかったことになって、請求棄却判決が出される。

(ii) 問題の所在

先の例で、Yが、売買代金を求める訴訟の中で取消権の主張をせず、請求認容判決が出され、Xの強制執行に対する請求異議訴訟において初めて取消権を主張する場合、この主張は認められるだろうか。前訴判決の既判力は、前訴基準時においてXの売買代金請求権が存在するという判断に生じている。後訴裁判所は、この判断に拘束され、当事者もこれと矛盾抵触する主張は許されないから、前訴基準時において売買代金請求権は不存在であったという判断を導く取消権の主張はこれと抵触する。しかし、他方で、実体法上、形成権の行使は形成権者の自由な意思に委ねられているから、その権利を保障すべきであるともいえる。形成権の基準時後の行使の問題は、既判力による紛争解決要請と、実体法上の価値判断が衝突する場面である。

(iii) 考え方

判例・学説は、形成権ごとに前訴で当事者が形成権を行使すべきであったか

どうかを評価して、基準時後の行使の可否を判断する。この判断は、具体的には、前訴の訴訟物と形成権との関係（密接性）と、当該形成権の実体法上の目的を基準として行われる。前訴の訴訟物とその形成権が密接に関係するならば、それは前訴において行使されるべきであったとの評価に傾き、また、その形成権の制度趣旨から、できる限り行使の機会を保障されるべきと考えられるものであれば、基準時後の行使も認められるべきとの評価に傾く。次に、代表的な形成権について説明する。

① 取消権

訴訟物として契約に基づく請求権が主張される訴訟において、その契約を詐欺や強迫などの理由で取り消すかどうかは、訴訟物の存否と密接に関係している。また、取消権の目的は、意思表示に瑕疵があることを理由として、当該契約の効力を発生させない点にあるから、契約に基づく請求権が争われているときに行使されるべきである。したがって、前訴基準時前に取消原因が生じている場合には、後に取消権を行使することは前訴確定判決の既判力により許されない（最判昭和55・10・23民集34巻5号747頁）。

② 相殺権

被告が相殺の抗弁を提出する場合、訴訟物として主張されている債権と相殺に供される反対債権が関係するとは限らない（売買代金債権に対して貸金返還請求権で相殺するなど）。反対債権は、本来別訴で訴求できるものである。また、相殺に期待される機能としては、簡易決済機能のほか担保的機能があり、担保的機能が十分に発揮される時点での権利行使が保障されるべきである。これらのことから、前訴において相殺権の行使を強制することはできず、後訴で相殺権を行使することは既判力によって妨げられない（最判昭和40・4・2民集19巻3号539頁）。

③ 建物買取請求権

借地権の存続期間が満了し、契約が更新されない場合には、借地人は、建物買取請求権を行使することができ、これにより、借地上の建物の所有権は土地賃借人から賃貸人に移転する。建物収去土地明渡請求権が主張される訴訟において、建物買取請求権が主張されると、建物退去の限度で土地明渡請求権が認められる。したがって、訴訟物である建物収去土地明渡請求権と建物買取請求

権との関連性はないとはいえないが、前者は借地権の存続期間の満了および契約更新の有無を争点にするものであり、後者は建物所有権を移転させるものであるから、両者の関係は取消権の場合ほど密接であるともいえない。建物買取請求権の制度目的は既に建てられた建物の保存という社会経済的要請にある。これを重視すれば行使の機会を保障することが望ましいといえる（もっとも、建物保存が要請された立法当時の状況と比較して現在この要請がどれだけ保護に値するかは再考の余地があろう）。判例（最判平成7・12・15民集49巻10号3051頁）は、建物買取請求権を主張して請求異議訴訟を提起することを認める。

(4) 既判力の作用

既判力が生じた判断は、後訴において、裁判所および当事者を拘束する。その作用には、積極的作用と消極的作用がある。

(a) 既判力の積極的作用

既判力によって、後訴裁判所は、前訴裁判所のした判断に拘束され、これを前提にして判決しなければならない。これを既判力の積極的作用という。例えば、XのYに対する甲土地の所有権確認請求を認容する前訴確定判決がある場合、前訴基準時においてXに甲土地の所有権が存在するという判断に既判力が生じているから、甲土地の所有権に基づく土地引渡請求の後訴において、後訴裁判所はこれを前提として後訴請求の当否を判断しなければならない。

(b) 既判力の消極的作用

当事者は、既判力が生じた訴訟物についての判断と矛盾抵触する攻撃防御方法を提出することが許されない。仮に当事者がそのような攻撃防御方法を提出したとしても、後訴裁判所はそれを採用してはならない。これを既判力の消極的作用という。例えば、貸金返還請求訴訟で敗訴した被告が、請求異議の訴えにおいて、基準時前の弁済の事実を主張することは、既判力の消極的作用により許されない。弁済の事実が存在するとすれば、前訴基準時において貸金返還請求権は存在しないことになるので、既判力の生じている判断と矛盾抵触する主張になるからである。既判力は蒸し返しを封じるための制度的効力であるから、既判力の消極的作用は、当事者が前訴でその事実を主張していたかどうか、あるいは主張していなかった場合にそのことに過失があったかどうかを問

わない。消極的作用により、基準時よりも前に生じた事実は一律に主張が認められない（既判力の遮断効・失権効）。もっとも、そもそも当事者の主張立証を期待できなかったような例外的な場合には、既判力の正当化根拠を欠くとして、主張が許されると解する余地がある（→Ⅱ 3(1)(b)〔172頁〕）。

(c) 一事不再理か拘束力か

請求棄却判決確定後に、同一訴訟物による後訴が提起された場合に、後訴裁判所がどのように事件を取り扱うべきかについては見解が分かれる。これを却下すべきであるとする見解は、基準時後に権利を変動させる事実がないのだから、前訴と同一事件について再度審理を求めるものであって、一事不再理から不適法であると考える（一事不再理説）。これに対して、請求棄却にすべきであるという見解は、前訴判決の既判力ある判断を前提にして、それに基準時後の新事由を加えて実体判断すべきであり、新事由がない場合でも後訴の基準時における権利の存否を判断して本案判決をすべきであるとする（拘束力説）。民事訴訟においては、厳密な意味での一事不再理は観念しにくく、またできる限り新しい時点での存否の判断に既判力を生じさせることが望ましいことなどから、拘束力説が多数である。

(d) 既判力が作用する場合――訴訟物の同一、先決・後決、矛盾関係

既判力は蒸し返しを封ずる効力であるから、それが作用するのは、前訴判決で存否の確定がされた権利関係が再び主張されるような後訴に限られる。具体的には、(i)前訴と後訴の訴訟物が同一の場合、(ii)前訴の訴訟物が後訴の訴訟物の先決関係にある場合、(iii)前訴の訴訟物と後訴の訴訟物が矛盾関係にある場合、である。もっとも、これらの相互の区別は必ずしも明確ではなく、前訴判決の内容と後訴の訴訟物を比較して既判力が作用するかどうかを考える場合もある。

(i) 前訴と後訴の訴訟物が同一の場合

前訴の訴訟物と後訴の訴訟物である権利関係が同一である場合、前訴判決の既判力が後訴に作用し、後訴裁判所は、前訴裁判所のした判断と同一の判断をすべきことになる。例えば、【モデルケース】において、請求認容判決が確定した後に、亀田が岡部を相手方として、同一の債権について、債務不存在確認請求訴訟を提起したとする。前訴の訴訟物は、岡部の亀田に対する200万円の

貸金返還請求権であり、後訴の訴訟物も同一の貸金返還請求権である。このとき前訴基準時において当該債権は存在するという判断に既判力が生じているため、後訴裁判所および当事者はこの判断に拘束される。なお、基準時後に亀田が岡部に200万円を弁済したという事実が認められれば、後訴裁判所は、この基準時後の新事由を考慮して、亀田の請求を認容する判決をする。

　他方、前訴で確定勝訴判決を得た当事者が同一の訴訟物について再訴してきたときは、既判力ではなく、訴えの利益によって処理される。原告が確定勝訴判決を得た場合には、訴えを提起した目的は既に達成しているので、もはや同一の原告が同一訴訟物について訴えを提起してもそれについて審判する必要はないと考えられるからである。

(ⅱ)　前訴の訴訟物が後訴の訴訟物の先決関係にある場合

　例えば、前訴がXのYに対する甲土地の所有権確認の訴えで、請求認容判決確定後に、XがYに対して所有権に基づき甲土地の明渡しを求める訴えを提起した場合、前訴の訴訟物はXの甲土地の所有権であり、後訴の訴訟物はXのYに対する甲土地の明渡請求権である。甲土地の所有権は後訴の訴訟物である土地明渡請求権の前提となる権利（先決的な権利）になっている。この場合、基準時においてXの甲土地の所有権が存在するという判断に既判力が生じているから、後訴裁判所はこの判断をそのまま前提にして判断しなければならず（既判力の積極的作用）、当事者はこれと矛盾抵触する事実主張や証拠の提出が許されない（既判力の消極的作用）。なお、この例において、訴えの順序が逆になる場合には、先決関係に当たらない。前訴におけるXの甲土地の所有権の存在は、明渡請求権を根拠づける事実であり、これについては判決理由中の判断にとどまるから、前訴判決が確定しても、Xの甲土地の所有権が存在するという判断に既判力は生じない（114条1項→Ⅱ3(2)(c)〔176頁〕）。

(ⅲ)　前訴の訴訟物と後訴の訴訟物が矛盾関係にある場合

　前訴の訴訟物である権利と後訴の訴訟物である権利が実体法上矛盾関係にある場合も前訴判決の既判力は後訴に作用する。例えば、前訴がXのYに対する甲土地の所有権確認訴訟で、請求認容判決確定後に、YがXを相手方として同じ甲土地の所有権確認訴訟を提起したとしよう。前訴の訴訟物はXの甲土地の所有権、後訴の訴訟物はYの甲土地の所有権であり訴訟物は別であるが、両者

が同時に存在することは、実体法上の一物一権主義からするとあり得ない。したがって、前訴判決の既判力が作用し、後訴裁判所は、前訴基準時においてYの甲土地の所有権が存在すると判断することはできない。また、【モデルケース】において請求認容判決が確定した後に、これに基づいて強制執行がされた結果、岡部が不当に利得を得たとして、亀田が岡部に対して不当利得の返還を求める訴えを提起したとする。この場合、前訴の訴訟物は、岡部の亀田に対する貸金返還請求権（民587条）であり、後訴の訴訟物は、亀田の岡部に対する不当利得返還請求権（民703条）である。両者は同一ではないし先決・後決関係にもないが、前訴判決の既判力により、前訴基準時において岡部の亀田に対する貸金返還請求権が存在することが確定されているならば、その時点において亀田の岡部に対する不当利得返還請求権が存在することはあり得ない。そのため、矛盾関係にあるといえる。したがって、後訴裁判所が、前訴基準時において不当利得返還請求権が存在するという判断をすることは許されず、当事者もそのような主張をすることは認められない。このように、矛盾関係の場合には、前訴の訴訟物がそのままの形で後訴に登場するわけではなく、実体法的な論理を入れることで既判力が作用するか否かが決められる。これをどの程度まで考慮するかについては確定的な見解がなく、どのような場合が矛盾関係に当たるのかは必ずしも明確ではない。

(5) 既判力の主体的範囲
(a) 原則――相対効

既判力の主体的範囲とは、既判力は誰に及ぶのかという問題である。原則として、既判力が及ぶのは当事者に限られる（115条1項1号）。原告と被告が前訴と後訴で入れ替わった場合（給付訴訟で敗訴した被告が、原告に対して同一債権につき債務不存在確認訴訟を起こす場合など）でも、既判力は及ぶが、例えば、XがYを被告として甲土地の所有権確認を求める訴えを提起し、請求認容判決が確定した後に、ZがXに対して同一土地の所有権確認を求める訴えを提起した場合、XとYを当事者とする前訴判決の既判力は、XとZを当事者とする後訴においては作用しない。このように、当事者間においてのみ既判力が効力を持つことを既判力の相対性ないし相対効という。その理由は、民事訴訟は、当事

者の私的な法律関係を相対的に調整する制度であること、前訴において主張立証の機会を保障された者についてだけ既判力を及ぼすことが正当化されることにある。ただし、この原則には、以下に述べるように、既判力の第三者への拡張を認める例外がある。

(b) 訴訟担当の場合の被担当者

他人のために当事者となった者が受けた判決の効力は、その他人にも及ぶ（115条1項2号）。「他人のために当事者となった者」とは、第三者の訴訟担当（→第2章Ⅱ6(3)〔54頁〕）における担当者であり、「他人」とは、訴訟物である権利・法律関係の帰属主体である被担当者を意味する。例えば、破産管財人が法定訴訟担当者として訴訟追行した結果受けた判決の既判力は、被担当者である破産者本人に及ぶ（破78条・80条参照）。担当者の受けた既判力を被担当者との関係にも拡張することによって、訴訟物をめぐる紛争が解決される。既判力を正当化する根拠として手続保障が挙げられるが、被担当者に既判力を拡張する根拠は、被担当者に代わって、担当者が当事者として訴訟を追行したこと（代替的手続保障）にある。被担当者への既判力の拡張は、担当者が勝訴した場合と敗訴した場合で、条文上区別されていない。担当者が敗訴した場合、当然に被担当者に既判力を拡張してよいかという問題については、前述した（→第2章Ⅱ6(3)コラム〔56頁〕）。

(c) 口頭弁論終結後の承継人

(ⅰ) 制度趣旨

既判力は、当事者や訴訟担当における被担当者の口頭弁論終結後の承継人にも拡張される（115条1項3号）。例えば、XがYを被告として土地明渡請求訴訟を提起し勝訴したところ、基準時後にYが死亡し、Zがこれを相続し、Yの地位を包括的に承継したとする。この場合、Zとの間で、X・Y間の前訴判決の既判力が作用しないとすれば、紛争の解決にあたり、前訴はほとんど意味がないことになる。そこで、紛争解決の実効性を維持するために、口頭弁論終結後の承継人にも既判力が及ぶことになっている。この例だと、承継人に当たるZは、前訴判決の既判力に拘束され、前訴基準時において、XのYに対する土地明渡請求権が存在するという判断と矛盾抵触する攻撃防御方法を提出することはできなくなる。

(ii) 承継の態様

　承継が生じる原因には、相続（民896条）や合併（会社750条）などにより、包括的に前主の地位を受け継ぐ一般承継と、売買（民555条）などにより個別の権利義務を受け継ぐ特定承継がある。いずれにより承継を受けた場合も115条1項3号の承継人に含まれる。前者は、前訴の既判力が及ぶ者の法的地位を包括的に承継するものであるから、既判力が及ぶのは当然といえるが、後者の場合には、既判力拡張の根拠と内容、拡張を受ける範囲など様々な問題が生じる。そこで、以下では、特定承継を念頭に述べる。

　特定承継を受ける者には、債権譲渡（民466条）、免責的債務引受け、契約上の地位の移転に伴う権利義務の移転など、前訴口頭弁論終結後に、訴訟物である権利関係を譲り受けた者のほか、所有権確認訴訟の目的物を前主から買い受けた者、所有権に基づく返還請求の目的物についてその占有移転を受けた者、土地明渡請求訴訟の目的となる土地の占有の移転を受けた者などが含まれる。したがって、必ずしも訴訟物である権利または法律関係そのものを承継した者とは限らない。例えば、XのYを被告とする賃貸借契約終了に基づく土地明渡請求訴訟後に、敗訴したYから土地の占有移転を受けたZは承継人とされるが、Zは前訴判決で確定されたYのXに対する賃貸借終了に基づく土地明渡義務を実体法上引き継いだのではない。Zが土地を明け渡さなければならないのは、Xの所有権を占有によって妨害しているからである（Xの所有権に基づく土地明渡請求による）。既判力の相対性からすれば、既判力は、XY間にしか生じないから、Yの土地明渡義務の存在が既判力によって確定されたとしても、Zは、本来その判断には拘束されないはずである。この場合、紛争解決機能の実効性の観点から、相対性の原則の例外としてZに既判力が拡張される。

(iii) 何を承継するのか

　かつては、承継人とは、前訴当事者から当事者となるべき地位を引き継いだ者であり、当事者となるべきものは当事者適格を有する者であるから、当事者適格が移転すると説明されていた。しかし、前訴と後訴とで訴訟物が異なる場合には、訴訟物に着目する概念である当事者適格では説明が難しい。そこで、当事者適格の承継という表現にかえて、紛争の主体たる地位という表現を用いた説明がされる。しかし、紛争の主体たる地位という概念は不明確である。そ

こで、その訴訟物について当事者となることを基礎づけるような実体法上の権利義務の主体たる地位が承継の対象であるという見解も主張されている。この見解は、前訴の当事者でない承継人に対して既判力を拡張することは、紛争解決機能の実効性確保のほか、実体法上、承継人が前主のした処分の結果を承継すべき地位にあること（実体法上の依存関係）によって基礎づけられることを前提とする。

(iv) 承継人の固有の抗弁

例えば、XがYに対して売買契約に基づき絵画の引渡しを求める訴えを提起し、勝訴した後に、Yがその絵画をZに売ったという場合、Zが後訴において絵画の所有権を即時取得した（民192条）と主張することは許されるか。即時取得はYが主張しても意味がなく、Zの固有の抗弁である。前訴判決の既判力は、前訴基準時におけるXのYに対する売買契約に基づく絵画の引渡請求権が存在するという判断に生じているから、この判断とZの主張が矛盾抵触するかを検討すればよい。Yが無権利者であること、YZ間の売買契約締結という事実、YからZへの引渡しという事実、Zの無過失という事実は、いずれも前訴判決の既判力ある判断と抵触しないため、Zの即時取得という主張は既判力によって妨げられない。このような考え方は形式説と呼ばれる。既判力が承継人に拡張されることを前提として、固有の抗弁の主張の許否を検討するものである。これに対して、まず第三者に固有の抗弁があるか否かを検討し、固有の抗弁がある場合には、承継人に当たらないとする実質説と呼ばれる考え方があるが、現在の既判力論のもとでは説得力が乏しい。

(v) 執行力の口頭弁論終結後の承継人への拡張

確定給付判決の執行力は、口頭弁論終結後の承継人に拡張される（民執23条1項3号）。執行力の拡張は、確定給付判決に生じた執行力を用いて、その判決に当事者として表示されていない者に対して強制執行が許されるか、いいかえると確定判決という債務名義を人的に流用できるかという問題であり、後訴において前訴判決の執行力がどう作用するかという問題ではない。そのため、既判力の場合とは異なる論理が用いられる。詳しくは民事執行法の教科書に譲る。

(d) 請求の目的物の所持者

既判力は、当事者、訴訟担当における被担当者またはそれらの者の口頭弁論終結後の承継人のために、請求の目的物を所持する者に対しても及ぶ（115条1項4号）。請求の目的物とは、特定物の引渡請求訴訟における引渡しの対象とされる動産または不動産をいう。これらの者にも既判力が拡張される根拠は、特定物の所持について自己固有の利益を持たず、手続保障を与える必要がないことにある。例として、目的物の受寄者、管理人、同居人、留守番が挙げられる。

4号は、特定物の所持について自己固有の利益を持たず、専ら前訴当事者のためにその物を所持する者に対して既判力の拡張を認める規定であるから、これを類推解釈し、例えば、特定物の引渡請求訴訟の前訴の当事者から強制執行を免れる目的等によって、その特定物の仮装譲渡を受けて所持している第三者にも既判力が拡張すると考えることができる。ほかに、所有権移転登記請求訴訟の被告から虚偽表示による売買等によって登記名義の移転を受けた者も、手続保障を必要とする実質的利益を有する者ではないから、4号の類推解釈により前訴判決の既判力の拡張を受けると考えられる。また、特定物の引渡請求訴訟の係属中または判決確定後に、被告である法人が債務を免れることを目的として実体のない別法人に資産を譲渡して従前の営業を継続するような場合（法人格否認の法理が適用されるような場合）にも、これにより前訴の既判力が別法人を被告とする後訴に拡張される可能性がある。

反射効

例えば、【モデルケース】で、審理の結果、弁済の抗弁が認められて、請求棄却判決が確定した後、岡部が、本件貸金債務に関する亀田の保証人である竹本を被告として、主債務は存在すると主張して保証債務の履行を求める訴えを提起したとする。これに対して、竹本が、前訴判決で主債務の不存在が確定されているから、岡部が主債務の存在を主張することは許されないと主張した場合、この主張は認められるだろうか。

前訴の確定判決の既判力は、竹本には及ばない（115条1項各号に該当しない）。しかし、実体法上は、主債務が消滅すれば、保証債務の附従性（民448

条）によって保証債務も消滅するはずである。そこで、主債務が存在しなければ保証債務も存在しないという実体法上の関係を訴訟でも実現しようとする見解が主張される。これが反射効論である。反射効とは、当事者間に既判力の拘束のあることが、当事者と特殊な関係にある第三者に反射的に利益または不利益な影響を及ぼすという確定判決の効力である。これによると、竹本が前訴確定判決の反射効を援用すれば、岡部が主債務の不存在を争うことは許されない。

　反射効が生じるのは、当事者と第三者に実体法上の関係（実体法上の依存関係）がある場合である。連帯債務者の1人が受けた判決の他の連帯債務者に対する反射効や、合名会社等の持分会社の受けた判決のその無限責任社員に対する反射効が、他の例として挙げられる。既判力本質論において訴訟法説を前提とすると、実体法上の関係を根拠として第三者に対する拘束力を既判力で説明することは困難であるため、このような場合に拘束力を認めようとすれば、既判力とは異なる反射効という概念が必要になるのである。学説は分かれており、判例はこれを否定する立場であると解されている（最判昭和53・3・23判時886号35頁等）。なお、先の問題において、反射効が肯定されるのは、原告が敗訴した場合のみであり、原告の請求認容後に、原告の保証人に対する訴訟において、保証人が主債務の存在を争うことは、反射効によって否定されない。この場合、保証人が主債務の存在を争うことができないとすると、保証人は自分が関与しない訴訟の判断に拘束されることになり、保護に欠けるからである。そうすると、反射効は実体法上の依存関係のみならず問題となる権利または法律関係の存否について主張立証の機会が保障されたか否かという手続法的な考慮によっても根拠づけられる必要がある。

(6)　対世効
(a)　第三者一般に対する既判力の拡張
　範囲を特定せずに第三者に既判力が拡張される場合もある。この場合、世間一般に対して効力が及ぶという意味で、対世効と呼ばれる。対世効は、多くの者が関係したり、生活の基礎となる関係を定めたりするなど、特に一律に当事者間の権利関係を定める必要がある場合に認められる。対世効が生じる場合は、もっとも適切な者が訴訟を追行する必要があるから、訴訟追行権を有する

当事者（→第2章Ⅱ6〔52頁〕）が法律上明記されていることが多い。

まず、会社の組織に関する訴え（会社834条・838条）など、団体関係訴訟における判決には、第三者一般に対する既判力の拡張が認められる場合が多い。ただし、会社の組織に関する訴えの確定判決の既判力の拡張は、それが請求認容判決である場合に限って認められる（同838条。これを片面的拡張という）。例えば、株主総会決議取消しの訴えにおいて請求棄却判決がされた場合、前訴当事者でなかった訴訟追行権を有する当事者（同831条1項）は、再度同じ株主総会決議取消しの訴えを提起することができ、この場合、後訴の裁判所や当事者は前訴判決の既判力に拘束されない（なお、株主総会等の決議の日から3カ月以内の訴え提起が求められる）。

また、人事訴訟の確定判決の既判力は、第三者一般に対しても及ぶ（人訴24条1項）。これは請求認容判決か請求棄却判決かを問わない（なお、訴え却下判決の場合には対世効はない）。人の身分関係が当事者と当事者以外の者との間で異なるとすると、社会的混乱を招き法的安定を欠くことから第三者にも既判力が拡張される。

(b) 既判力の拡張と類似必要的共同訴訟

既判力が当事者以外の第三者に拡張される場合には、そのことを理由として、類似必要的共同訴訟とされる（→第7章Ⅰ4(3)〔226頁〕）。既判力の拡張を受けることになる複数の者の訴訟をそれぞれ独立した訴訟として適法とすると、それぞれに異なる判断がなされて既判力が矛盾抵触する事態が起こり得るためである。そのため、この場合には、必要的共同訴訟として合一確定が保障される（40条）。

(c) 形成力の対世効

形成力も対世効を有する。例えば、離婚訴訟（民770条、人訴2条1号）における請求認容判決は、原告被告間の婚姻関係という法律関係を解消するが、その効力は第三者一般に及ぶ。その理由については争いがある。形成力は形成判決の存在に法秩序が結び付けた特殊な効力であることや、実体法上の法律効果である権利変動はすべての者によって顧慮されなければならないことを理由とする見解などがある。

III 判決によらない訴訟の終了

1 総論——当事者の行為による訴訟の終了

訴訟の終了は、必ずしも判決によるわけではない。民事訴訟では、処分権主義（→第1章Ⅰ3(1)〔8頁〕）が採用されているから、当事者の意思に基づき、その自主的な行為による訴訟の終了も認められる。当事者の意思による訴訟の終了には、訴えの取下げ、請求の放棄、請求の認諾、訴訟上の和解の4種類がある。これらは、訴訟行為論とも密接に関係する（→第4章Ⅳ4〔123頁〕）。

2 訴えの取下げ

(1) 意 義

訴えによる本案判決の申立てを撤回する旨の裁判所に対する原告の意思表示を訴えの取下げという（261条）。訴えの取下げは、訴え提起後に裁判外で当事者間に和解が成立したり、被告が審判対象となっている債務を履行したりして実体的に紛争が解決し、もはや訴訟を維持する必要がなくなったときに行われる。紛争解決基準を示さない点に特徴がある。

(2) 要件と方式

訴えの取下げの要件は、①訴訟が係属中であること、②被告が原告の請求に対して本案に関する応訴行為をした場合には、被告の同意があること（261条2項）、③原告に訴訟能力があることである。訴えの取下げは原則として裁判所に対して書面で行う（同条3項）。訴え取下げ行為に意思の瑕疵があった場合の問題については、前述した（→第4章Ⅳ4〔123頁〕）。

(3) 効 果

訴えの取下げがされると、取下げがあった部分については、訴訟係属は初めからなかったことになり（訴訟係属の遡及的消滅。262条1項）、本案について終局判決があった後に訴えを取り下げた者は、同一の訴えを提起することができない（再訴禁止効。同条2項）。同一の訴えとは、単に当事者および訴訟物を同

じくするだけではなく、訴えの利益または必要性の点についても事情を同じくする訴えをいう。再訴禁止効の趣旨については、取下げの濫用に対する制裁であるという考え方と、再訴の濫用に対する制裁であるという考え方がある。判例（最判昭和52・7・19民集31巻4号693頁）は、後者の考え方を採る。

(4) 訴え取下げの合意

当事者間で係属中の訴え取下げについて合意したにもかかわらず、原告が訴えを取り下げないため、被告が訴え取下げ契約の存在を主張した場合に、裁判所がどのように処理すべきかについては、前述した（→第4章IV 3(2)〔122頁〕）。

3　請求の放棄・認諾

(1) 意　義

自らの請求について理由がないことを認めて訴訟を終了させる旨の裁判所に対する原告の意思表示を請求の放棄、原告の請求について理由があることを認めて訴訟を終了させる旨の裁判所に対する被告の意思表示を請求の認諾という。裁判上の自白が事実主張、権利自白が法的主張について相手方の言い分を争わないことを明らかにする意思表示であるのに対して、請求の認諾は請求（訴訟物）自体を認める意思表示である。請求の放棄または請求の認諾は調書に記載されると、「確定判決と同一の効力」（267条）を生じる。ここでは、便宜的に請求の放棄と請求の認諾をまとめて「請求の放棄・認諾」として扱う。

(2) 要　件

請求の放棄・認諾の要件は、①当事者が訴訟物である権利関係を処分できること、②訴訟物である権利関係が適法であること、③訴訟要件を具備していること、④請求に関する無条件の陳述であること、である。①について、職権探知主義を採用し（人訴20条）、請求の認諾・和解の排除規定（同19条2項）がある人事訴訟では、身分関係を維持する請求の放棄は認められるが、認諾は認められない（最判平成6・2・10民集48巻2号388頁）。②について、物権法定主義に反する場合、公序良俗違反・強行法規違反と評価されるような場合には、請求の認諾は許されない。③について、訴訟事件の成立に関する訴訟要件（当事者

の実在、当事者能力など）が必要なことについては争いがないが、本案判決による紛争解決の有効性・実効性にかかわる訴訟要件（訴えの利益など）の必要性については争いがある。判例（最判昭和30・9・30民集9巻10号1491頁）は確認の利益を欠く確認訴訟における認諾はその効力を生じないとする。④について、もし条件を付けた場合には、請求の放棄・認諾ではなく、訴訟上の和解になる。

(3) 手 続
　請求の放棄・認諾は口頭弁論等の期日においてされる（266条1項）。また、書面による陳述擬制も認められる（同条2項）。

(4) 効 果
　請求の放棄・認諾を調書に記載したときは、その記載は、「確定判決と同一の効力」を有する（267条）。これが、訴訟終了効、執行力（民執22条7号）、形成力を含むことについては争いがない。しかし、既判力が生じるかどうかについては争いがある。請求の放棄・認諾は、裁判所の判断によるものではなく当事者の意思表示の結果であるためである。既判力を否定する見解は、請求の放棄・認諾が当事者の自主的紛争解決方式であることを理由とする。これに対して、既判力を認める見解は、放棄・認諾は判決の代用であり、既判力を認めないと手続が不安定になるとする。また、意思表示の瑕疵（実体法上の無効原因）がない場合に限り既判力を認める見解（制限的既判力説）も有力に主張されている。

　請求の放棄・認諾を争う方法は、理論的には、既判力の有無と関係する。既判力を認めるならば、再審事由（338条1項）がある場合に限定される。これに対して、既判力を否定するならば、続行期日の申立てをすることになる。判例は、放棄・認諾調書に既判力を認めるが（大判昭和19・3・14民集23巻155頁）、放棄・認諾の無効・取消しを主張して手続の続行を求めることができるとする（大判大正4・12・28民録21輯2312頁）。

4　訴訟上の和解

(1) 意　義

　当事者が、訴訟係属中に、訴訟物についての主張を互いに譲り合い（互譲）、訴訟を終了させる旨の期日における合意を訴訟上の和解という。民法上の和解が、当事者の互譲によって成立する（民695条）のに対して、訴訟上の和解は、裁判所が関与する点で異なる。また、訴え提起前に、両当事者が、簡易裁判所に出頭して、争いについて互譲する旨の合意をして、その結果を調書に記載してもらうこともある。これを即決和解（起訴前の和解）という（訴訟上の和解と即決和解をあわせて、裁判上の和解という）。和解調書には「確定判決と同一の効力」が生じる（267条）から、即決和解は、強制執行をするための簡易な債務名義の作成手段として用いられる。なお、即決和解の対象には限定がないのに対し、同様に簡易な債務名義となる公正証書の場合、その対象は金銭の支払その他の代替物等の給付を目的とする請求に限られる（民執22条5号）。

(2) 訴訟上の和解の法的性質

　訴訟上の和解の性質については争いがある。その本質は民法上の和解契約であり裁判所による確認・公証行為に基づいて訴訟終了効が認められるとする見解（私法行為説）、訴訟を終了させる訴訟行為であり、和解契約に無効原因があっても訴訟終了効には影響がないとする見解（訴訟行為説）、私法行為と訴訟行為の両方が併存しているとみる見解（併存説）、私法行為と訴訟行為の両方の性質を有しているとする見解（両性説）などが対立している。判例は併存説にたつとみられるもの（大決昭和6・4・22民集10巻380頁）と両性説にたつとみられるもの（大判昭和7・11・25民集11巻2125頁）があるが、いずれも私法上の無効原因のある訴訟上の和解は当然に無効であり、訴訟終了効を生じないとする。

(3) 要　件

　訴訟上の和解の要件は、①当事者が審判対象について自由に処分できること（人訴19条2項、会社850条1項参照）、②和解内容が公序良俗に反しないことその他法令の定めに反しないこと、③訴訟係属中になされたものであること、④当

事者の訴訟能力、あるいは代理人に必要な授権がされていることである。その他の訴訟要件の具備が必要か否かについては争いがある。

(4) 和解の試み（勧試）とその手続

　裁判所は、訴訟手続がいかなる段階でも和解を勧めることができる (89条)。和解の方式には、原告側と被告側を交互に面接する方式（交互面接方式）と、両当事者を対席させて行う当事者対席方式とがある。

　また、当事者が遠隔地に居住していることその他の事由により出頭が困難であると認められる場合において、その当事者が予め裁判所等から提示された和解条項案を受諾する旨の書面を提出し、他の当事者が口頭弁論期日に出頭してその和解条項案を受諾したときは、当事者間に和解が調ったものとみなされる（和解条項案の書面による受諾。264条)。さらに、現行法では、裁判所は、当事者の共同の申立てがあるときは、事件の解決のために適当な和解条項を定めることができる（裁判所等が定める和解条項。265条)。通常の訴訟上の和解よりも、裁判所への依存度が強く、裁判所による仲裁であるともいえる。

(5) 効　果

　訴訟上の和解には、「確定判決と同一の効力」が生じる (267条)。これについては、請求の放棄・認諾同様、既判力を含むか否かについて争いがある。既判力を否定する見解は、和解の拘束力の基礎が当事者の意思の合致にあること、和解調書が主文・理由という形になっていないことなどを理由とする。これに対しては、訴訟上の和解に無効・取消事由がない限りにおいて既判力を肯定するという制限的既判力説が有力に主張されている。既判力を肯定する場合、和解条項のうち訴訟物に関する条項に限って既判力が生じるか、他の条項にも既判力が生じるかという問題もある。判例は、裁判上の和解に既判力があるとしつつ（最大判昭和33・3・5民集12巻3号381頁、最大決昭和35・7・6民集14巻9号1657頁）裁判上の和解に係る意思表示に瑕疵がある場合にはそれが無効になることを認める（最判昭和31・3・30民集10巻3号242頁、最判昭和33・6・14民集12巻9号1492頁)。

(6) 訴訟上の和解の瑕疵を争う方法（無効・取消事由の主張方法）

　訴訟上の和解の瑕疵を争う場面としては、①訴訟上の和解の成立過程に意思の瑕疵があることを理由としてその効力を否定する場面（和解自体に無効・取消原因がある場合）と、②訴訟上で締結された和解について相手方が履行しない等の理由で和解を解除する場面がある。

　①の場合、理論的には、訴訟上の和解に既判力を認めるとすると、再審に準じた訴えによることになり、既判力を否定ないし制限的に認める見解によれば、既判力は生じないから、再審による必要はないことになる。判例は、不服申立ての方法について、事案に応じて、期日指定の申立て（大決昭和6・4・22民集10巻380頁）、和解無効確認の訴え（大判大正14・4・24民集4巻195頁）、請求異議訴訟（大判昭和14・8・12民集18巻903頁）など柔軟に認めている。

　②の場合、判例（最判昭和43・2・15民集22巻2号184頁）は、訴訟上の和解による訴訟終了後にその和解の内容である私法上の契約が債務不履行のため解除されるに至ったとしても、訴訟終了効はなくならないとする。そうすると、解除の主張方法は、新訴（和解無効確認の訴えや請求異議の訴えなど）の提起によることになる。

第6章

裁判に対する不服申立て

　この章では、裁判に対する不服申立ての制度を取り扱う。裁判官も人間であり、裁判は限られた時間と資料に基づいてなされるから、誤った判断がされる可能性は否定できない。そこで、法は、一定の場合に、いったんされた裁判に対する不服申立てを認めている。ここでは、裁判が確定する前に行われる不服申立てである上訴と、確定した裁判に対する非常の不服申立てである再審を中心に概説する。

　【モデルケース】を念頭に、次の例題を解けるようになることが、本章の主な課題である。
(1)　岡部の亀田に対する貸金返還請求訴訟において、亀田は200万円の相殺の抗弁を提出し、これが認められて、請求は棄却された。
　　①この判決に対して、亀田は控訴することができるか。
　　②岡部のみが、この判決に対して控訴を提起した。審理の結果、控訴裁判所が、亀田の岡部に対する貸金債権は弁済により消滅したとの心証を得た場合、裁判所は、どのように判決すべきか。
(2)　岡部は亀田の弁済の抗弁について自白したため、請求棄却判決がされ確定した。その後、岡部は、この自白は亀田の脅迫によるものであったと主張して、再審の訴えを提起した。再審の訴えは、どのような構造になっており、何について審理判断がされるか。
(3)　亀田欠席のまま、請求認容判決がされ、確定した。この判決に基づいて、亀田に対する強制執行が開始された。給料債権が差し押さえられて初

めて、亀田は、自己に対して訴訟が提起され敗訴していたことと、その際、訴状および判決書が亀田と利害関係の対立する同居人松木（亀田の義父であり、亀田に内緒で、亀田名義で岡部から200万円を借りていた）に対する補充送達の方法によってされていたことを知った。亀田が再審の訴えを提起した場合、再審は認められるか。

I 上訴

1 上訴制度の概要

(1) 上訴とは

裁判が確定する前に、上級裁判所に対して、その裁判の取消しまたは変更を求める不服申立てを上訴という。上訴は、裁判の適正さを保障し不当な裁判から当事者を救済するために認められる。わが国では、三審制が採用されており、原則として2回の上訴が認められる。いいかえると、当事者には、3回の審理・判決が保障されている。これを審級の利益という（307条参照）。もっとも、審級の利益は絶対的なものではない。例えば、独立当事者参加、共同訴訟参加や訴えの変更は、控訴審でもすることができるし、相手方の同意があれば、控訴審で反訴（→第3章Ⅱ3(3)〔79頁〕）することもできる（300条。実質的に第一審で審理が行われていれば同意がなくても控訴審で反訴提起できる〔最判昭和38・2・21民集17巻1号198頁〕）。

(2) 上訴の種類

上訴は、不服申立ての対象となる裁判（原裁判）の種類に応じて、控訴、上告（上告受理申立てを含む）、抗告に区別される。

控訴は、簡易裁判所、地方裁判所および家庭裁判所が第一審裁判所としてした終局判決に対する不服申立てであり、事件を第2の事実審へ移す（281条1項、人訴29条2項）。簡易裁判所の終局判決に対する控訴は、地方裁判所に、地方裁判所・家庭裁判所の終局判決に対する控訴は、高等裁判所に対して提起する（裁16条1号・24条3号）。

上告は、控訴裁判所のした終局判決に対する不服申立てであり、法律審へ事件を移す（311条）。ただし、事実関係については争いがない場合など、当事者が上告する権利を留保した上で控訴しない旨の合意（飛越上告の合意、281条1項ただし書）をしたときには、第一審裁判所のした終局判決に対する不服申立ても上告になる（311条1項・2項）。上告は、権利として認められる上告（312条）と上告受理決定により上告があったものとみなされる上告受理申立て（318条4項）とに分かれる。また、通常の不服申立ての尽きた裁判でも、最高裁判所が憲法上最終的に法令審査権を有していることから（憲81条）、憲法違反を理由とする裁判の取消しまたは変更を求める特別上訴として特別上告（327条・380条2項）が認められる。例えば、第一審が簡易裁判所であれば、2回の通常の不服申立てにより、第三審は高等裁判所になるが、憲法違反を理由として裁判の取消しを求める場合には、さらに最高裁判所に特別上告が認められる。

　抗告は、決定および命令に対する不服申立てである（328条）。控訴・上告に対応して、最初の抗告と再抗告がある。もっとも、最高裁判所の負担軽減のため、最高裁判所への再抗告は一般的には認められず（裁7条2号）、高等裁判所の許可による許可抗告（337条）と憲法違反を理由とする特別抗告（336条）のみが許される。

(3) 違式の裁判

　上訴の種類は原裁判の種類に応じて分かれている。そうすると、判決によって裁判すべき事項について決定という形で裁判したなど、本来すべき裁判の種類を間違えたような場合（違式の裁判）に、その上訴をどういう形式でするかが問題となる。裁判所の誤りを当事者に負わせるべきではなく、上訴権を保障すべきであるから、原裁判の種類が間違っていたときでも、実際にされた裁判の種類に応じた上訴を認めてよい（形式説）。もっとも、抗告はすべての決定・命令に対して許されているものではないから（328条1項）、形式説を貫くと不都合が生じる。そこで、判決でなすべき裁判を決定・命令という形で裁判したときは、常に抗告ができることになっている（同条2項）。他方、本来、決定・命令でなすべき裁判を判決という形で裁判したときは、控訴・上告が許されるが、その裁判事項が不服申立てを許さない決定・命令で裁判すべき事項であっ

たときは、控訴・上告の審理はしなくてもよい（最判平成7・2・23判時1524号134頁）。

(4) 上訴制度の目的

　上訴制度は、一般に、裁判の適正を確保して不当な裁判から当事者を救済することを目的とする。また、最高裁判所への上告、上告受理申立てと許可抗告は、法令解釈・適用の統一も目的としている。このとき、当事者の救済と法令解釈の統一のどちらを重視するかについては争いがある。上告審は法律審として構成されていることなどを根拠に、後者を主たる目的とする見解（法統一説）、当事者からの上訴がなければ後者の目的は実現されないことなどから、前者を主たる目的とする見解（当事者救済説）、両者のどちらが主たる目的であるかを論ずる実益はほとんどないという見解などが主張されている。もっとも、いずれの説を採っても、解釈論に決定的な影響は生じない。

(5) 上訴の要件
(a) 上訴の一般的要件

　裁判所は、上訴の対象となった不服申立ての当否について審判する。その前提として、上訴は適法なものでなければならない。上訴の一般的要件としては、①原裁判が不服申立てのできる裁判であること（283条ただし書参照）、②上訴の提起が所定の方式に従っており、かつ有効であること（286条・314条・331条）、上訴期間（285条・313条・332条）を遵守していること、③上訴権の放棄（284条・313条）や不上訴の合意（281条1項ただし書）がないこと、④原裁判に対して上訴人が上訴の利益（不服の利益）を持つことなどが挙げられる。なお、これらの要件を満たしていても、訴訟を遅延させることだけを目的として上訴が提起されたような場合には、上訴権の濫用とされ、上訴提起の手数料の10倍以下の金銭の納付を命じられることがある（303条・313条・327条2項・331条・336条3項）。

(b) 上訴の利益

　上訴が認められるためには、当事者に上訴裁判所の審判を求めることができるだけの不服の利益（上訴の利益）があることが必要である。この判断基準に

ついては、かつて、上訴審において原裁判よりも実体法上有利な裁判を求められる可能性があれば不服の利益を認める見解（実体的不服説）が提唱されていたが、現在の通説は、原審における当事者の申立てと原裁判の主文の大小を比較して前者よりも後者が小さい場合に不服の利益を認める（形式的不服説）。実体的不服説に比べ、形式的不服説の方が上訴できる範囲が限定され、基準が明確であるためである。判例（最判昭和31・4・3民集10巻4号297頁など）もこの立場であると解される。

　形式的不服説に従うと、以下のような処理をすることになる。(i)第一審で本案の申立てを全部認容された当事者には原則として上訴の利益がない。(ii)一部認容判決については、当事者双方に上訴の利益がある。(iii)訴え却下判決がされた場合には、再訴の余地がある点で請求棄却判決より不利であるから、被告に上訴の利益がある（最判昭和40・3・19民集19巻2号484頁）。他方、被告が訴え却下判決を求めていたのに対して請求棄却判決がされた場合には、原則として、上訴の利益はない（法律上の争訟性など裁判所での紛争解決の当否自体を問題とする訴訟要件の場合には上訴の利益を認める見解もある）。(iv)判決理由中の判断が当事者の主張と異なっていたにすぎない場合には、原則として上訴の利益はない。しかし、通説は、相殺の抗弁のように判決理由中の判断に既判力が生じる場合（114条2項）、別訴禁止の規定（人訴25条、民執35条3項）により後訴が許されない場合、（黙示の）一部請求訴訟で全部認容の判決を得た場合（第一審判決が確定すると残部請求ができなくなるから請求拡張のために上訴の利益を有する。名古屋高金沢支判平成元・1・30判時1308号125頁）などについても、例外的に、不服の利益を認める。形式的不服説によると、このような例外的取扱いを説明することは難しい。そこで、原裁判を取り消しておかないと既判力その他の判決の効力により不利益を被る場合に不服の利益を認める見解（新実体的不服説）が、近時有力に主張されている。

(6) 上訴提起の効果

　上訴期間内に適法な上訴がされると、原裁判の確定は遮断し（確定遮断効。116条）、事件の係属は原裁判所から上訴裁判所に移る（移審効。規174条・197条2項・199条2項）。

これらの効力は、上訴人が申し立てた不服申立ての限度にとどまらず、原裁判で判断された全部の事項について生じる（上訴不可分の原則）。ただし、通常共同訴訟で一個の判決がされ、この判決に対し一部の共同訴訟人だけが上訴した場合は、上訴した共同訴訟人に対する請求についてのみ生じる（→第7章Ⅰ2(1)〔222頁〕）。

2　控　訴

(1)　控訴の提起

　控訴は、第一審終局判決に対する第2の事実審への上訴である（281条1項）。控訴する者を控訴人、控訴の相手方を被控訴人という。控訴期間内に、控訴状を第一審裁判所に提出して行う（286条1項）。控訴期間は、判決書または判決書に代わる調書（254条2項）の送達を受けた日から2週間の不変期間である（285条本文）。ただし、判決言渡し後であれば送達前でも提起することができる（同条ただし書）。控訴状には、当事者・法定代理人、原判決の表示およびこれに対して控訴をする旨の記載が必要である（必要的記載事項。286条2項）。このほか、控訴審の審理対象を明確にする上で、原判決の取消し・変更を求める範囲や理由を記載することが望ましい。控訴状に不服の理由について具体的な記載がない場合は、控訴提起後50日以内に控訴理由書を提出しなければならない（規182条。ただし、これがなくてもそのことで控訴が不適法になるわけではない）。控訴が不適法であり、その不備を補正できないことが明らかである場合は、第一審裁判所において決定で控訴を却下する（287条1項）。それ以外の場合は、裁判所書記官が訴訟記録を控訴裁判所に送付する（規174条）。控訴審裁判長は、控訴状の必要的記載事項や印紙の貼用を審査し、瑕疵があれば補正を命ずる。そこで補正がされなかった場合は、控訴状を却下する（288条・137条）。

(2)　控訴審の審理

　控訴審では、控訴の適否と、原判決に対する当事者の不服申立ての当否が審判される。わが国では、続審制を採用しており、第一審で行われた訴訟行為は控訴審においても効力を有する（298条）。もっとも、第一審で提出された資料を控訴審判決の資料とするためには、直接主義の要請から、裁判所は、当事者

に第一審における弁論の結果を控訴審の口頭弁論で陳述させなければならない（弁論の更新。296条2項）。また、控訴審において、新たに判決に必要な資料を加えることもできる（弁論の更新権。297条・156条・156条の2）。しかし、無条件に更新権を認めると、第一審判決を軽視することになりやすく、控訴審自体の審理の遅延を招くおそれがある。そこで、控訴審裁判長は当事者の意見を聞いた上で攻撃防御方法等の提出期間を定めることができる。この期間を徒過した場合には、当事者は提出期間内に提出できなかった理由を説明しなければならない（301条）。そのほか、控訴審で新たに提出された資料は、時機に後れた攻撃防御方法として却下される可能性もある（297条・157条・157条の2）。

控訴審の審理は、第一審の訴訟手続に準じる（297条）。控訴審の審判対象は原判決に対する不服の当否であるため、控訴審の口頭弁論は、第一審判決の不服申立ての限度で行われる（296条1項）。

> **控訴審の審理構造——続審制、覆審制、事後審制**
> 　控訴審の審理構造には、続審制、覆審制、事後審制の3種類がある。続審制は、控訴審裁判所が、第一審の裁判資料に加え、新たに収集した裁判資料を含めて、いわば第一審の続きとして、請求の当否について判断するものである。これに対して、覆審制は、第一審の裁判資料とは別個独立に控訴審が裁判資料を収集し、これに基づいて改めて審理をやり直すものであり、事後審制は、控訴審において、原則として新たな裁判資料の提出を認めず、第一審の裁判資料のみに基づいて、第一審判決の当否を判断するものである。わが国の民事訴訟制度は、続審制を採用している。
> 　かつては、控訴審においても当事者の主張・立証が無限定になされ、第一審の審理と重複する覆審的な運用がされていた時期もあったが、昭和60年代以降そのような運用は見直され、第一審の繰り返しではなく、控訴理由に争点を絞り込んで集中的に審理がされるようになった。近時は、控訴審裁判所における人証数の大幅な減少や1回結審の増加が指摘されており、事後審的な運用がされている。もっとも、続審制における控訴審裁判所の使命に照らすと、第2の事実審である控訴審裁判所が、安易に第一審裁判所の事実認定の合理性を前提にして判断することは避けるべきであろう。

(3) 控訴審の終了

(a) 控訴の取下げ・和解

　控訴人は、控訴審の終局判決に至るまで控訴を取り下げることができる（292条）。控訴が取り下げられると、第一審判決が確定する。控訴審の口頭弁論期日に当事者双方が出頭しない場合は、1カ月以内に新期日の申立てがなければ、控訴の取下げが擬制される（同条2項・263条）。なお、上訴不可分の原則により控訴の一部取下げは認められない。また、裁判所は、控訴審においても和解を勧試することができる（89条）。

(b) 終局判決

　控訴裁判所は、控訴が不適法でありその不備を補正できない場合には、控訴却下の判決（290条）、呼出費用の予納がない場合には、控訴却下の決定（291条）、原判決を正当とする場合には、控訴棄却の判決をする（302条1項・293条3項）。原判決の理由は不当であるが、結論において原判決の主文を維持すべき場合にも控訴棄却判決をする（302条2項・293条3項）。他方、控訴に理由があり原判決を不当とするとき（305条）、または第一審の手続が法律に違反しているとき（306条）は、控訴を認容し、原判決を取り消した上で、自判（控訴審が請求について自ら判決をすること）、差戻し（第一審に事件を戻して審理をやり直させること）、移送（専属管轄違反により原判決を取り消す場合に管轄権を有する第一審裁判所に直接事件を移すこと。309条）のいずれかの判決をする。差戻しには、必要的差戻し（307条本文）と任意的差戻し（308条1項）とがある。前者は、原判決が訴え却下であった場合に審級の利益を保障するためにされるものであり、後者は、原判決が本案判決であっても裁量的に第一審で審理し直すのが適当と認められた場合にされる。

(c) 原判決の取消し・変更の範囲

　控訴審裁判所は、控訴または後述する附帯控訴（→(4)〔208頁〕）によって不服申立てがされた部分に限り、原判決の取消し・変更ができる（304条）。その結果、控訴人は附帯控訴のない限り、原判決よりも不利益な判決を受けることはない（不利益変更禁止の原則）。他方、裁判所は、控訴人の不服申立てがなかった部分について、原判決よりも控訴人に有利な判決をしてもいけない（利益変更禁止の原則）。これらの原則は、一般に、処分権主義の現れと理解される。

処分権主義が適用されない境界確定訴訟などにおいては、これらの原則は妥当しない（最判昭和38・10・15民集17巻9号1220頁）。また、訴訟費用の裁判（67条）や仮執行宣言（259条）など職権ですることができるものや、職権調査事項についても、不利益変更禁止原則の適用はない。

　不利益か否かは、判決効を基準として決められる。そのため、原則として、訴訟物についての判断だけが問題となり、判決理由中の判断は問題とならない。ただし、相殺の抗弁については判決理由中の判断にも既判力が生じる（114条2項）から、不利益変更禁止の原則が妥当する。例えば、**【モデルケース】**において、亀田の相殺の抗弁が認められて請求棄却判決が出され、この判決に対して岡部のみが控訴を提起したところ、控訴裁判所が、岡部の亀田に対する貸金債権は弁済により消滅したとの心証を得た場合、第一審判決を取り消して請求を棄却すると、亀田の自働債権の不存在についての既判力もなくなるから、控訴した岡部にとっては第一審判決よりも不利益になる。そこで、この場合、控訴裁判所は、不利益変更禁止の原則により、控訴棄却にとどめなければならない（最判昭和61・9・4判時1215号47頁）。

(4) 附帯控訴

　被控訴人は、控訴審の口頭弁論終結前まで、控訴人の主張により限定された審判の範囲を拡張して自己に有利な原判決の変更を求めるため、原判決に対して不服申立てをすることができる（附帯控訴。293条1項）。控訴人は控訴申立ての範囲を拡張することができることと比較して、当事者間の公平の観点から被控訴人にも審判範囲の拡張権を認める趣旨である。附帯控訴は、控訴の方式に準じて行われる（同条3項）。附帯控訴は控訴によって既に開始されている手続を利用して行われる。そのため、控訴の取下げ・却下によって効力を失う（附帯控訴の従属性。同条2項本文）。ただし、附帯控訴がそれ自体控訴の要件を満たしている場合は、独立した控訴としての効力が認められる（同項ただし書）。原判決に対して不服の利益を有しない被控訴人が附帯控訴できるか否かについては争いがあるが、判例（最判昭和32・12・13民集11巻13号2143頁）・通説はこれを認める。

3 上　告

(1) 上告と上告理由

　上告は、控訴審の終局判決に対する不服申立てである（ただし、高等裁判所が第一審管轄権を持つ場合や飛越上告の合意がある場合は第一審の終局判決に対して上告できる）。上告した者を上告人、その相手方を被上告人という。第一審が簡易裁判所の場合には高等裁判所が、第一審が地方裁判所の場合には最高裁判所が上告裁判所となる（311条1項、裁7条1号・16条3号）。上告には、原判決を破棄すべき事由（上告理由）を提示しなければならない。上告理由を欠く上告は不適法として却下される。上告審は法律審であるから、上告理由は、憲法違反・法令違反に限定される。もっとも、どのような事由が上告理由になるかは、最高裁判所が上告裁判所になる場合と高等裁判所が上告裁判所になる場合とで異なる。

(a) 憲法違反

　原判決に憲法の解釈の誤りがあることその他憲法の違反があることは、常に上告理由となる（312条1項）。条文上、憲法違反が判決の結論へ影響することは要求されていないところ（312条1項参照）、通説は、憲法違反の判決の結論への影響の有無を問わず、上告理由になるとする。

(b) 絶対的上告理由

　絶対的上告理由は、重大な手続上の過誤を理由とする（312条2項）。①判決裁判所（当該事件について判決によって判断を示す裁判所）の構成の違法（1号）、②法律上判決に関与できない裁判官の判決関与（2号）、③日本の裁判所の管轄権の専属に関する規定違反（2号の2）、④専属管轄違反（3号）、⑤法定代理権、訴訟代理権、代理人が訴訟行為をするのに必要な授権の欠缺（4号）、⑥口頭弁論の非公開（5号）、⑦判決の理由不備・理由の食い違い（6号）がこれに当たる。

(c) 判決に影響を及ぼすことが明らかな法令違反

　判決に影響を及ぼすことが明らかな法令違反は、高等裁判所が上告裁判所になる場合に限り上告理由になる（312条3項）。最高裁判所が上告裁判所になる場合には、312条3項は適用されない。平成8年改正によって、判決に影響を

及ぼすことが明らかな法令違反を理由とする最高裁判所への上告は、次に(2)で述べるように、法令解釈の統一を必要とする重要な事項が含まれるような場合に限り、上告受理申立て（318条1項）を経て初めて可能となった。これは、最高裁判所の判決における破棄事由になっている（325条2項）。

(2) 上告受理申立て

最高裁の負担を軽減し、法律審としての機能を十分に果たさせる趣旨から、最高裁判所への上告は、原則として憲法違反または絶対的上告理由を主張する場合（312条1項・2項）に限られ、判決に影響を及ぼすことが明らかな法令違反については、最高裁判所が統一的な解釈を示す必要がある場合に限り、上告受理申立ておよび上告受理決定を経て上告が認められる（裁量上告。312条3項）。対象となるのは、原判決に最高裁判所の判例等の先例と相反する判断がある場合やその他の法令に関する重要な事項を含む場合である。最高裁判所が上告受理申立てに理由があると認めた場合は上告受理決定がされる（318条1項）。これによって初めて上告があったものとみなされ、その後通常の上告手続と同様の手続となる。

(3) 上告の提起

上告の提起は、原判決書または調書（254条2項）の送達を受けた日から2週間の不変期間内（313条・285条。上告期間）に、原裁判所に上告状を提出して行う（314条1項）。上告状の記載事項は控訴状に準ずる（313条・286条2項）。上告状に上告理由を記載しなかったときは、上告提起通知書送達から50日以内に、上告理由書を原裁判所に提出しなければならない（315条1項、規194条）。上告理由は絶対的記載事項である。

上告状に不備があり補正命令にもかかわらず補正がない場合は、原裁判所の裁判長は、上告状を却下する（314条2項）。また、上告が不適法でその不備を補正できない場合や、所定期間内に具体的な上告理由が主張されない場合は、原裁判所は、決定で、上告を却下する（316条1項）。上告状却下命令または上告却下決定があった場合を除き、原裁判所は、事件を上告裁判所に送付する（規197条1項）。上告が却下されない場合は、上告状および上告提起通知書が被

上告人に送達され（規189条）、これにより事件は上告審に移審する。

上告受理申立ての手続は上告の提起に準じる（318条5項）。なお、上告受理の申立ての理由中で重要でないと認めるものについては、上告受理決定に際し、これを排除することができる（同条3項）。

被上告人は、附帯控訴と同様に、原判決を自己に有利に変更することを求めて附帯上告を提起することができる。附帯上告には附帯控訴の規定が準用される（313条・293条）。また、上告受理申立ての相手方も、附帯上告受理申立てをすることができる（318条5項・313条・293条）。上告受理の申立てにつき不受理決定がされた場合には、附帯上告受理の申立ては、独自に上告受理申立ての要件を備えない限り、その効力を失う（最決平成11・4・8判タ1002号132頁）。

(4) 上告審の審理

上告審は法律審であるから、原審で適法に確定された事実に拘束され（321条1項）、職権調査事項を除いて、上告理由に示された不服申立ての限度で原判決の当否について審理する（320条・322条）。法律審であることや、負担軽減等の趣旨から、上告裁判所は次の場合には、口頭弁論を開かずに裁判することができる。(i)316条1項各号に該当するとき。この場合、上告裁判所は、決定で上告を却下できる（317条1項）。(ii)上告理由が明らかに312条1項・2項に定める事由に該当しないときには、上告裁判所である最高裁判所は、決定で、上告を棄却できる（同条2項）。(iii)以上の場合に該当しなくても、上告状、上告理由書、答弁書その他の書類により上告を理由がないと認めるときは、上告裁判所は、口頭弁論を経ないで、判決で、上告を棄却できる（319条）。他方、上告を認容し原判決を破棄する場合は口頭弁論を開かなければならない（87条1項本文）。もっとも、近時の判例は、上告審が口頭弁論を開かないで原判決を破棄できる場合があることを認める（最判平成14・12・17判時1812号76頁、最判平成18・9・4判時1948号81頁、最判平成19・3・27民集61巻2号711頁、最判平成22・3・16民集64巻2号498頁等）。

上告審手続には、特段の規定がない限り、控訴審手続についての規定が準用される（313条）。

(5) 上告審の終了

　上告理由が認められない場合には、上告棄却判決がされる（319条）。上告理由が正当と認められても、結論において原判決の結論を維持できる場合には、原則として上告は棄却される（313条・302条2項）。他方、312条1項・2項の上告理由が認められる場合には、上告裁判所は、上告を認容し原判決を破棄しなければならない。破棄判決とは、上告審が原判決を取り消す判決である。この場合、自判、差戻し、移送のいずれかがされる（325条1項）。また、最高裁判所は、判決に影響を及ぼすことが明らかな法令違反を認めたときは、312条1項・2項の上告理由がなくても原判決を破棄することができる（同条2項）。

　原判決の確定した事実だけで原判決に代わる裁判ができる場合には、上告裁判所は自判する（326条）。もっとも、上告審は法律審であるから、控訴審の場合とは異なり、自判できる場合は限られている（同条1号・2号）。差戻しまたは移送を受けた原裁判所は、当該事件の控訴審として改めて口頭弁論を再開する（325条3項前段）。このとき、従前の訴訟手続は、破棄理由として違法とされていない限り効力を有する（313条・308条2項）。原裁判所は、上告裁判所が破棄の理由とした法律上および事実上の判断に拘束される（破棄判決の拘束力。325条3項後段、裁4条）。その理由は、破棄された判決と同一の判決が繰り返されるのを防止することにある。先入観のない他の裁判官に裁判をさせるのが好ましいという趣旨から、原判決に関与した裁判官は、差戻し後の口頭弁論に関与することができない（同条4項）。なお、上告審は、上告の取下げによっても終了する（313条・292条）。

4　抗　告

(1)　抗告の意義

　抗告は、決定および命令に対する不服申立てである。終局判決前の中間的裁判については、終局判決に対する上訴によって上級裁判所の判断を受けるのが原則である（283条）。しかし、移送の裁判など、本案と切り離して判断できる事項で、迅速に確定して手続をすすめるのが適当なものについては、終局判決を待たずに独立して上訴を認めるのが合理的であるし、訴状却下命令のように、決定・命令で事件が終了してしまう場合や、第三者に対する文書提出命令

のように、終局判決に対する上訴による判断を受ける機会がない裁判については、独立の上訴を認める必要がある。そこで、抗告という独立した上訴が認められている。抗告には次に述べるようにいくつかの種類がある。

(2) 抗告の種類
(a) 通常抗告・即時抗告

抗告期間の定めがなく、原裁判の取消しを求める利益がある限りいつでも提起できる抗告を通常抗告という。これに対して、裁判の告知を受けた日から1週間の不変期間内にしなければならない抗告を即時抗告という（332条）。即時抗告には執行停止効があり（334条1項）、提起できる場合が個別に定められている（21条・25条5項・69条3項・71条7項・86条・199条2項・223条7項など）。

(b) 最初の抗告・再抗告

決定・命令に対して最初にされる抗告が最初の抗告である。最初の抗告に対する抗告審の裁判に不服があるときは、その決定に憲法違反や決定に影響を及ぼすことが明らかな法令違反があることを理由にするときに限り、さらに抗告することができる（330条）。これを再抗告という。ただし、最高裁判所に対する再抗告は認められない（裁7条2号参照）。

(c) 特別抗告・許可抗告

特別抗告と許可抗告は、いずれも最高裁判所に対する抗告である。地方裁判所および簡易裁判所の決定・命令で不服を申し立てることができないものならびに高等裁判所の決定・命令に対して、その裁判に憲法の解釈の誤りその他憲法違反があることを理由として、特に抗告が認められたものが特別抗告である（336条1項）。特別抗告は、裁判の告知を受けた日から5日の不変期間内にしなければならない（同条2項）。

許可抗告は、高等裁判所のした決定・命令について、一定の場合に、その高等裁判所の許可により、最高裁判所への抗告を認めるものである（337条、裁7条2号）。旧法においては、最高裁判所に対する抗告は、憲法違反を理由とする特別抗告しか存在しなかったため、高等裁判所のした決定・命令については、重要な法律問題が含まれていても、法令解釈の統一を図ることができなかった。そこで、法令の解釈統一が必要な場合に対応するために許可抗告制度が

設けられた。

(3) 抗告の提起

　原裁判に対して不服を有する当事者または第三者は、抗告状を原裁判所に提出して抗告を提起する（331条・286条1項）。抗告状に原裁判の取消し・変更を求める事由（抗告理由）の具体的記載がない場合は、抗告提起後14日以内にこれらを記載した抗告理由書を原裁判所に提出しなければならない（規207条）。抗告が不適法でその不備を補正できないことが明らかな場合には、原裁判所は、抗告を却下する（331条・287条）。抗告が適法であり、抗告に理由があると認めるときは、原裁判をした裁判所または裁判長は原裁判を更正（取消しまたは変更）しなければならない（再度の考案。333条）。抗告に理由がないと認めるときは、意見を付して事件を抗告裁判所に送付する（規206条）。

(4) 抗告審の審理・終了

　抗告審は決定手続であり、口頭弁論を開くか否かは抗告裁判所の裁量による（87条1項ただし書）。口頭弁論を開かない場合には、裁判所は、抗告人その他の利害関係人を審尋することができる（口頭弁論に代わる審尋。335条）。抗告審の手続には、原則として控訴審に関する規定が準用される（331条本文）。裁判は、常に決定の形式でされる。

(5) 許可抗告の手続

　許可抗告の申立ては、原裁判につき、最高裁判所の判例（これがない場合には、大審院または上告裁判所もしくは抗告裁判所である高等裁判所の判例）と相反する判断がある場合その他の法令解釈に関する重要な事項を含むと認められる場合にすることができる（337条2項）。申立ては、原裁判の告知を受けた日から5日の不変期間内に、申立書を原裁判所である高等裁判所に提出して行う（337条6項・313条・286条・336条2項）。申立書には、抗告許可申立ての理由を具体的に記載しなければならない（337条6項・315条）。抗告許可申立理由書を提出する場合も同様である。判例違反を理由とする場合にはその判例を具体的に摘示しなければならない（規209条・192条・193条）。

申立てを受けた高等裁判所は、申立てを適法と認めるときは、許可理由の有無につき審査を行う。許可理由ありと認めた場合は、抗告の許可決定をしなければならない（337条2項）。このとき、高等裁判所は、許可申立ての理由中に重要でないと認めるものがある場合には、これを排除することができる（同条6項・318条3項）。抗告が許可されると、最高裁判所への抗告があったものとみなされる（337条4項）。事件の送付を受けた最高裁判所は、原則として書面審理を行い、裁判に影響を及ぼすことが明らかな法令違反がある場合には、原裁判を破棄する（同条5項）。

II　確定判決に対する不服申立て

1　再　審

(1)　目　的
　既判力は、紛争の終局的解決を保障するための制度的効力である。そのため、既判力の生じた判断が容易に取り消されるようなことがあってはならない。しかし、確定判決の成立過程や判断の基礎となった資料に著しい瑕疵があるような場合まで既判力を維持することは、正義や公平、適正手続の保障という観点から、適切ではない。そこで、法は、例外的に、既判力が生じている裁判から当事者を救済する制度を用意している。当事者が、確定した終局裁判に対して、その裁判の取消しと事件の再審理を求める非常の不服申立方法を再審という。確定した裁判に対する不服申立てである再審には確定遮断効も移審効もない。確定した終局判決に対する（338条1項）だけでなく、即時抗告による不服申立てができる決定・命令で確定したものに対しても、再審の申立てができる（準再審。349条1項）。

(2)　再審訴訟の構造
(a)　2段階構造
　再審訴訟は、①再審事由の存否を審理判断する手続と、②再審が申し立てられた確定判決の対象となっている事件の本案の再審理を行う手続、の2段階構

造になっている。再審の訴訟手続には、その性質に反しない限り、各審級における訴訟手続に関する規定が準用される（341条）。

(b) 再審事由

再審事由は、事件の本案の再審理を開始させるための要件であり、338条1項に列挙されている。具体的には、①確定判決の成立過程に重大な手続的瑕疵があった場合（法律違反の判決裁判所の構成〔1号〕、判決に関与できないはずの裁判官の関与〔2号〕、代理権の欠缺〔3号〕）、②判決の基礎となった資料に重大な瑕疵があった場合（文書偽造・偽証などの犯罪行為の存在〔4号～7号。これらを再審事由とするときは有罪の確定刑事判決等を必要とする〔同条2項〕〕、判決の基礎となった裁判の変更〔8号〕）、③裁判所の判断そのものに瑕疵がある場合（判断遺脱〔9号〕、原判決の内容と矛盾する先行判決の存在〔10号〕）の3種類に大別される。

法的安定性を確保するための既判力を打破するものであるから、これらの再審事由は限定的に解すべきである。しかし、他方で、再審事由は非常に限られている。そこで、判例は、氏名冒用訴訟（大判昭和10・10・28民集14巻1785頁）、補充送達による訴状の送達が無効であったために被告が訴訟手続に関与できなかった場合（最判平成4・9・10民集46巻6号553頁）、被告の事実上の利害関係の対立のある同居人に対して訴状等の補充送達がされ、被告が訴訟手続に関与することができなかった場合（最決平成19・3・20民集61巻2号586頁。補充送達自体は有効とする）など、実質的にみて当事者に対する手続保障を欠いていたような場合には、代理権欠缺についての3号を拡張的に解釈して再審を認める。もっとも、原告が被告の住所を知りながら故意にこれを隠し、または過失によりこれを知らずに公示送達を申し立てたために、訴状が公示送達によって送達され、被告が訴訟手続に関与することができなかった場合については、一貫してこれを否定する（大判昭和10・12・26民集14巻2129頁、最判昭和57・5・27判時1052号66頁）。送達制度のあり方とあわせて検討すべき問題であろう。

(c) 再審事由の存否の審理および裁判

再審の訴えは、不服申立てに係る確定判決をした裁判所の専属管轄に属する（340条1項）。裁判所では、まず、再審事由の存否について、決定手続で審理が行われる。再審事由がある場合には、裁判所は、再審開始の決定をする（346条1項）。他方、再審事由がない場合には、再審の請求を棄却する決定をする

（345条2項）。再審開始決定がされると、再審が申し立てられた確定判決の対象とされた事件の再審理および裁判が行われる（348条1項）。再審理の結果、再審の対象とされた確定判決が結論において正当である場合には、裁判所は、再審の請求を棄却する判決をし（同条2項）、結論が正当でない場合には、確定判決を取り消した上で、改めて終局判決を行う（同条3項）。例えば、【モデルケース】において、岡部が亀田に脅迫されて亀田の主張を認めた結果、請求棄却判決がされて確定したとすると、岡部はこの判決をした裁判所に再審の訴えを提起する。亀田の脅迫を認める有罪判決が確定していれば（338条2項）、再審裁判所は、再審開始決定をし、岡部の亀田に対する貸金返還請求事件について再審理を行う。審理の結果、前訴判決が結論において正当であると判断した場合には再審請求を棄却する。それ以外の場合には、前訴確定判決を取り消し、岡部の貸金返還請求の全部または一部を認容する判決をする。

(d) 再審の補充性

当事者が、終局判決が確定する前に、再審事由を上訴によって主張したとき、または再審事由があることを知りながら上訴でこれを主張しなかったときは、当該再審事由による再審を申し立てることはできない（338条1項本文ただし書）。これを再審の補充性という。再審が認められる場合をできるだけ制限して、確定勝訴判決を得た相手方当事者の地位の安定を図ろうという趣旨である。

(e) 再審期間

再審の補充性と同様の趣旨から、再審期間も制限されている。再審の訴えは、代理権欠缺を理由とする場合と矛盾する先行判決の存在を理由とする場合を除き（342条3項）、判決確定後再審事由の存在を知った日から30日の不変期間内に提起しなければならない（同条1項）。また、原則として判決が確定した日から5年を経過したときは、再審の訴えを提起することができない（同条2項）。

(f) 確定判決の不当取得と再審

訴えを取り下げる旨の当事者間の合意に反して原告が訴えを取り下げず、被告欠席のまま請求認容判決がされて確定した場合のように、一方当事者が、相手方の権利を害する意図で相手方の訴訟への関与を妨げて確定判決を得ること

を、確定判決の不当取得（騙取・詐取）という。こうして得られた確定判決に基づいて強制執行がされた場合、確定判決には既判力が生じているため、相手方が、再審の訴えを経ないで、当該判決によって被った損害賠償を求める訴えを提起できるかが問題となる。判例は、確定判決に再審事由があり、再審の訴えを提起することができる場合であっても、別訴で損害賠償請求ができるとする（最判昭和44・7・8民集23巻8号1407頁）。判例の考え方に対しては、再審を経ることなく既判力に抵触する主張を認める根拠が不明確であるし、また、法的安定性の観点から、再審事由の主張には、期間制限（342条）や可罰行為についての有罪確定判決（338条2項）等の様々な制約が課されている趣旨を潜脱することになると指摘されている。しかし、これに対しては、損害賠償請求訴訟において裁判所が再審事由の存否を厳格に判断した上で判決の無効の主張を認めれば既判力制度を動揺させることにはならないという反論がある。

2 確定判決の変更を求める訴え

口頭弁論終結前に生じた損害について、その賠償として、定期金による支払を命じた判決が確定した場合に、その訴訟の口頭弁論終結後に、損害額の算定の基礎となった事情に著しい変更が生じた場合には、支払を命じられた当事者は、確定した給付判決の変更を求める訴えを提起することができる（117条）。例えば、後遺症の程度や賃金水準などが著しく変動した場合には、もとの定期金の額を維持することは不適切であるために、このような制度が認められている。確定判決の変更を求める訴えは、前訴判決で一時金による賠償が認められた場合には用いることはできない。

請求異議訴訟（民執35条2項）（→第5章Ⅱ3(3)(b)コラム〔181頁〕）が、前訴の基準時後に生じた権利消滅事実を理由として、前訴判決の執行力を排除するものであるのに対して、確定判決の変更を求める訴えは、前訴の損害賠償請求権を発生させる事実の一つである損害額自体に変更が生じている点で異なる。また、既判力が生じている判断の変更を求める訴えである点で再審の訴えと共通する。

第7章
多数当事者訴訟

　これまでは、一つの訴訟手続において1人の原告と1人の被告のみが登場する場面を念頭に叙述してきた。この章では、一つの訴訟手続においてさらに多くの者が登場する場面における手続の規律を紹介する。原告側または被告側（あるいは双方の側に）複数の当事者がいる訴訟の形態である共同訴訟、他人間の訴訟の係属中に、当事者または補助参加人として当該訴訟に関与する訴訟参加、および、訴訟係属中における当事者の死亡等により、その相続人等の第三者に従前の訴訟状態を引き継がせる訴訟承継の各制度について主に概観する。

　【モデルケース】を念頭に、次の例題を解けるようになることが、本章の主な課題である。
(1)　岡部は、2014年9月29日に、亀田の知人である竹本とも、亀田に対する貸金債権の保証契約を締結し、竹本に対して現在保証債務の履行請求権を有していると主張している。そこで、岡部は、亀田と竹本を共同被告として訴えを提起することはできるか。この訴訟において、亀田が本件消費貸借契約の成立について自白をしているが、竹本がその点について否認した場合、裁判所は、岡部・亀田間、岡部・竹本間の訴訟それぞれにおいて、この点についてどのように取り扱うべきか。
(2)　亀田は、当該訴訟において、岡部から負った貸金債務は既に弁済していると主張している。この訴訟の係属中、竹本は、亀田の債務について保証債務を負っているが、亀田が敗訴すると、岡部から保証債務の履行請求がなされると考え、これを防ぐために、岡部・亀田間の訴訟に参加したいと

考えている。竹本はどのような方法で訴訟参加することができるか。
(3) 当該訴訟の係属前に、岡部から債権譲渡を受け、当該債権が自己に帰属すると主張する山野は、岡部・亀田間の訴訟にどのような方法で訴訟参加をすることができるか。
(4) 当該訴訟の係属中、亀田が死亡した。この場合、この訴訟はどのように扱われるか。亀田に川野および赤山という2人の共同相続人がいる場合、川野と赤山は、この訴訟の続きをすることはできるか。
(5) 当該訴訟の係属中、岡部が亀田に対する貸金債権を鶴川に譲渡した。この場合、この訴訟はどのように扱われるか。また、鶴川は岡部・亀田間の訴訟の続きをすることはできるか。その場合、どのような方法で行うことができるか。

I 共同訴訟

1 総論

　一つの訴訟手続の当事者の一方または双方の側に数人の当事者がいる訴訟の形態を共同訴訟という。このような訴訟形態が認められているのは、個別訴訟によるよりも共同訴訟によった方が、審理の重複を避けることができ、手続の時間・コスト・労力等を節約することができるからである。

　共同訴訟は、訴訟手続の最初から、1人または数人の当事者の訴えにより、数人の各請求または数人の被告に対する各請求の審判を求める場合に発生するのが通常である。これを訴えの主体的原始的併合または固有の訴えの主体的併合という。そのほかにも、係属中の訴訟に、第三者自らが原告または被告の共同訴訟人として関与する場合（例えば52条→本章II 1〔228頁〕）、訴訟の係属中に、既存の当事者が、第三者に対する訴えを追加併合する場合（例えば50条3項→本章III 3〔239頁〕）、複数の相続人による訴訟承継がなされる場合（124条1項1号→本章III 2〔238頁〕）、裁判所が弁論を併合した場合（152条1項→第4章III 3(3)〔116頁〕）などに発生する。

　共同訴訟が成立するには、次の三つの要件を満たす必要がある。まず、各共

同訴訟人と相手方との訴訟が、1個の訴訟手続に併合されている訴訟形態であるため、各共同訴訟人と相手方の間に成立する訴訟について、一般の訴訟要件を具備する必要がある。次に、共同訴訟では、一つの訴訟手続において複数の請求について審判されるため、請求の客体的併合の一般的要件を具備する必要がある。この要件を具備しない場合には、裁判所は職権で弁論を分離しなければならない。最後に、各請求間の関連性があることが要求される。個別訴訟によるよりも手続のコストが削減されることに共同訴訟の存在意義があるからである。最後の要件については、具体的には次の三つのいずれかが満たされる必要がある。

第一に「訴訟の目的である権利又は義務が数人について共通であるとき」である（38条前段）。これは、権利・義務の内容に密接な法的関係があり、一方の義務の履行が他方の義務の消滅をもたらすような場合である。例えば、数人の連帯債務者に対する支払請求（義務共通）や、数人の共有者による目的物の持分権確認訴訟を提起する場合（権利共通）である。

第二に、「訴訟の目的である権利又は義務が」「同一の事実上及び法律上の原因に基づくとき」である（38条前段）。例えば、同一の交通事故の複数の被害者が、加害者に対して損害賠償請求訴訟を提起する場合（権利の原因共通）や、ある土地の所有者が、土地上の建物所有者に対して建物収去土地明渡請求訴訟を、建物の賃借人に対して建物退去土地明渡請求訴訟を提起する場合（義務の原因共通）である。

第三に、「訴訟の目的である権利又は義務が同種であって事実上及び法律上同種の原因に基づくとき」である（38条後段）。例えば、複数の家屋を所有する賃貸人が、各家屋の賃借人それぞれに対して家賃の支払請求訴訟を提起する場合である。なお、この要件は、他の要件よりも複数請求間の関連性が低いため、この要件を満たす共同訴訟には併合請求の裁判籍は適用されない（7条ただし書→第2章Ⅰ2(3)(b)〔31頁〕参照）。

これらの要件を満たさない共同訴訟も、相手方が異議を述べない限り適法である。もっとも、この場合にも裁判所は弁論を分離することができる。

2 通常共同訴訟における共同訴訟人独立の原則

(1) 共同訴訟人独立の原則

　通常の共同訴訟の審理形態は、個別訴訟の場合と異ならない。すなわち、各共同訴訟人は他の共同訴訟人に制約されることなく、それぞれ独立に相手方に対する訴訟を追行する。これを、通常共同訴訟における共同訴訟人独立の原則と呼ぶ (39条)。その内容は次の通りである。

　共同訴訟人の1人が相手方にした訴訟行為は、他の共同訴訟人と相手方との間の訴訟に影響を及ぼさない。例えば、ある共同訴訟人が、請求の放棄・認諾、和解、訴えや上訴の取下げなどにより、相手方との訴訟を終了させても、他の共同訴訟人と相手方の訴訟はそのまま係属する。ある共同訴訟人が上訴を提起しても、その共同訴訟人と相手方との間の訴訟事件のみが上級審に移審する。ある共同訴訟人のみが自白したり、抗弁を提出したりしても、その効果は他の共同訴訟人と相手方の訴訟に影響を及ぼさない。同様に、相手方が共同訴訟人の1人に対してした訴訟行為は、相手方とその共同訴訟人との間でのみ効力が生じる。

　共同訴訟人の1人について生じた事項は、他の共同訴訟人と相手方との訴訟に影響を及ぼさない。例えば、共同訴訟人の1人について手続の中断または中止の事由が生じても、相手方と他の共同訴訟人との訴訟は、それに影響されない。裁判所は、弁論を分離したり、ある共同訴訟人についてのみ一部判決をすることも許される。通常、口頭弁論期日が同一日時に指定され、記録も統一されるが、このような訴訟の共同性は事実上のものにすぎない。

(2) 解釈による共同訴訟人独立の原則の修正

　共同訴訟人独立の原則を厳格に適用すると、一つの訴訟手続で審判されるにもかかわらず、共同訴訟人間で区々の内容判決が下されることになり、紛争の統一的解決が果たされない。そこでこの原則を修正しようとする理論的な試みがある。

　第一に、判例および通説は、本来、ある共同訴訟人と相手方との間で作用する証拠共通の原則 (→第4章 **V** 4(2)(c)〔149頁〕) を、それを超えて、共同訴訟人

間においても作用することを認める。例えば、債権者Xが主債務者Y_1と保証人Y_2とを共同被告として訴えを提起し、Y_1の弁済による主債務の消滅が争点となった場合に、Y_1申請の証拠方法を証拠調べした結果である証拠資料は、X・Y_2間の訴訟でも証拠資料となる。同一証拠方法の証拠調べの重複を防ぐために、Y_2の証拠申出を不要とする。期日を共通にしている以上、自由心証主義のもと、共通の事実の認定のための証拠原因も事実上共通となり、その結果画一的な事実認定が可能となる。

　第二に、共同訴訟人間での主張共通を認める見解がある。例えば、上記の例で、Y_2が弁済の抗弁を提出していなかった場合にも、Y_2の訴訟にY_1が補助参加の利益を有する場合には、参加申立てがなくとも当然の補助参加関係があるため、Y_1はY_2のためにも弁済の抗弁を主張し得るとする学説がある。しかし、この理論は、いかなる関係にあるとき当然の補助参加関係にあるのかについて明確な基準がないという理由から、判例により否定されている（最判昭和43・9・12民集22巻9号1896頁）。さらに、共同訴訟人独立の原則は、各共同訴訟人は他の共同訴訟人の制約を受けないで積極的な訴訟行為をすることができることを意味するだけであるから、積極的な訴訟行為をしていないときは、その有利なものに限り、他の共同訴訟人の訴訟行為の効果が及ぶとする見解もある。しかし、この理論には、40条のような明文の根拠がないなどの問題がある。

3　同時審判の申出がある共同訴訟

　例えば、Xが、本人Yに対する契約履行請求訴訟と、無権代理人Zに対する民法117条1項に基づく損害賠償請求訴訟を併合して提起する場合が考えられる。この場合、二つの請求が実体法上併存し得ない関係にある。なぜなら、YがZに代理権を授与したという事実は、XのYに対する請求を基礎づける事実であると同時に、XのZに対する請求を排斥する事実でもあるからである。この場合にも、共同訴訟人独立の原則が妥当するならば、裁判所は、弁論を分離した上で、XY間の訴訟では代理権の授与なし、XZ間の訴訟では代理権の授与ありと認定し、いずれの請求も棄却することができることになる。その結果、Xはいわゆる両負けする可能性が生じる。このような事態を避ける

ために、Xは、上記のケースのように、共同被告に対する複数の請求が実体法上併存し得ない場合には、複数の請求についての同時審判の申出をすることができる（41条）。

　原告が同時審判の申出をした場合、弁論および裁判は分離しないでしなければならない（41条1項）。この結果、複数の請求の成否を左右する事実を共通の証拠資料に基づいて認定することにより、原告の両負けを防ぐことができる。したがって、同時審判の申出は、事実審の口頭弁論終結時までに行われなければならない（41条2項）。各共同被告に係る控訴事件が同一の控訴裁判所に各別に係属するときは、弁論および裁判は併合してしなければならない（41条3項）。

　なお、請求の客体的併合において予備的併合が存在するように（→第3章Ⅱ3(1)〔77頁〕）、共同訴訟においても予備的併合を観念し得る。すなわち、共同被告の1人に対する請求（主位的請求）が認容されることを解除条件として、他の共同被告に対する請求（予備的請求）についての審判を求める併合形態である。これは、訴えの主体的予備的併合と呼ばれる。現行民事訴訟法成立以前の学説は、これを適法とするものが多数であったにもかかわらず、判例は主体的予備的併合を不適法とする（最判昭和43・3・8民集22巻3号551頁）。その理由は、主位的請求が認容された場合には予備的請求は何ら審判されないことになり、その結果予備的請求に係る被告が不安定な地位に置かれることにある。同時審判の申出がある共同訴訟は、判例により不適法とされた主体的予備的併合に代わるものとして立法化されたため、現行法においても主体的予備的併合が適法とされる余地はないとする見解が有力であるが、これに反対する見解も多い。

4　必要的共同訴訟

(1)　総　論

　判決の内容が共同訴訟人ごとに区々になってはならない、すなわち、「訴訟の目的が共同訴訟人の全員について合一にのみ確定」する必要があるため、共同訴訟人独立の原則が修正される共同訴訟を、必要的共同訴訟という（40条）。必要的共同訴訟は、固有必要的共同訴訟と類似必要的共同訴訟に区別される。

(2) 固有必要的共同訴訟

利害関係人全員が当事者になるのでなければ、訴訟が不適法として却下される共同訴訟の形態である。このように、利害関係人全員が共同訴訟人となることを必要とするので、固有必要的共同訴訟、または、共同訴訟（または訴訟共同）の必要性のある共同訴訟と呼ばれる。通常は、一つの共同の権利または義務が訴訟の対象となり得る訴訟においては、当該権利義務を共同してのみ処分できる複数の者が共同してのみ訴訟追行権（→第2章Ⅱ6〔52頁〕）を有するが（共同訴訟の必要性）、この場合には、複数の共同訴訟人の1人が単独で当該訴訟における訴訟物を処分することも許されないため（合一確定の必要性）、40条により、共同訴訟人独立の原則が修正される。固有必要的共同訴訟に該当するケースは、次の三つに分類される。

第一に、他人間の権利関係に変動をもたらす形成訴訟（またはこれに準ずる確認訴訟）においては、原則としてその権利関係の主体を共同被告としなければならない。例えば、第三者が夫婦を共同被告として婚姻の無効・取消しの訴えを提起する場合が典型例である（人訴12条2項前段）。

第二に、数人による共同の職務執行が必要とされる場合には、固有必要的共同訴訟となる。破産管財人が複数いる場合には、彼らが共同して破産財団について管理処分権を有するため、破産財団に関する訴訟では、破産管財人全員を共同原告または共同被告とする固有必要的共同訴訟となる（破76条・78条・80条参照）。

第三に、共同の権利を共同権利者全員で行使すべき場合、または、共同の義務を共同義務者全員で履行すべき場合には、共同権利者または共同義務者全員が共同訴訟人になる必要がある。

例えば、物権法上の共有においては、各共有者は自己の持分を単独で処分できるため、自己の持分権に関する訴訟は個別訴訟である。これに対して、共有財産全体に関する訴訟は、固有必要的共同訴訟となるのが原則であるが、判例はこの場合にも個別訴訟を許すことが多い。

例えば、各共有者は第三者を被告とする自己の持分権確認訴訟を提起できる（最判昭和40・5・20民集19巻4号859頁）。第三者に対する共有者全員に帰属する一個の不可分の共有権の確認訴訟や共有権に基づく所有権移転登記手続請求訴

訟は、固有必要的共同訴訟である（最判昭和46・10・7民集25巻7号885頁）。これに対して、各共有者は、第三者に対する所有権移転登記抹消登記手続を、自己の持分に基づき共有物全体の保存行為として請求することができる（最判昭和31・5・10民集10巻5号487頁。なお、最判平成15・7・11民集57巻7号787頁も参照）。

　第三者が共有者に対して一定の義務の履行を求める訴訟については、共有名義人を被告とする登記請求では共有者全員を共同被告とすべきであるとするのに対して（最判昭和38・3・12民集17巻2号310頁）、土地所有者が地上建物の共有者を被告として提起する建物収去土地明渡請求では、不可分債務であることを理由に、各共有者が被告となれば足りるとする（最判昭和36・12・15民集15巻11号2865頁）。

　共有者間の内部紛争でも、各共有者の持分権の確認訴訟と、共有者全員の共有権または共有関係の確認訴訟を区別し、前者を個別訴訟（最判昭和40・5・27判時413号58頁）、後者を固有必要的共同訴訟（共同相続人間の遺産確認訴訟である最判平成元・3・28民集43巻3号167頁）とする。

　原告側の固有必要的共同訴訟において、共同原告となるべき者の一部が不在であったり、共同の訴えを拒絶する場合には、他の者は本案判決を受けることができないことになる。そこで、判例は、入会権は権利者である一定の村落住民の総有に属するので、入会権の確認の訴えは入会権者全員が共同してのみ提起できる固有必要的共同訴訟であるとしつつも（最判昭和41・11・25民集20巻9号1921頁）、入会集団の一部の構成員が、訴えの提起に同調しない構成員を被告に加えて構成員全員が訴訟当事者となる形式で第三者に対する当該訴えを提起することができるとした（最判平成20・7・17民集62巻7号1994頁）。

(3) 　類似必要的共同訴訟

　類似必要的共同訴訟とは、訴訟追行権を有する者全員が共同訴訟人となって訴訟追行する必要はないが、同一の訴訟物について複数の訴訟追行権者が共同訴訟人となって訴訟をするときは、判決の合一確定を確保するために、固有必要的共同訴訟の場合と同様に、共同訴訟人独立の原則が修正される共同訴訟の形態をいう。複数の訴訟追行権者の1人に対する判決の効力と、その者に拡張された、他の訴訟追行権者に対する判決の効力の抵触を予防するために、40条

が適用される（合一確定の必要性→第5章Ⅱ3(6)(b)〔193頁〕）。

判決効が第三者に拡張され、しかもその第三者の中に、当該請求について訴訟追行権を有する者がいる場合に、類似必要的共同訴訟が成立する。例えば、婚姻の無効・取消しの訴えを夫婦以外の複数の者が提起する場合（民742条、人訴24条1項）や、会社設立無効の訴え（会社828条1項1号）、株主総会決議取消訴訟・無効確認訴訟（会社830条・831条）などの会社関係訴訟を複数の者が提起する場合などである。

その他、A会社の株主であるX_1とX_2が、A会社の取締役Yに対して株主代表訴訟を提起した場合のように、X_1やX_2の受けた判決の効力が第三者Aに拡張され（115条1項2号）、Aを通じて反射的にX_1やX_2にも及ぶ場合にも、類似必要的共同訴訟が成立する（最判平成12・7・7民集54巻6号1767頁）。

(4) 必要的共同訴訟の審判

40条1項は、共同訴訟人間の判決内容に矛盾が生じないように、各共同訴訟人が異なる内容の訴訟行為をしたときは、全員にとって有利な場合にのみその効力を生じるとする。したがって、共同訴訟人に有利な訴訟行為は、それが共同訴訟人の1人によって行われてもその効力を生じるが、不利な訴訟行為は、それが共同訴訟人全員により行われた場合に限りその効力を生じる。この規律により、各共同訴訟人は、他の共同訴訟人が同一の訴訟物について行った不利な訴訟行為の効果の発生を阻止し、自己の利益を守ることができる。

事実の主張、相手方の主張した事実の否認、抗弁や証拠の提出などは、全員にとって有利な訴訟行為に当たる。1人でも期日に出席すれば全員が懈怠の不利益（例：263条）を免れる。共同訴訟人の1人による上訴の提起も、有利な訴訟行為として全員にその効力が及び、全員が上訴人となる。したがって、共同訴訟人の1人が上告申立てをした後に、別の共同訴訟人が上告申立てをした場合には、後者は二重上告として却下される（類似必要的共同訴訟である数人による養子縁組無効の訴えについて、最決平成23・2・17判時2120号6頁）。しかし、判例は、複数の株主による株主代表訴訟においては、共同訴訟人の1人の上訴により、訴訟全体が上訴審に移審し、上訴審の判決の効力は上訴しなかった共同訴訟人にも及ぶが、「株主各人の個別的な利益が直接問題となっているものでは

ないから、提訴後に共同訴訟人たる株主の数が減少しても、その審判の範囲、審理の態様、判決の効力等には影響がない」ため、自ら上訴しなかった共同訴訟人は上訴人にならないとする（最判平成12・7・7民集54巻6号1767頁）。

これに対して、請求の放棄・認諾、自白、上訴権の放棄、訴訟上の和解、訴えまたは上訴の取下げ、相手方の訴えの取下げに対する同意などが、全員にとって不利な訴訟行為に当たる。しかし、類似必要的共同訴訟の場合は、共同訴訟人の1人が訴えの取下げをすることができる。

相手方が共同訴訟人の1人に対してした訴訟行為は、全員に対してしたのと同じ効力を生じる（40条2項）。このような取扱いは、相手方にとって便宜であるし、訴訟手続の迅速な進行も図られ、訴訟資料も統一できることから認められている。

共同訴訟人の1人に中断・中止事由があるときは、手続中断・中止の効力は共同訴訟人全員について生じる（40条3項）。弁論の分離や一部判決は許されない。口頭弁論や証拠調べは、共通の期日で行う。

5 訴えの主体的追加的併合

訴訟係属中に共同訴訟が発生することを、訴えの主体的追加的併合という（請求の追加的併合については→第3章 II 3(1)〔76頁〕）。判例によれば、訴えの主体的追加的併合は法律の規定がある場合にのみ可能であり、それ以外の、例えば、通常共同訴訟が成立するにすぎない場合における当事者の申出による主体的追加的併合は許されない（最判昭和62・7・17民集41巻5号1402頁）。この場合、当事者が新たに訴えを提起し、これを受けて裁判所が弁論を併合するしかない。

II 第三者の訴訟関与

1 共同訴訟参加

共同訴訟参加とは、係属中の訴訟に第三者が原告または被告の共同訴訟人として参加することをいう（52条）。

共同訴訟参加が許されるには、次の三つの要件を満たす必要がある。第一に、共同訴訟参加は、訴訟の目的が係属中の訴訟の当事者の一方と第三者との間で合一に確定すべき場合、すなわち、参加によって類似必要的共同訴訟が成立する場合に許される。固有必要的共同訴訟の瑕疵を治癒するためにも許される。第二に、共同訴訟参加は、他人間に訴訟が係属している場合に許される。第三に、共同訴訟参加をする第三者は、当事者（共同訴訟人）として訴訟に参加するから、原告のまたは被告に対する請求につき訴訟追行権を有する必要がある。

　共同訴訟参加は訴え提起の実質を有するが、補助参加および独立当事者参加の申出に関する規定（43条・47条2項3項）を準用するので（52条2項）、参加の趣旨および参加の理由を記載した書面を提出して行う。

　第三者が共同訴訟参加することにより、従前の原告または被告と第三者との間に必要的共同訴訟の関係が生じる（訴えの主体的追加的併合→本章Ⅰ5〔228頁〕）。

2　共同訴訟的補助参加

　係属中の訴訟の判決の効力が及ぶが、訴訟追行権を有しないために、共同訴訟参加することができない第三者がする補助参加をいう。共同訴訟的補助参加は、判決効が及ぶ第三者に、必要的共同訴訟人に準じた訴訟上の地位を付与する必要があることから、解釈上認められている（40条1項の類推適用）。もっとも、人事訴訟法には、共同訴訟的補助参加人の地位が明文化されている（人訴15条3項・4項）。

　通常の補助参加の手続に従って参加した第三者が、共同訴訟参加における第一の要件と第二の要件を満たす場合には、共同訴訟的補助参加人としての地位を取得する（最判昭和40・6・24民集19巻4号1001頁）。

　第三者が共同訴訟的補助参加をすることにより、当該参加人は、補助参加人の地位と必要的共同訴訟人の地位を有することになる。まず、共同訴訟的補助参加人は当事者ではないから、訴えの取下げや訴えの変更をすることはできない。判決の名宛人にもならない。補助参加人と同じ範囲であらゆる訴訟行為を行い、相手方の訴訟行為を受領することができる。これに対して、共同訴訟的

補助参加人は、判決の効力を受けるため、必要的共同訴訟人に準じて扱われ、被参加人に有利な訴訟行為である限り、被参加人の訴訟行為と抵触する行為をすることができる（40条1項の類推）。判決も共同訴訟的補助参加人にも送達され、上訴期間も独自に起算される。ただし、参加人に訴訟手続の中断・中止事由が生じた場合、当然に訴訟手続全体が停止するのではなく、手続を進行することにより参加人の利益を害すると認められる場合に限り、裁判所は手続の停止を命じ得るとするのが通説である。

3　補助参加

(1)　趣旨・要件

他人間の訴訟の結果に利害関係を持つ第三者が、当事者の一方を勝訴させるため、訴訟に参加する訴訟参加の形態をいう（42条）。

補助参加の要件は次の二つである。第一に、補助参加も第三者による訴訟参加の一つであるため、補助参加が許されるためには、他人間に訴訟が係属していることが要件となる。しかし、既に判決が確定している場合でも、潜在的な訴訟係属があると考えて、再審の訴えの提起とともに補助参加の申出をすることもできる（43条2項）。

第二に、補助参加が許されるためには、第三者に補助参加の利益が必要である。第三者が訴訟の結果につき一定の利害関係を有する場合には、第三者はその訴訟に参加する利益を有する。この要件は、第三者による干渉なく訴訟を追行する利益を有する当事者のために存在するため、当事者の異議がある場合にのみ調査される。

補助参加の利益の有無は、「訴訟の結果」と第三者の法的地位との間の実体法的論理関係の有無によって判断される。したがって、感情的利害や経済的利害に影響があるというだけでは補助参加の利益はない。これに対して、補助参加の利益が認められるためには、直接判決の効力によって第三者の法的地位が決定されることまでは必要なく、判決中の判断を前提に実体法的論理を展開すれば、第三者の法的地位に影響が事実上生じることで足りる。

従来の通説によれば、ここでいう「訴訟の結果」とは訴訟物についての判断のみを指す。したがって、この見解によれば、例えば、債権者Xの保証人Y

に対する訴訟に主債務者Zが参加する場合に補助参加の利益が認められる。なぜなら、例えば、このケースにおいて、XY間の訴訟における訴訟物であるXY間の債務の存否の判断は、実体法的な論理を展開すれば、後のYのZに対する求償請求訴訟に事実上影響を及ぼすからである。これに対して、被害者Xの加害者Yに対する不法行為に基づく損害賠償請求訴訟に、Yから同一の行為により被害を受けたと主張して補助参加をするZには、補助参加の利益が認められない。なぜなら、XY間の訴訟の結果によりZの法的地位に事実上影響を及ぼすのは、XY間の訴訟の対象であるXのYに対する損害賠償請求権の存否についての判断ではなく、その理由中の判断（例えばYの過失の有無）であるからである（東京高決平成20・4・30判時2005号16頁を参照）。

(2) 参加手続

参加の趣旨（参加しようとする訴訟と当事者の表示）と参加の理由（訴訟の結果についての利害関係を示す事由）を示して、補助参加により訴訟行為をすべき裁判所に対して、書面または口頭で行う（43条1項）。補助参加の許否については、当事者から異議があった場合にのみ、裁判所が決定により判断する（44条1項）。当事者は、異議を述べることなく弁論や弁論準備手続における申述をしたときは異議権を失う（44条2項）。

(3) 参加人の地位

第三者が補助参加することにより、当該第三者は補助参加人としての地位を有する。補助参加人は、自ら訴訟上の請求を定立しないで当事者の一方を勝訴させようとする地位であるから、被参加人を勝訴させることにより間接的に自らの利益を保護する地位を有するにすぎず、従たる当事者でしかない。これを従属的地位という。したがって、補助参加人は判決の名宛人とはならない。補助参加人について訴訟手続の中断事由が生じても訴訟手続は停止しない。その他、補助参加人は、訴訟において、攻撃防御方法の提出、異議の申立て、上訴の提起、再審の訴えの提起その他一切の訴訟行為をすることができるが（45条1項）、訴訟を処分する行為、その他被参加人に不利な行為、被参加人ができない行為（45条1項ただし書）、および、被参加人の行為と抵触する行為（45条2

項）をすることはできない。

　これに対して、補助参加人は、当事者の一方を勝訴させることによって結果的に自らの法的利益を守ろうとするのであるから、被参加人から独立した地位も与えられる。これを独立的地位という。したがって、補助参加人にも訴訟行為の機会が保障され、各種の訴訟書類は補助参加人にも送達される。訴訟費用は、被参加人とは独立して、相手方との関係で負担割合が定められる（66条）。参加申出はいつでも取り下げることができる。

(4) 補助参加人に対する判決の効力

　補助参加に係る訴訟の裁判は、原則として、補助参加人にもその効力を生ずる（46条）。この判決の効力は、被参加人と補助参加人が互いに協力して訴訟を追行して判決の基礎の形成に影響を与えて判決を受けた以上、被参加人と補助参加人間の後訴において、補助参加に係る訴訟の確定判決の判断が、不当であるとの主張を封じ、敗訴の責任を共同負担させるためにある。通説および判例（最判昭和45・10・22民集24巻11号1583頁）は、この効力を参加的効力と呼び、既判力とは異なる効力であるとする。

　参加的効力と既判力との違いは以下の点にある。参加的効力は、被参加人敗訴の場合にのみ発生し、被参加人と参加人との間にのみ生じる。判決主文中の判断のみならず、判決理由中の判断のうち「判決の主文を導き出すために必要な主要事実に係る認定及び法律判断など」（最判平成14・1・22判時1776号67頁）にも生じる。46条各号が参加人にその責任分担を求めることができない場合には判決の効力が参加人に及ばない旨規定している。参加的効力は、後訴における当事者の援用がなければ、斟酌できない。

4　訴訟告知

　訴訟告知とは、訴訟係属中、当事者が、訴訟の結果につき利害関係を有する第三者に対し、法定の方式により、訴訟係属の事実を通知することをいう（53条）。

　訴訟告知は、訴訟係属中、当事者からその訴訟に参加することができる第三者に対してするのが原則である（53条1項）。なぜなら、訴訟告知は、補助参加

の利益を有する第三者に参加の機会を与えるための制度であると同時に（被告知者のための訴訟告知）、訴訟告知により被告知者を判決の効力については補助参加人と同一の地位に置き（53条4項）、被告知者に判決の効力（参加的効力：46条）を及ぼすための制度でもあるからである（告知者のための訴訟告知）。

訴訟告知をなし得るのは、当事者のみならず、補助参加人およびこれらの者から告知を受けた第三者である（53条2項）。これに対して、訴訟告知を受けることができるのは、当事者以外の第三者であって訴訟参加できる者である（53条1項2項）。したがって、独立当事者参加や共同訴訟参加ができる者も含まれる。

訴訟告知は、告知の理由と訴訟の程度を記した告知書を裁判所に提出して行われる（53条3項）。告知書は、被告知者に送達されるのみならず、相手方当事者へも送付される（規22条）。訴訟告知の要件は、被告知者が訴訟参加したとき、または訴訟告知の効力が問題となる後訴において審理判断される。そのため、実務では、訴訟告知の要件の具備を厳密に審査することなく、訴訟告知書は被告知者に送達される。

訴訟告知を受けても、被告知者は訴訟参加する義務を負わない。しかし、補助参加することのできる被告知者、すなわち、補助参加の利益を有する被告知者は、参加しなくても、参加することができた時点で参加したものとみなされ、判決の効力（参加的効力：46条）を受ける（53条4項）。したがって、被告知者に補助参加の利益がない場合には、被告知者に参加的効力は及ばない（前掲最判平成14・1・22）。

5　独立当事者参加

(1)　定義・訴訟構造

独立当事者参加とは、係属中の訴訟の当事者または一方を相手方として、第三者が自己の請求を定立して、本訴の原告・被告、および参加人の三者間で紛争を矛盾なく一挙に解決するための参加制度をいう（47条）。

第三者が係属中の訴訟に独立当事者参加をすると、本訴原告の本訴被告に対する請求、参加人の本訴原告に対する請求、および、参加人の本訴被告に対する請求という三つの請求が一つの手続で審理される。判例は、このような独立

当事者参加訴訟の訴訟構造を、三者間が相互に対立・牽制関係にある三面的な1個の訴訟であると理解する（最判昭和42・9・27民集21巻7号1925頁）。もっとも、係属中の訴訟の当事者の一方のみを相手方として独立当事者参加がなされた場合にも、潜在的な三面訴訟が成立すると解するのが通説であるが、争いがある。

(2) 要 件

独立当事者参加の要件は、次の三つである。

訴訟参加である以上、他人間の訴訟係属があることが第一の要件である。対世効の及ぶ第三者が、自己についての再審事由があると主張する場合には、判決確定後も潜在的な訴訟係属があると捉えられ、独立当事者参加の申出とともに再審の訴えを提起できる（最決平成25・11・21民集67巻8号1686頁）。

第二に、参加の理由が必要である。これは、次の通り、詐害防止参加と権利主張参加に区別される。

まず、詐害防止参加とは、第三者が「訴訟の結果によって権利が害されることを主張する」場合の独立当事者参加である（47条1項前段）。これは、係属中の訴訟における当事者の馴れ合いの結果下された判決により、第三者が事実上の不利益を受けるのを防止するために存在する。

詐害防止参加が許された典型例は次の通りである（大判昭和12・4・16民集16巻463頁）。Xが、Yが契約書等を偽造してX所有の土地につき無断でY名義への移転登記をしたと主張して、Yを被告として抹消登記手続請求の訴えを提起している場合に、Yに対する貸金債権の担保のためYからこの土地に抵当権設定登記を受けていたZは、係属中のXY間の訴訟に、XおよびYそれぞれに対して、当該土地のYの所有権確認請求を定立して、独立当事者参加をすることができる。確かに、この場合に、ZがXY間の訴訟に関与せずとも、XY間の訴訟の判決の効力がZに及ぶわけではない。しかし、XYの馴合訴訟によって、Yが登記上の所有名義人でなくなると、後にXがZに対して抵当権設定登記の抹消登記手続を請求するおそれがある。Zはこのような事実上の不利益の発生を防止するために独立当事者参加をすることができる。

次に、権利主張参加とは、第三者が「訴訟の目的の全部若しくは一部が自己

の権利であると主張する」場合の独立当事者参加である（47条1項後段）。権利主張参加は、他人間の訴訟において主張されている権利を自己の権利であると主張する第三者が、係属中の当該訴訟において他人の権利であると判決されることによる事実上の不利益の発生を防止するためにある。したがって、係属中の訴訟の当事者間で争われている権利関係が参加人に帰属するか、または参加人が優先する権利を有し、参加人の請求が当事者間の請求と論理的に両立し得ない場合に許される。

権利主張参加が許される典型例は、Xが、Yの占有する物の所有権を主張して所有権に基づく物の引渡請求の訴えを提起する場合に、自らがその物をXの訴え提起以前にYから買い取ったと主張するZが、Xに対してはZの所有権確認請求を、Yに対しては物のZへの引渡請求を定立して、係属中のXY間の訴訟に、独立当事者参加をする場合である。

第三の要件として、独立当事者参加は当事者参加であるから、参加人は自己の請求を定立する必要がある（最決平成26・7・10判時2237号42頁）。独立当事者参加は、典型的には、一つの物や権利関係をめぐる三面紛争を解決する制度であるから、参加人は当事者双方に対して請求を定立するのが原則である。しかし、前述の権利主張参加の典型例で、YがZの主張を争わない場合には、ZがYに対する請求を定立する必要はないと考えられる。そこで、47条は、参加申出人と当事者の一方との間に実質的に争いがないときにも、その者に対する請求の定立を求めるのは紛争の実情にぞぐわないという理由から、当事者の一方に対してのみ請求を定立する独立当事者参加を許容している。

(3) 手 続

独立当事者参加の申出は書面で行う（47条2項）。参加申出書には参加の趣旨および理由を記載し、独立当事者参加により訴訟行為をすべき裁判所に提出する（47条4項による43条の準用）。参加申出は訴え提起の実質を持つから、参加人が定立した請求につき時効中断効が生じ（147条の類推）、参加申出の書面を当事者双方へ送達することにより、参加人と当事者それぞれとの関係で訴訟係属が生じる。その結果、同一請求につき別訴を提起すれば重複起訴となる（142条）。参加申出の取下げは、訴えの取下げに準じる。

(4) 審　判

　参加後の手続については、判決の合一性を確保するために、40条1項ないし3項の規定が準用される（47条4項）。したがって、当事者の1人が行う訴訟行為は、参加人の不利になる限りその効力を生じない。参加人の訴訟行為についても同様である。逆に、有利な訴訟行為は、他の者のためにもその効力を生じる。1人につき訴訟手続の中断・中止の事由が生じたときは、全員との関係で手続が停止する。裁判所が弁論を分離することは許されない。独立当事者参加後に、本訴原告は訴えを取り下げることができる。ただし、相手方のみならず参加人の同意が必要である。

　裁判所は、一部判決をすることは許されず、全請求について同時に裁判しなければならない。判決内容は、原則として、全請求について論理的に矛盾のないものでなければならない。

　敗訴した、すなわち、上訴の利益（→第6章Ⅰ1(5)(b)〔203頁〕）のある2人のいずれもが上訴した場合には、全請求が移審する。これに対して、敗訴した2人のうちの1人のみが上訴した場合にも全請求が移審するのか、さらに、移審する場合、上訴をしなかった者は上訴審において上訴の対象となっていない請求についてどのような地位に立つのかが問題となる。これは、例えば、前述の権利主張参加の典型例において、XのYに対する請求が棄却され、ZのXおよびYに対する請求が認容された場合において、敗訴者X・YのうちのXのみが上訴する場合、ZのYに対する請求も移審するのか、移審する場合Yは、ZY間の請求について上訴人となるのかそれとも被上訴人となるのか、という問題である。判例は、原告、被告および参加人の三者間の事件の本案について矛盾のない一つの終局判決をするために、その1人の上訴により全当事者の全請求につき移審の効果が生ずるとし（最判昭和43・4・12民集22巻4号877頁）、さらにYは40条2項の準用により被上訴人となるとする（最判昭和36・3・16民集15巻3号524頁。XがZに対してのみ上訴する場合も同様である。最判昭和50・3・13民集29巻3号233頁参照）。

　しかし、Yを被上訴人とすると、Xの上訴が認容される場合に、Yによる不服申立てがないのに、ZのYに対する請求認容判決を、Yにとって利益となる請求棄却判決に変更することができるのかが問題となる（304条→第6章Ⅰ

2(3)〔207頁〕)。これについて、判例は、Xの上訴が認容される場合には、XYZ間の訴訟は合一にのみ確定する必要があるから、上訴裁判所は、Yによる不服申立てがなくとも、矛盾のない判決をするのに必要な限度で、原判決をYの利益に変更することができるとする（最判昭和48・7・20民集27巻7号863頁）。

(5) 訴訟脱退

前述の権利主張参加の例において、Xが物のZへの譲渡を認める場合や、Yが引渡義務を負うことは認めるが、権利者がXであるかZであるか不明であると主張する場合、前者の例におけるX、後者の例におけるYは、係属中の独立当事者参加訴訟にとどまる必要はない。この場合、XやYは訴訟を脱退することができる。このように、従前の訴訟当事者が独立当事者参加関係から離脱し、紛争の解決を従前の訴訟当事者の一方と参加人との訴訟の結果に委ねることを、訴訟脱退という（48条）。

脱退は、脱退者の裁判所に対する単独の訴訟行為である。その効果が生じるためには相手方の同意を要する。参加人の同意は不要である（大判昭和11・5・22民集15巻988頁）。脱退当事者は、本来自らが行うべき攻撃防御を残存当事者に委ねるのであるから、残存当事者の訴訟追行上の利益を尊重するために、相手方の同意が要求される。

脱退は書面または口頭によって行うことができる（規1条）。相手方の同意も同じである。訴訟行為の一般的な有効要件を満たす必要がある。

従来の通説は、脱退者に対する判決効を条件付の請求の放棄または認諾であると解する。前述の権利主張参加の例では、Xの脱退は、Zの勝訴を条件とするZのXに対する請求の認諾、または、Zの敗訴を条件とするXのYに対する請求の放棄を、Yの脱退は、Zの勝訴を条件とするZのYに対する請求の認諾、または、Zの敗訴を条件とするXのYに対する請求の認諾を意味する。

III　訴訟承継

1　概　説

　訴訟承継とは、訴訟の係属中、訴訟物について原告または被告となることを基礎づける実体法上の地位が第三者に移転した場合に、その第三者にそれまでの訴訟状態を引き継がせる制度をいう。これは、判決に至る前の訴訟状態を承継人に帰属させるためにある。

　訴訟承継は、当然承継と参加承継・引受承継に区別される。前者は、係争権利義務の帰属主体性の変動とともに、当然に新たに訴訟追行権を有する者が訴訟当事者の地位を取得する場合であり、後者は、参加申出や引受申立てなど当事者の訴訟行為によって当事者の地位が取得される場合である。

　訴訟承継により、承継人は当事者となり、承継の時点での前主（被承継人）の訴訟追行上の地位を承継する。したがって、訴訟承継前になされた弁論・証拠調べ・裁判などは、すべて承継人との関係でも効力が維持され、承継人は前主ができなくなった訴訟行為をすることはできない。これを訴訟状態承認義務という。この根拠は、口頭弁論終結後の承継人への既判力の拡張（→第5章 II 3(5)(c)〔188頁〕）の場合と同様に、係争権利義務の帰属主体性の基礎となっていた実体法上の地位を、承継人が前主から承継したことにある。

2　当然承継

　当然承継の場合は、新たに訴訟追行権を得る者の意思を問わず当然にその者が当事者の地位を取得する。そのため、新当事者に訴訟追行させるために、通常は、手続を中断し、新当事者に受継させる。

　承継原因には、当事者の死亡または法人の合併等による消滅（124条1項1号・2号）、一定の資格に基づいて訴訟当事者となる者の資格の喪失（124条4号・5号・6号）、破産手続の開始または終了（破44条）などがある。

　当然承継により手続が中断する場合には、承継人または相手方の受継申立てに基づく受継決定、または、裁判所の続行命令によって手続が続行される（124条ないし129条）。受継の申立ては書面によって行われなければならない（規

51条1項)。

　訴訟代理人があるときは、承継原因があっても訴訟代理人の訴訟代理権は消滅しないため(58条)、手続は中断しないが(124条2項)、その場合、訴訟代理人は中断事由の発生を書面により裁判所に届け出る(規52条)。裁判所は届出に基づいて承継人を訴訟当事者として扱い、判決にも承継人が表示される(最判昭和33・9・19民集12巻13号2062頁)。

3　参加承継・引受承継

　参加承継・引受承継の原因は、訴訟物について原告または被告となることを基礎づける実体法上の地位についての承継である。典型例は、権利者側については、権利者の権利の譲渡であり、義務者側については、債務の引受けや、訴訟物となる義務の帰属主体性を基礎づける目的物の占有の承継である。例えば、土地所有権に基づく建物収去土地明渡請求訴訟において、当該建物を第三者が被告から譲り受けた場合、建物収去土地明渡義務の帰属主体性を基礎づける土地占有を第三者が被告から承継したことが、承継の原因となる。承継の原因は、売買などの法律行為、競売などの国家行為、または法の規定によるかを問わない。承継人の範囲は、既判力の拡張を受ける口頭弁論終結後の承継人の範囲に準じる。

　参加承継の申出は、47条1項が規定する権利主張参加の方式により行われる(49条・51条)。したがって、参加人は、申出とともに相手方当事者に対する請求を定立しなければならない。もっとも、参加人は、前主との間に承継について争いがある場合以外は、相手方当事者に対する請求だけを定立すればよい(47条1項)。参加によって、時効中断または法律上の期間遵守の効力が訴訟係属の時に遡って生じる。

　当事者は、相手方当事者の承継人に対して、訴訟引受けの申立てをし、引受決定を得て、承継人を当事者とする(50条1項・51条)。引受決定は、引受申立人の引受人に対する請求を係属中の訴訟において併合審判することを決定し、それを前提として、引受人に対して申立人と相手方当事者との間で係属する訴訟の状態を承認する義務を課すものである。被告は訴訟から脱退することができる(50条3項・48条)。引受人に対する時効中断効等も訴訟係属の時に遡って

生じる（50条3項・49条）。

　参加承継は、独立当事者参加の方式により行われるため、承継後の手続については、必要的共同訴訟に関する審理の特則が準用される（49条・51条・47条4項・40条1項ないし3項）。これに対して、引受承継訴訟の審理については、同時審判申出共同訴訟の審理原則が準用される（50条3項・41条）。引受申立人には、被承継人か承継人かのいずれかに勝訴する利益が認められるため、このことが41条を準用する根拠とされている。

――(訴状のサンプル)――

訴　状

[収入印紙]

平成２８年　９月　１日

○○地方裁判所　御中

原告訴訟代理人弁護士　　　甲　野　一　郎　(印)

　　〒○○○-○○○○　大阪市住吉区○○△丁目△番△号
　　　　　　　　　　　原　　　告　　　岡　部　博　司

　　〒○○○-○○○○　大阪市北区西天満○丁目○番○号　甲野法律事務所（送達場所）
　　　　　　上記訴訟代理人弁護士　　　甲　野　一　郎
　　　　　　　　　　　　　　電　話　０６-○○○○-１２３４
　　　　　　　　　　　　　　ＦＡＸ　０６-○○○○-５６７８

　　〒○○○-○○○○　東京都文京区□□△丁目△番△号
　　　　　　　　　　　被　　　告　　　亀　田　滋　之

貸金請求事件
　　訴訟物の価額　　２００万円
　　ちょう用印紙額　　１万５０００円

第１　請求の趣旨
　１　被告は、原告に対し、２００万円及びこれに対する平成２８年５月３１日から支払済みまで年５分の割合による金員を支払え
　２　訴訟費用は被告の負担とする
　との判決並びに仮執行の宣言を求める。

第２　請求の原因
　１　原告は、被告に対し、平成２６年９月２９日、弁済期を同２８年５月３０日と定めて、２００万円を貸し付けた（甲１、２）。
　２　しかるに、被告は、弁済期を経過しても、上記貸金を返還しない。
　３　よって、原告は、被告に対し、上記貸金元金２００万円及びこれに対する弁済期の翌日である平成２８年５月３１日から支払済みまで民法所定の年５分の割合による遅延損害金の支払を求める。

証　拠　方　法

　１　甲第１号証　　金銭消費貸借契約書
　２　甲第２号証　　領収証

附　属　書　類

　１　訴状副本　　　　　　　　　　　　　　　　　　１通
　２　甲第１及び第２号証の写し　　　　　　　　　　各２通
　３　訴訟委任状　　　　　　　　　　　　　　　　　１通

事項索引

あ
相手方の援用しない自己に不利益な事実 99
違式の裁判 202
意思説 41
意思表示の解釈規定 156
移審効 204
移送 33, 207, 212
　　——申立権 42
一事不再理説 185
一部請求 179
　　——と相殺の抗弁 180
一部認容判決 166
一部判決 165
一般承継 189
違法収集証拠 149
イン・カメラ手続 144
訴え 61
　　——却下判決 165
　　——取下げの合意 195
　　——の主体的追加的併合 228
　　——の主体的予備的併合 224
　　——の提起 14, 64
　　——の取下げ 194
　　——の変更 71, 76, 77
　　——の利益 84
応訴管轄 32
応訴強制 4, 7

か
外国においてする送達 68
外国判決の承認・執行 21
回避 37, 38
解明度 130
書留郵便等に付する送達 68
下級裁判所 29
拡散的利益の保護 58

確定遮断効 204
確定判決 7
　　——と同一の効力 196, 197, 198
　　——の既判力 71
　　——の不当取得 217
　　——の変更を求める訴え 218
確認訴訟における訴訟物 72
確認訴訟の補充性 89, 90
確認対象の適切性（権利保護の資格）... 87
確認の訴え 62
確認の対象 84
確認の利益（権利保護の利益）... 87, 89
家事審判事件 18
家庭裁判所 30
仮定的主張 121
仮執行宣言 170
簡易却下 38
簡易裁判所 30
　　——の裁量移送 33
　　——判事 35
管轄 29
　　——違いの移送 33
　　——の恒定 70
間接強制 5
間接事実 102
間接反証 130
鑑定 136
　　——証人 136
　　——人 36
管理処分権 53
関連裁判籍 32
期間 115
期日 115
　　——指定申立権 42
　　——の呼出しを受ける権利 42
擬制自白 118
覊束力 168
期待可能性による既判力の調整 173

規範分類説……………………………… 41	具体的事実陳述＝証拠提出義務……… 159
既判力…………………… 7, 15, 169, 171, 232	計画審理主義…………………………… 110
──に準ずる効力……………………… 177	形式的確定力…………………………… 169
──の基準時（標準時）……………… 180	形式的形成訴訟…………………… 63, 167
──の客体的範囲……………………… 174	形式的証拠力…………………………… 138
──の根拠……………………………… 172	形式的当事者概念……………………… 39
──の作用……………………………… 184	形式的不服説…………………………… 204
──の時的限界………………………… 180	形成権…………………………… 128, 182
──の遮断効…………………………… 185	──競合…………………………… 72, 77
──の主体的範囲……………………… 187	──の基準時後の行使………………… 182
──の消極的作用………………… 184, 186	形成原因…………………………………… 62
──の積極的作用………………… 184, 186	形成訴訟における訴えの利益………… 91
──の相対性ないし相対効…………… 187	形成訴訟における訴訟物……………… 72
──本質論……………………………… 173	形成の訴え……………………………… 62
忌避……………………………………… 37	形成要件………………………………… 62
──権…………………………………… 42	形成力……………………………… 15, 170
──原因………………………………… 37	形成を求める法的地位………………… 74
義務履行地における裁判籍…………… 31	決定……………………………………… 163
客観的証明責任………………………… 152	原因判決………………………………… 165
急速を要する行為……………………… 38	厳格な証明……………………………… 131
旧訴訟物理論…………………………… 72	原告……………………………………… 39
給付訴訟における訴えの利益………… 86	──適格………………………………… 52
給付訴訟における訴訟物……………… 72	現在の給付の訴え……………………… 86
給付の訴え……………………………… 61	検証……………………………………… 146
給付を求める法的地位………………… 74	憲法違反………………………………… 209
求問権…………………………… 42, 104, 146	原本……………………………………… 137
狭義の請求……………………………… 71	権利抗弁………………………………… 99
狭義の訴訟物…………………………… 72	権利根拠規定…………………………… 150
強制執行………………………………… 5	権利自白………………………………… 100
行政訴訟………………………………… 20	権利主張参加…………………………… 234
共通義務確認の訴え…………………… 58	権利主張としての訴訟物……………… 72
共同訴訟………………………………… 220	権利障害規定…………………………… 150
──参加………………………………… 228	権利消滅規定………………………… 150, 152
──的補助参加………………………… 229	権利阻止規定…………………………… 151
──人間での主張共通………………… 223	権利能力………………………………… 47
──人独立の原則……………………… 222	権利保護説……………………………… 23
──の必要性…………………………… 225	権利保護の形式（方法）……………… 61
──（または訴訟共同）の必要性のある共同訴訟…………………………… 225	権利保護の資格………………………… 84
	権利保護の必要………………………… 84
許可抗告………………………… 202, 213	権利保護の利益または必要…………… 84
──の手続……………………………… 214	合意管轄………………………………… 32
──の申立て…………………………… 214	合一確定の必要性………………… 225, 227
金銭執行………………………………… 6	行為能力………………………………… 50

243

公開主義	107
交換的変更	78
合議制裁判所	34
広義の請求	71
攻撃防御方法	117
後見人	43
抗告	202, 212
——状	214
——審の審理	214
交互尋問の原則	134
交互面接方式	198
公示送達	68
更正	214
——決定	168
——権	52
控訴	201, 205
——期間	205
——棄却	207
——却下	207
拘束力説	185
控訴状	205
控訴審の終了	207
控訴審の審理	205
控訴の提起	205
控訴の取下げ	207
高等裁判所	30
——長官	35
口頭主義	108
行動説	41
口頭弁論	106
——終結後の承継人	188
——に代わる審尋	214
——の一体性	126, 180
——の全趣旨	148
——の併合	76
交付送達の原則	67
抗弁	119, 152
——事項	92
国際裁判管轄	21, 28, 116
国際二重起訴	21
国際民事訴訟法	21
告知者のための訴訟告知	233
国法上の裁判所	30, 83
固有の訴えの主体的併合	220
固有の客体的併合	76
固有必要的共同訴訟	225

さ

最狭義の請求	71
債権者代位訴訟	56
再抗告	202, 213
最高裁判所	29
——長官	35
——判事	35
再抗弁	120
財産的独立性	49
最初の抗告	202, 213
再審	215
——期間	217
——事由	216
——訴訟の構造	215
——の補充性	217
再訴禁止効	194
再度の考案	168, 214
裁判	163
——外の紛争解決制度（ＡＤＲ）	22
——外紛争解決手続の利用の促進に関する法律	22
——官独立の原則	36
——機関としての裁判所	34, 67
——権	26
——上の和解	197
——所書記官	36, 67
——所等が定める和解条項	198
——籍	31
——体	67
——長	35, 68
——に対する不服申立権	42
——の脱漏	165
——費用	68
——を受ける権利	42
債務名義	5, 61
裁量上告	210
詐害防止参加	234
差置送達	68

差戻し	207, 212	宗教団体の内部紛争	29
参加承継	238, 239	終局判決	164
参加的効力	171, 232	——後に訴えが取り下げられた後の再訴の禁止	85
三審制	201	自由心証主義	14, 148
暫定真実	155	修正された法律要件分類説	153
残部判決	165	従属的地位	231
三面訴訟	234	従たる当事者	231
事案解明義務	159	集中証拠調べの原則	110
時機に後れた攻撃防御方法	127	自由な証明	131
事件性	28	受給権	74
自己拘束力ないし自縛力	168	授権に基づく訴訟代理人	45
事後審制	206	取効的訴訟行為	116
事実上の主張	117	受訴裁判所	30
事実上の推定	156	主体的原始的併合	220
事実審	206	受託裁判官	35, 68, 163
死者名義訴訟	41	主張	117
執行裁判所	30	——共通の原則	99
執行証書	5	——責任	98
執行判決	21	主文	167
執行文	5	受命裁判官	35, 68, 163
執行力	15, 170	主要事実	102
——の拡張	190	準再審	215
実質的確定力	172	準備書面	110
実質的証拠力	139	準備的口頭弁論	112
実質的表示説	41	準文書	137
実体の当事者概念	39	少額訴訟	19
実体の不服説	204	消極的確認の訴え	62
実体法上の形成の訴え	63	証言拒絶権	133
実体法上の法定代理人	43	証拠	130
実体法説	173	——共通の原則	149, 222
指定管轄	32	上告	202, 209
私的自治の原則	8	——期間	210
自白	99, 100, 118	——棄却判決	212
自判	207, 212	——受理申立て	202, 210, 211
事物管轄	30	——状	210
司法官署としての裁判所	30, 67	——審の終了	212
司法共助	27	——審の審理	211
司法権	26	——の提起	210
司法書士	45	——理由	209
氏名冒用訴訟	41	——理由書	210
社会的・経済的紛争の一回的解決	74	証拠原因	130
釈明義務	75, 105	証拠資料	98, 130
釈明権	12, 104		

証拠能力	148
証拠方法	130, 148
証拠保全	146
上訴	14, 201
——権	42
——権の濫用	203
——裁判所	30
——制度の目的	203
——提起の効果	204
——の要件	203
——の利益	203
——不可分の原則	205
証人尋問	133
小法廷	34
抄本	137
証明	129
——権	42
——責任	10, 119, 150
——責任の転換	154
——度	130
——妨害	160
将来の給付の訴え	86
職分管轄	30
職務上の当事者	54
書証	137
除斥	37
——原因	37
——申立権	42
職権主義	11
職権証拠調べ	21
職権進行主義	12
職権探知主義	92
職権調査事項	81, 92, 173
処分権主義	9, 12, 14, 71, 166, 207
処分証書	137
書面による準備手続	113
自力救済の禁止	5
信義則	11, 124, 146, 159, 171, 178
審級の利益	201
親権者	43
新権利保護説	23
進行協議期日	114
人事訴訟	20

新実体的不服説	204
審尋	107
新訴訟物理論	74
審判	61
審理	14
推定	154
請求	70
——異議事由	181
——異議の訴え	181
——棄却判決	165
——権競合	72, 77
——権としての適格	84, 87
——権の訴求可能性	85
——認容判決	165
——の客体的併合	71, 76
——の原因	66
——の原始的客体的併合	76
——の趣旨	65
——の選択的併合	73
——の認諾	100, 195
——の放棄	195
——の目的物の所持者	191
制限的既判力説	196, 198
正当な当事者	53
成年被後見人	51
正本	137
責問権	125
積極的確認の訴え	62
積極否認	118
絶対的上告理由	209
絶対免除主義	27
先行自白	100
専属管轄	33
専属的合意管轄	32
選択的併合	77
先着手主義	83
選定当事者	55
全部判決	165
専門委員	36
相殺権	128, 183
相殺の抗弁	121, 175
相対免除主義	27
送達	67

──実施機関	67
──報告書	67
争点効	171, 176
双方審尋主義	108
訴額	30, 69
即時確定の利益	53, 89
即時抗告	168, 213
続審制	205, 206
訴訟記録閲覧権	42
訴訟係属	70
──の遡及的消滅	194
訴訟契約	122
訴訟行為	116
──の有効要件	50, 52
訴訟告知	232
訴訟指揮権	115
訴訟事件	17, 64
訴訟終了宣言判決	165
訴訟障害事由	92
訴訟承継	238
訴訟状態承認義務	238
訴訟上の救助	69
訴訟上の形成の訴え	63
訴訟上の権能の失効	178
訴訟上の請求	70
訴訟上の代理	43
訴訟上の和解	197
──の瑕疵を争う方法	199
──の法的性質	197
訴訟資料	98
訴訟信託	56
訴訟代理	43, 44, 56
──人	44
訴訟脱退	237
訴訟担当者	54
訴訟追行権	47, 52, 192
訴訟手続に関する異議権	42
訴訟能力	50
訴状の審査	67
訴訟の非訟化	18
訴訟の目的の価額	30, 65
訴訟判決	15, 165
訴訟費用	68

──の担保の不提供	92
──負担の裁判（決定）	69
訴訟物	8, 14, 70, 72
──である権利関係	72
──の価額	68
──論争	71
訴訟法上の裁判所	34
訴訟法上の特別代理人	43
訴訟法説	173
訴状補正・却下命令	164
訴訟無能力者の特別代理人	43
訴状や判決の送達を受ける権利	42
訴訟要件	15, 26, 50, 52, 81, 92
──と本案との審理順序	93
──に関する審理原則	92
──の基準時	93
即決和解（起訴前の和解）	197
外側説	180
疎明	129

た────────────

第一審裁判所	30
対外的独立性	49
第三者の訴訟担当	54, 188
対質	134
代償請求	86
対世効	170, 192, 193
代替執行	5
対内的独立性	49
大法廷	34
多元説	23
建物買取請求権	127, 129, 183
棚上げ論	23
単純反訴	79
単純併合	77
団体訴訟	58
団体としての組織性	49
担当者のための法定訴訟担当	54
単独制裁判所	34
遅滞を避けるための裁量移送	33
知的財産高等裁判所	30
地方裁判所	30

中間確認の訴え……………76, 80, 177
中間判決………………………116, 164
仲裁……………………………… 4, 22
　　──合意……………………… 22
　　──合意の抗弁……………… 92
　　──判断…………………… 22
調書判決……………………… 168
調停…………………………… 4, 22
　　──前置主義……………… 85
重複起訴の禁止……………… 71, 81
直接強制………………………… 5
直接主義……………………… 109
沈黙…………………………… 118
追加的変更…………………… 78
追完…………………………… 115
通常抗告……………………… 213
手形・小切手訴訟……………… 19
手形訴訟……………………… 82
適格消費者団体……………… 58
適時提出主義………………… 109, 127
手数料………………………… 65, 68
　　──以外の裁判費用……… 69
手続安定の要請……………… 11
手続保障……………………… 11, 172
伝聞証拠……………………… 149
当事者………………………… 39, 65
　　──救済説………………… 203
　　──権…………………… 42
　　──主義………………… 11
　　──照会………………… 146
　　──尋問………………… 135
　　──尋問の補充性………… 135
　　──対席方式……………… 198
　　──適格………………… 47, 52
　　──能力………………… 47, 53
　　──の確定または特定…… 40
　　──費用………………… 68
同時審判の申出がある共同訴訟……… 223
当然承継……………………… 238
答弁書………………………… 110
謄本…………………………… 137
督促手続……………………… 20
特定承継……………………… 189

特定適格消費者団体…………… 58
特別抗告……………………… 202, 213
特別裁判籍…………………… 31
特別上告……………………… 202
特別送達……………………… 67
独立裁判籍…………………… 31
独立的地位…………………… 232
独立当事者参加……………… 233
土地管轄……………………… 31
飛越上告（飛躍上告）の合意…… 122, 202
取消権………………………… 183

な
二重起訴の禁止……………… 81
二重上告……………………… 227
二段の推定…………………… 138
二当事者対立原則…………… 39
二当事者対立構造…………… 10
任意管轄……………………… 33
任意的記載事項……………… 67
任意的訴訟担当……………… 54
任意的当事者変更…………… 40
認定司法書士………………… 45
認否…………………………… 118

は
配布（配てん）……………… 67
破棄事由……………………… 210
破棄判決……………………… 212
　　──の拘束力……………… 212
破産者………………………… 53
判決…………………………… 14, 163
　　──書の必要的記載事項… 167
　　──書の様式……………… 167
　　──に影響を及ぼすことが明らかな法令
　　　違反……………………… 209
　　──によらない訴訟の終了… 194
　　──の言渡し……………… 167
　　──の効力………………… 168
　　──の種類………………… 164
　　──の成立………………… 167

──の不存在	171	紛争管理権	58
──理由中の判断	121, 174	紛争の一回的解決	75
判事	35	併合請求の裁判籍	32, 76
判事補	35	便宜訴訟(または任意訴訟)禁止の原則	
反射効	171, 191		7, 122
反証	130	変更判決	168
反訴	76, 79	弁護士強制主義	45, 52, 69
判断順序の強制	176	弁護士費用	68, 69
引受承継	238, 239	──保険	69
非金銭執行	6	片面的拡張	193
被告	39	弁理士	45
──適格	52	弁論権	42
被告知者のための訴訟告知	233	弁論兼和解	111
非訟事件	17, 64	弁論主義	9, 12, 92, 97
必要的移送	33	──の第1テーゼ	96, 98
必要的記載事項	65	──の第2テーゼ	96, 99
必要的共同訴訟	224	──の第3テーゼ	96, 101, 131
必要的口頭弁論の原則	107	弁論準備手続	112
否認	118, 152	弁論能力	52
非判決	171	弁論の更新	109, 206
被保佐人	51	──権	206
被補助人	51	弁論の制限	116
表示説	41	弁論の分離	116
表示の訂正	40	弁論の併合	116
不意打ち防止	11	法規不適用説	150
付加的合意管轄	32	報告証書	137
不起訴の合意	85, 92	法人格のない社団・財団	48
覆審制	206	法人格のない団体	48
複数請求訴訟	76	法人格否認の法理	191
副本	65, 137	法人等の代表者	44
附帯控訴	208	法人の内部紛争における被告適格	57
──の従属性	208	妨訴抗弁	22
附帯上告	211	法秩序維持説	23
不知	118	法定管轄	32
普通裁判籍	31	法定証拠法則	156
不特定概念	103	法定訴訟担当	54
不変期間	115, 205	法定代理	43
不法行為地の裁判籍	31	──人	43, 65
不利益変更禁止の原則	207	法テラス(日本司法支援センター)	69
文書	137	法統一説	203
──送付嘱託	139	法律関係文書	140
──提出命令	139	法律上の権利推定	156
紛争解決説	23	法律上の事実推定	155

249

法律上の主張……………………117	――法の沿革……………………12
法律上の争訟……………………16, 28	民事保全…………………………6
法律審………………………209, 212	無効な判決………………………171
法律性……………………………28	矛盾挙動禁止の原則……………178
法律扶助…………………………69	命令………………………………163
法律要件的効力…………………171	メディエーション………………22
法律要件分類説…………………150	申立て……………………………117
法令上の訴訟代理人……………46	申立事項と判決事項……………166
補佐人……………………………46	
補充送達…………………………68	
補助参加…………………………230	**や**
――の利益………………………230	郵便による送達…………………67
補助事実…………………………102	与効的訴訟行為……………117, 122
補正命令…………………………67	四つの試金石……………………71
本案………………………………15	呼出状……………………………67
――判決…………………………165	予備的主張………………………122
本質説……………………………98	予備的請求………………………121
本証………………………………130	予備的反訴………………………79
本人訴訟…………………………45	予備的併合………………………77

ま	**ら**
未成年者…………………………51	利益変更禁止の原則……………207
民事裁判権………………………26	立証…………………………120, 129
民事訴訟…………………………3	類似必要的共同訴訟………193, 226
――制度に求められる理念……11	
――手続の基本的な流れ………13	
――の対象………………………16	**わ**
――の特別手続…………………19	和解………………………………4, 6
――の判断構造…………………15	――条項案の書面による受諾…198
――の目的………………………23	――の試み（勧試）……………198
――法……………………………12	

判例索引

大審院

大判大正 4・9・29 民録 21 輯 1520 頁 …… **100**
大判大正 4・12・28 民録 21 輯 2312 頁 …… **196**
大判大正 14・4・24 民集 4 巻 195 頁 …… **199**
大決昭和 6・4・22 民集 10 巻 380 頁
　　　　　　　　　　　　　　…… **197, 199**
大判昭和 7・11・25 民集 11 巻 2125 頁 …… **197**
大判昭和 10・10・28 民集 14 巻 1785 頁
　　　　　　　　　　　　　　…… **41, 216**
大判昭和 10・12・26 民集 14 巻 2129 頁 …… **216**
大判昭和 11・3・11 民集 15 巻 977 頁 …… **41**
大判昭和 11・5・22 民集 15 巻 988 頁 …… **237**
大判昭和 12・4・16 民集 16 巻 463 頁 …… **234**
大判昭和 14・8・12 民集 18 巻 903 頁 …… **199**
大判昭和 15・3・13 民集 19 巻 530 頁 …… **86**
大判昭和 19・3・14 民集 23 巻 155 頁 …… **196**

最高裁判所

最判昭和 25・7・11 民集 4 巻 7 号 316 頁
　　　　　　　　　　　　　　…… **100**
最判昭和 27・10・31 民集 6 巻 9 号 926 頁
　　　　　　　　　　　　　　…… **29**
最判昭和 27・11・27 民集 6 巻 10 号 1062 頁
　　　　　　　　　　　　　　…… **99**
最判昭和 27・12・5 民集 6 巻 11 号 1117 頁
　　　　　　　　　　　　　　…… **149**
最判昭和 27・12・25 民集 6 巻 12 号 1282 頁
　　　　　　　　　　　　　　…… **66**
最判昭和 28・5・14 民集 7 巻 5 号 565 頁
　　　　　　　　　　　　　　…… **149**
最判昭和 28・12・23 民集 7 巻 13 号 1561 頁
　　　　　　　　　　　　　　…… **91**
最判昭和 29・6・8 民集 8 巻 6 号 1037 頁
　　　　　　　　　　　　　　…… **78**
最判昭和 30・1・28 民集 9 巻 1 号 83 頁 …… **37**
最判昭和 30・4・5 民集 9 巻 4 号 439 頁
　　　　　　　　　　　　　　…… **127**

最判昭和 30・9・30 民集 9 巻 10 号 1491 頁
　　　　　　　　　　　　　　…… **196**
最判昭和 31・3・30 民集 10 巻 3 号 242 頁
　　　　　　　　　　　　　　…… **198**
最判昭和 31・4・3 民集 10 巻 4 号 297 頁
　　　　　　　　　　　　　　…… **204**
最判昭和 31・5・10 民集 10 巻 5 号 487 頁
　　　　　　　　　　　　　　…… **226**
最判昭和 31・6・19 民集 10 巻 6 号 665 頁
　　　　　　　　　　　　　　…… **125**
最判昭和 31・6・26 民集 10 巻 6 号 748 頁
　　　　　　　　　　　　　　…… **90**
最判昭和 31・9・28 裁判集民事 23 号 281 頁
　　　　　　　　　　　　　　…… **145**
最判昭和 32・2・8 民集 11 巻 2 号 258 頁
　　　　　　　　　　　　　　…… **149**
最判昭和 32・2・28 民集 11 巻 2 号 374 頁
　　　　　　　　　　　　　　…… **78**
最判昭和 32・12・13 民集 11 巻 13 号 2143 頁
　　　　　　　　　　　　　　…… **208**
最大判昭和 33・3・5 民集 12 巻 3 号 381 頁
　　　　　　　　　　　　　　…… **198**
最判昭和 33・4・17 民集 12 巻 6 号 873 頁
　　　　　　　　　　　　　　…… **55**
最判昭和 33・6・14 民集 12 巻 9 号 1492 頁
　　　　　　　　　　　　　　…… **198**
最判昭和 33・7・8 民集 12 巻 11 号 1740 頁
　　　　　　　　　　　　　　…… **98**
最判昭和 33・9・19 民集 12 巻 13 号 2062 頁
　　　　　　　　　　　　　　…… **239**
最判昭和 33・11・4 民集 12 巻 15 号 3247 頁
　　　　　　　　　　　　　　…… **109**
最判昭和 34・9・17 民集 13 巻 11 号 1412 頁
　　　　　　　　　　　　　　…… **153**
最判昭和 34・9・22 民集 13 巻 11 号 1451 頁
　　　　　　　　　　　　　　…… **72**
最判昭和 35・2・2 民集 14 巻 1 号 36 頁
　　　　　　　　　　　　　　…… **156**

最判昭和 35・5・24 民集 14 巻 7 号 1183 頁
……………………………………………… 78
最大決昭和 35・7・6 民集 14 巻 9 号 1657 頁
……………………………………………… 198
最判昭和 36・3・16 民集 15 巻 3 号 524 頁
……………………………………………… 236
最判昭和 36・4・27 民集 15 巻 4 号 901 頁
……………………………………………… 104
最判昭和 36・10・5 民集 15 巻 9 号 2271 頁
……………………………………………… 100
最判昭和 36・11・24 民集 15 巻 10 号 2583 頁
……………………………………………… 57
最判昭和 36・12・15 民集 15 巻 11 号 2865 頁
……………………………………………… 226
最判昭和 37・7・13 民集 16 巻 8 号 1516 頁
……………………………………………… 55
最判昭和 37・8・10 民集 16 巻 8 号 1720 頁
……………………………………………… 180
最判昭和 37・12・18 民集 16 巻 12 号 2422 頁
……………………………………………… 49
最判昭和 38・2・21 民集 17 巻 1 号 198 頁
……………………………………………… 201
最判昭和 38・3・12 民集 17 巻 2 号 310 頁
……………………………………………… 226
最判昭和 38・10・15 民集 17 巻 9 号 1220 頁
……………………………………………… 64, 208
最判昭和 39・5・12 民集 18 巻 4 号 597 頁
……………………………………………… 138
最判昭和 39・6・24 民集 18 巻 5 号 874 頁
……………………………………………… 157
最判昭和 39・6・26 民集 18 巻 5 号 954 頁
……………………………………………… 105
最判昭和 39・7・28 民集 18 巻 6 号 1241 頁
……………………………………………… 158
最判昭和 39・10・15 民集 18 巻 8 号 1671 頁
……………………………………………… 49
最判昭和 40・3・19 民集 19 巻 2 号 484 頁
……………………………………………… 204
最判昭和 40・4・2 民集 19 巻 3 号 539 頁
……………………………………………… 183
最判昭和 40・4・28 民集 19 巻 3 号 721 頁
……………………………………………… 92

最判昭和 40・5・20 民集 19 巻 4 号 859 頁
……………………………………………… 225
最判昭和 40・5・27 判時 413 号 58 頁……… 226
最判昭和 40・6・24 民集 19 巻 4 号 1001 頁
……………………………………………… 229
最大決昭和 40・6・30 民集 19 巻 4 号 1089 頁
……………………………………………… 19
最判昭和 40・9・17 民集 19 巻 6 号 1533 頁
……………………………………………… 167
最判昭和 41・1・27 民集 20 巻 1 号 136 頁
……………………………………………… 154
最判昭和 41・2・8 民集 20 巻 2 号 196 頁
……………………………………………… 29
最大決昭和 41・3・2 民集 20 巻 3 号 360 頁
……………………………………………… 19
最判昭和 41・3・18 民集 20 巻 3 号 464 頁
……………………………………………… 86
最判昭和 41・7・28 民集 20 巻 6 号 1265 頁
……………………………………………… 44
最判昭和 41・9・8 民集 20 巻 7 号 1314 頁
……………………………………………… 99
最判昭和 41・9・22 民集 20 巻 7 号 1392 頁
……………………………………………… 103
最判昭和 41・11・10 民集 20 巻 9 号 1733 頁
……………………………………………… 80
最判昭和 41・11・25 民集 20 巻 9 号 1921 頁
……………………………………………… 226
最判昭和 41・12・6 判時 468 号 40 頁……… 100
最判昭和 42・7・18 民集 21 巻 6 号 1559 頁
……………………………………………… 180
最判昭和 42・9・27 民集 21 巻 7 号 1925 頁
……………………………………………… 234
最判昭和 43・2・15 民集 22 巻 2 号 184 頁
……………………………………………… 199
最判昭和 43・2・16 民集 22 巻 2 号 217 頁
……………………………………………… 154
最判昭和 43・2・22 民集 22 巻 2 号 270 頁
……………………………………………… 64
最判昭和 43・3・8 民集 22 巻 3 号 551 頁
……………………………………………… 224
最判昭和 43・4・12 民集 22 巻 4 号 877 頁
……………………………………………… 236

最判昭和 43・9・12 民集 22 巻 9 号 1896 頁
……………………………………………………223

最判昭和 43・12・24 民集 22 巻 13 号 3428 頁
……………………………………………………158

最判昭和 44・2・27 民集 23 巻 2 号 441 頁
………………………………………………………69

最判昭和 44・6・24 判時 569 号 48 頁……177

最判昭和 44・7・8 民集 23 巻 8 号 1407 頁
……………………………………………………218

最判昭和 44・7・10 民集 23 巻 8 号 1423 頁
………………………………………………29, 57, 90

最判昭和 44・9・18 民集 23 巻 9 号 1675 頁
……………………………………………………123

最判昭和 44・10・17 民集 23 巻 10 号 1825 頁
……………………………………………………123

最判昭和 45・4・2 民集 24 巻 4 号 223 頁
………………………………………………………91

最判昭和 45・6・11 民集 24 巻 6 号 516 頁
………………………………………………105, 106

最判昭和 45・10・22 民集 24 巻 11 号 1583 頁
……………………………………………………232

最大判昭和 45・11・11 民集 24 巻 12 号 1854 頁
…………………………………………………53, 56

最判昭和 45・12・15 民集 24 巻 13 号 2072 頁
………………………………………………………44

最判昭和 46・4・23 判時 631 号 55 頁……127

最判昭和 46・6・25 民集 25 巻 4 号 640 頁
……………………………………………………124

最判昭和 46・6・29 判時 636 号 50 頁……102

最判昭和 46・10・7 民集 25 巻 7 号 885 頁
……………………………………………………226

最判昭和 46・11・25 民集 25 巻 8 号 1343 頁
……………………………………………………166

最判昭和 47・2・15 民集 26 巻 1 号 30 頁……89

最判昭和 47・6・2 民集 26 巻 5 号 957 頁
………………………………………………………50

最判昭和 48・4・5 民集 27 巻 3 号 419 頁
………………………………………………………75

最判昭和 48・4・24 民集 27 巻 3 号 596 頁
………………………………………………………56

最判昭和 48・7・20 民集 27 巻 7 号 863 頁
……………………………………………………237

最判昭和 49・4・26 民集 28 巻 3 号 503 頁
………………………………………………167, 177

最判昭和 50・3・13 民集 29 巻 3 号 233 頁
……………………………………………………236

最判昭和 50・6・12 判時 783 号 106 頁……138

最判昭和 50・10・24 民集 29 巻 9 号 1417 頁
……………………………………………………130

最判昭和 51・9・30 民集 30 巻 8 号 799 頁
………………………………………………75, 178

最判昭和 52・4・15 民集 31 巻 3 号 371 頁
……………………………………………………103

最判昭和 52・7・19 民集 31 巻 4 号 693 頁
……………………………………………………195

最判昭和 53・3・23 判時 885 号 118 頁……132

最判昭和 53・3・23 判時 886 号 35 頁……192

最判昭和 53・9・7 刑集 32 巻 6 号 1672 頁
……………………………………………………149

最判昭和 55・2・7 集 34 巻 2 号 123 頁
……………………………………………………103

最判昭和 55・10・23 民集 34 巻 5 号 747 頁
……………………………………………………183

最判昭和 56・4・7 民集 35 巻 3 号 443 頁
………………………………………………………29

最判昭和 56・12・16 民集 35 巻 10 号 1369 頁
………………………………………………………87

最判昭和 57・5・27 判時 1052 号 66 頁……216

最判昭和 60・12・20 判時 1181 号 77 頁……58

最判昭和 61・9・4 判時 1215 号 47 頁……208

最判昭和 62・7・17 民集 41 巻 5 号 1402 頁
……………………………………………………228

最大判平成元・3・8 民集 43 巻 2 号 89 頁
……………………………………………………107

最判平成元・3・28 民集 43 巻 3 号 167 頁
……………………………………………………226

最判平成元・9・8 民集 43 巻 8 号 889 頁… 29

最判平成元・11・20 民集 43 巻 10 号 1160 頁
………………………………………………………27

最判平成 4・9・10 民集 46 巻 6 号 553 頁
………………………………………………68, 216

最判平成 4・10・29 民集 46 巻 7 号 1174 頁
……………………………………………………159

最判平成 5・9・7 民集 47 巻 7 号 4667 頁
………………………………………………………29

253

最判平成6・2・10民集48巻2号388頁……195
最判平成6・4・19判時1504号119頁……124
最判平成6・5・31民集48巻4号1065頁……50
最判平成6・11・22民集48巻7号1355頁……180
最判平成7・2・23判時1524号134頁……203
最判平成7・12・15民集49巻10号3051頁……184
最判平成10・4・30民集52巻3号930頁……128
最判平成10・6・12民集52巻4号1147頁……180
最判平成11・1・21民集53巻1号1頁……89,90
最決平成11・4・8判タ1002号132頁……211
最決平成11・6・11判時1685号36頁……90
最決平成11・11・12民集53巻8号1787頁……143,144
最決平成12・3・10民集54巻3号1073頁……134,142
最決平成12・3・10判時1711号55頁……144
最決平成12・7・7民集54巻6号1767頁……227,228
最決平成12・12・14民集54巻9号2743頁……145
最決平成13・2・22判時1742号89頁……145
最決平成13・12・7民集55巻7号1411頁……143
最判平成14・1・22判時1776号67頁……232,233
最判平成14・2・22判時1779号22頁……29
最判平成14・6・7民集56巻5号899頁……49
最判平成14・6・11民集56巻5号958頁……78
最判平成14・12・17判時1812号76頁……211
最判平成15・7・11民集57巻7号787頁……226
最決平成16・2・20判時1862号154頁……141
最決平成16・3・25民集58巻3号753頁……84

最決平成16・5・25民集58巻5号1135頁……140
最決平成16・11・26民集58巻8号2393頁……134,142
最決平成17・7・22民集59巻6号1837頁……140
最決平成17・10・14民集59巻8号2265頁……141
最決平成17・11・10民集59巻9号2503頁……144
最判平成18・1・24判時1926号65頁……157
最判平成18・6・16民集60巻5号1997頁……130
最判平成18・9・4判時1948号81頁……211
最決平成18・10・3民集60巻8号2647頁……134
最判平成19・3・20民集61巻2号586頁……216
最判平成19・3・27民集61巻2号711頁……211
最判平成19・12・11民集61巻9号3364頁……143
最決平成19・12・12民集61巻9号3400頁……140
最決平成20・6・10判時2042号5頁……157
最決平成20・7・17民集62巻7号1994頁……226
最決平成20・11・25民集62巻10号2507頁……142
最判平成22・3・16民集64巻2号498頁……211
最判平成22・4・12判時2078号3頁……144
最判平成22・10・14判時2098号55頁……105
最判平成23・2・15判時2110号40頁……53
最判平成23・2・17判時2120号6頁……227
最判平成23・3・9民集65巻2号723頁……123
最判平成23・5・18民集65巻4号1755頁……31
最判平成23・9・13民集65巻6号2511頁……157
最決平成23・10・11判時2136号9頁……144

最決平成 25・11・21 民集 67 巻 8 号 1686 頁
……………………………………………… **234**
最判平成 26・2・27 民集 68 巻 2 号 192 頁
……………………………………………… **50**
最決平成 26・7・10 判時 2237 号 42 頁…… **235**
最決平成 26・10・29 判時 2247 号 3 頁…… **144**
最判平成 27・11・30 裁時 1641 号 3 頁…… **166**
最判平成 28・6・2 金判 1496 号 10 頁 …… **56**
最判平成 28・6・27 金判 1498 号 10 頁 …… **45**

高等裁判所

札幌高決昭和 41・9・19 高民集 19 巻 5 号 428 頁 ……………………………………………… **124**
札幌高決昭和 51・11・12 判タ 347 号 198 頁
……………………………………………… **38**
東京高判昭和 52・7・15 判時 867 号 60 頁
……………………………………………… **149**
名古屋高判昭和 60・4・12 判時 1150 号 30 頁
……………………………………………… **66**
大阪高判昭和 62・7・16 判時 1258 号 130 頁
……………………………………………… **82**
名古屋高金沢支判平成元・1・30 判時 1308 号 125 頁 ……………………………………… **204**

東京高判平成 3・1・30 判時 1381 号 49 頁
……………………………………………… **161**
仙台高判平成 5・7・29 判時 1514 号 90 頁
……………………………………………… **85**
東京高決平成 20・4・30 判時 2005 号 16 頁
……………………………………………… **231**
大阪高判平成 26・12・2 判時 2248 号 53 頁
……………………………………………… **83**

地方裁判所

東京地決昭和 41・4・30 判時 445 号 23 頁
……………………………………………… **47**
東京地判昭和 45・10・31 判時 622 号 92 頁
……………………………………………… **129**
神戸地判昭和 59・5・18 判時 1135 号 140 頁
……………………………………………… **149**
鹿児島地判平成 13・1・22 裁判所ウェブサイト ……………………………………………… **47**
東京地判平成 13・8・31 判タ 1076 号 293 頁
……………………………………………… **83**
神戸地決平成 26・9・30 判時 2248 号 54 頁
……………………………………………… **84**

255

●著者紹介

渡部美由紀（わたなべ・みゆき）
名古屋大学大学院法学研究科教授
東北大学法学部卒業（1995年）、学士（法学）
［第1章・第5章・第6章］

「多数当事者仲裁の法的規律――手続の併合を中心に」河野正憲先生古稀祝賀論文集『民事手続法の比較法的・歴史的研究』（慈学社、2014年）所収
「消費者団体による訴訟と執行を巡る諸問題」千葉恵美子ほか編『集団的消費者利益の実現と法の役割』（商事法務、2014年）所収　ほか

鶴田　滋（つるた・しげる）
大阪公立大学大学院法学研究科教授
九州大学法学部卒業（1995年）
大阪市立大学大学院法学研究科後期博士課程単位取得退学（2004年）、博士（法学）
［第2章・第3章・第7章］

『共有者の共同訴訟の必要性――歴史的・比較法的考察』（有斐閣、2009年）
「固有必要的共同訴訟における実体適格と訴訟追行権」松本博之先生古稀祝賀論文集『民事手続法制の展開と手続原則』（弘文堂、2016年）所収　ほか

岡庭幹司（おかにわ・まさし）
横浜国立大学大学院国際社会科学研究院准教授
東京大学法学部卒業（1995年）、学士（法学）
［第4章］

「『既判力の時的限界』という法的視座への疑問」青山善充先生古稀祝賀論文集『民事手続法学の新たな地平』（有斐閣、2009年）所収
「明示的一部請求棄却判決確定後の残部請求――最高裁判所平成10年6月12日判決の批判的検討」伊藤眞先生古稀祝賀論文集『民事手続の現代的使命』（有斐閣、2015年）所収　ほか

NBS	日本評論社ベーシック・シリーズ＝NBS

民事訴訟法
（みんじそしょうほう）

2016年11月25日第1版第1刷発行
2024年4月15日第1版第2刷発行

著　者	———	渡部美由紀・鶴田　滋・岡庭幹司
発行所	———	株式会社　日本評論社
		〒170-8474　東京都豊島区南大塚3-12-4
電　話	———	03-3987-8621（販売）
振　替	———	00100-3-16
印　刷	———	精文堂印刷株式会社
製　本	———	株式会社難波製本
装　幀	———	図工ファイブ

検印省略　©M.Watanabe, S.Tsuruta, M.Okaniwa　ISBN 978-4-535-80675-7

JCOPY　〈（社）出版者著作権管理機構　委託出版物〉本書の無断複写は著作権法上での例外を除き禁じられています。複写される場合は、そのつど事前に、（社）出版者著作権管理機構（電話 03-5244-5088、FAX 03-5244-5089、e-mail: info@jcopy.or.jp）の許諾を得てください。また、本書を代行業者等の第三者に依頼してスキャニング等の行為によりデジタル化することは、個人の家庭内の利用であっても、一切認められておりません。

日本評論社の法律学習基本図書

日評ベーシック・シリーズ (NBS Nippyo Basic Series)

憲法 I 総論・統治[第2版] / **II** 人権[第2版]
新井 誠・曽我部真裕・佐々木くみ・横大道 聡[著]
●各2,090円

行政法
下山憲治・友岡史仁・筑紫圭一[著] ●1,980円

租税法
浅妻章如・酒井貴子[著] ●2,090円

民法総則[第2版]
原田昌和・寺川 永・吉永一行[著] ●1,980円

物権法[第3版]
秋山靖浩・伊藤栄寿・大場浩之・水津太郎[著] ●1,870円

担保物権法[第2版]
田髙寛貴・白石 大・鳥山泰志[著] ●1,870円

契約法[第2版]
松井和彦・岡本裕樹・都筑満雄[著] ●2,090円

債権総論[第2版]
石田 剛・荻野奈緒・齋藤由起[著] ●2,090円

事務管理・不当利得・不法行為
根本尚徳・林 誠司・若林三奈[著] ●2,090円

家族法[第4版]
青竹美佳・羽生香織・水野貴浩[著] ●2,090円

会社法
伊藤雄司・笠原武朗・得津 晶[著] ●1,980円

刑法 I 総論[第2版] **II** 各論[第2版]
亀井源太郎・和田俊憲・佐藤拓磨・小池信太郎・薮中 悠[著]
●I:2,090円 ●II:2,200円

民事訴訟法
渡部美由紀・鶴田 滋・岡庭幹司[著] ●2,090円

刑事訴訟法
中島 宏・宮木康博・笹倉香奈[著] ●2,200円

労働法[第3版] ●2,090円
和田 肇・相澤美智子・緒方桂子・山川和義[著]

基本憲法 I 基本的人権
木下智史・伊藤 建[著] ●3,300円

基本行政法[第4版]
中原茂樹[著] ●3,740円

基本行政法判例演習
中原茂樹[著] ●3,960円

基本刑法 ●I=4,180円
I 総論[第3版] II 各論[第3版] ●II=3,740円
大塚裕史・十河太朗・塩谷 毅・豊田兼彦[著]

応用刑法 I 総論 **II** 各論
大塚裕史[著] ●I、II=4,400円

基本刑事訴訟法 ●各3,300円
I 手続理解編 II 論点理解編
吉開多一・緑 大輔・設楽あづさ・國井恒志[著]

憲法 I 基本権[第2版] **II** 総論・統治
渡辺康行・宍戸常寿・松本和彦・工藤達朗[著]
●I=3,630円、II=3,520円

民法入門 債権総論[第4版]
森泉 章・鎌野邦樹[著] ●3,300円

〈新・判例ハンドブック〉

憲法[第3版] 高橋和之[編] ●1,650円

民法総則 河上正二・中舎寛樹[編著] ●1,540円

物権法 松岡久和・山野目章夫[編著] ●1,430円

債権法 I・II ●I:1,540円 ●II:1,650円
潮見佳男・山野目章夫・山本敬三・窪田充見[編著]

親族・相続 二宮周平・潮見佳男[編著] ●1,540円

刑法総論／各論 ●総論1,760円
高橋則夫・十河太朗[編] ●各論1,650円

商法総則・商行為法・手形法
鳥山恭一・高田晴仁[編著] ●1,540円

会社法 鳥山恭一・高田晴仁[編著] ●1,540円

日本評論社
https://www.nippyo.co.jp/

※表示価格は消費税込みの価格です。